臺灣歷史與文化 研究輯刊

六 編

第 16 冊

臺灣威權體制下的知識分子：
以雷震爲個案的研究

余 凱 著

花木蘭文化出版社

國家圖書館出版品預行編目資料

臺灣威權體制下的知識分子：以雷震為個案的研究／余凱 著

-- 初版 -- 新北市：花木蘭文化出版社，2014〔民 103〕

目 4+186 面；19×26 公分

（臺灣歷史與文化研究輯刊 六編：第 16 冊）

ISBN 978-986-322-959-9（精裝）

1.知識分子 2.威權政治 3.臺灣

733.08　　　　　　　　　　　　　　　　103015091

臺灣歷史與文化研究輯刊

六　編　第十六冊　　　　　　ISBN：978-986-322-959-9

臺灣威權體制下的知識分子：
以雷震為個案的研究

作　者　余凱
總 編 輯　杜潔祥
副總編輯　楊嘉樂
編　輯　許郁翎
出　版　花木蘭文化出版社
社　長　高小娟
聯絡地址　235 新北市中和區中安街七二號十三樓
　　　　　電話：02-2923-1455／傳眞：02-2923-1452
網　址　http://www.huamulan.tw 信箱 hml 810518@gmail.com
印　刷　普羅文化出版廣告事業
初　版　2014 年 9 月
定　價　六編 21 冊（精裝）新台幣 42,000 元　　　版權所有·請勿翻印

臺灣威權體制下的知識分子：
以雷震爲個案的研究

余　凱　著

作者簡介

余凱，男，1979 年生，湖南汨羅人。1998 年至 2005 年求學於武漢大學政治與公共管理學院，先後修讀行政管理和中外政治制度專業，分獲管理學學士和法學（政治學）碩士學位。2005 年至 2008 年在復旦大學國際關係與公共事務學院研修政治學理論專業，獲法學（政治學）博士學位。畢業後一直任教於湖南大學政治與公共管理學院（現法學院）政治學系，助理教授，任政治制度教研室主任；同時在湖南大學廉政研究中心、民主理論研究中心從事研究工作。

提　要

　　臺灣政治轉型是多種因素綜合作用的結果。從宏觀上看，市場經濟的發展、市民社會的興起、多元文化的形成都是臺灣政治轉型的客觀條件；從微觀上看，臺灣政治轉型是威權當局與要求民主的反對派之間長期鬥爭與妥協的結果。在微觀研究中，知識分子的作用雖然受到研究者的注意，但缺乏系統的研究著作。本書則試圖以雷震為個案，探討知識分子在臺灣威權體制下扮演的角色，及其對臺灣政治轉型的貢獻。

　　除導論和結論外，本書由四章構成。在對雷震做個案研究之前，第一章考察了中國知識分子的政治傳統和臺灣威權體制的結構。中國知識分子是一個具有深厚的政治傳統的社會群體，他們關心社會現實和公共事務，並對現實政治持批判的態度。這樣的政治傳統，加上西方自由民主思想的影響，使他們與對社會進行嚴密控制的威權體制之間存在著內在的衝突。

　　第二章和第三章是對雷震的個案研究，這是本書的主體部分。雷震是臺灣知識分子的傑出代表，他主持的《自由中國》雜誌，堅持不懈地對臺灣威權體制展開批判；而為了實現自己的民主理想，他還參與並領導了臺灣威權體制下的第一場民主運動 ── 「中國民主黨」組黨運動。這兩章詳細考察了雷震遷臺後的政治思想與政治活動，及其與臺灣威權體制的衝突，從而揭示出雷震在臺灣威權體制下扮演的角色。

　　為彌補個案研究的不足，本書第四章選取胡適、殷海光、吳國楨與雷震進行比較研究。通過比較研究，筆者發現，臺灣威權體制下知識分子扮演著不同的角色：殷海光與雷震一樣，是「體制外」的反對派；吳國楨是「體制內」的諫議者；胡適則扮演著介於「體制內」與「體制外」之間的「諍友」角色。

　　在對知識分子的角色進行分析的過程中，本書發現知識分子在兩個方面推動了臺灣的政治轉型。第一，知識分子堅持不懈地對臺灣威權體制進行批判，將自由民主的觀念傳播到全社會，對臺灣民眾起到了很好的啟蒙作用，有利於民主政治文化的形成。這是臺灣政治轉型的重要前提之一。第二，知識分子傳播的民主觀念，促進了民主運動的發展，推動了民主力量的成長；而知識分子參與民主運動，更是直接構成了民主力量的一部分。民主力量的不斷壯大對威權體制構成了直接威脅，迫使臺灣當局不得不採取「政治革新」的政策，從而推動了臺灣的政治轉型。

　　在個案研究和比較研究的基礎上，本書認為：知識分子是威權體制的重要制衡力量；知識分子是威權體制保持社會穩定或實現「和平轉型」的重要因素。

目次

導　論 ……………………………………………………… 1

　一、問題緣起與研究意義 …………………………… 2

　二、核心概念與研究路徑 …………………………… 7

　三、雷震個案與雷震研究 ………………………… 15

　四、研究方法與篇章結構 ………………………… 31

第一章　知識分子與臺灣威權體制的內在衝突 …… 33

　第一節　中國知識分子的政治傳統 ……………… 33

　　一、中國士大夫的政治傳統 …………………… 33

　　二、中國近代知識分子的政治參與 …………… 42

　第二節　臺灣威權體制的結構與知識分子的活動
　　　　　空間 ………………………………………… 48

　　一、戒嚴體制：臺灣威權體制的基礎 ………… 49

　　二、「黨國威權體制」 ………………………… 52

　　三、臺灣威權體制的縫隙 ……………………… 55

　　四、知識分子的活動空間 ……………………… 59

　第三節　臺灣威權體制下的知識分子 …………… 61

　　一、衝突的先聲：「二二八」事件 …………… 61

　　二、威權體制下的知識分子 …………………… 64

第二章　民主觀念的傳播：《自由中國》對威權
　　　　體制的批判 ………………………………… 69

第一節　《自由中國》：知識分子「挽救人心」的
　　　　努力⋯⋯⋯⋯⋯⋯⋯⋯⋯⋯⋯⋯⋯⋯⋯ 69
　　一、創刊背景 ⋯⋯⋯⋯⋯⋯⋯⋯⋯⋯⋯⋯⋯ 69
　　二、創辦經過 ⋯⋯⋯⋯⋯⋯⋯⋯⋯⋯⋯⋯⋯ 72
　　三、雷震對創刊的貢獻 ⋯⋯⋯⋯⋯⋯⋯⋯⋯ 75
第二節　從反共到批判威權：《自由中國》的主題
　　　　轉換 ⋯⋯⋯⋯⋯⋯⋯⋯⋯⋯⋯⋯⋯⋯⋯ 76
　　一、初期反共 ⋯⋯⋯⋯⋯⋯⋯⋯⋯⋯⋯⋯⋯ 76
　　二、批判威權 ⋯⋯⋯⋯⋯⋯⋯⋯⋯⋯⋯⋯⋯ 79
第三節　從「體制內」到「體制外」：雷震與國民
　　　　黨分道揚鑣 ⋯⋯⋯⋯⋯⋯⋯⋯⋯⋯⋯⋯ 97
　　一、對國民黨改造的異議 ⋯⋯⋯⋯⋯⋯⋯⋯ 97
　　二、批判威權的代價 ⋯⋯⋯⋯⋯⋯⋯⋯⋯ 102
　　三、從分裂走向對抗 ⋯⋯⋯⋯⋯⋯⋯⋯⋯ 106
本章小結 ⋯⋯⋯⋯⋯⋯⋯⋯⋯⋯⋯⋯⋯⋯⋯⋯ 109

第三章　民主力量的成長：「中國民主黨」組黨
　　　　運動 ⋯⋯⋯⋯⋯⋯⋯⋯⋯⋯⋯⋯⋯⋯ 111
第一節　反對黨：臺灣知識分子的民主理想 ⋯⋯ 111
　　一、《自由中國》的論述 ⋯⋯⋯⋯⋯⋯⋯⋯ 111
　　二、雷震的主張 ⋯⋯⋯⋯⋯⋯⋯⋯⋯⋯⋯ 117
第二節　雷震與「中國民主黨」組黨運動 ⋯⋯⋯ 124
　　一、組黨運動始末 ⋯⋯⋯⋯⋯⋯⋯⋯⋯⋯ 124
　　二、對雷震參與組黨運動的評價 ⋯⋯⋯⋯ 129
第三節　「中國民主黨」組黨運動與臺灣政治轉型 132
　　一、民主運動與民主力量的成長 ⋯⋯⋯⋯ 132
　　二、「中國民主黨」組黨運動的意義 ⋯⋯⋯ 134
本章小結 ⋯⋯⋯⋯⋯⋯⋯⋯⋯⋯⋯⋯⋯⋯⋯⋯ 136

第四章　臺灣威權體制下的知識分子之比較 ⋯⋯ 137
第一節　雷震、胡適、殷海光與吳國楨之比較 ⋯ 137
第二節　「學者型官員」吳國楨 ⋯⋯⋯⋯⋯⋯⋯ 140
　　一、主政臺灣省 ⋯⋯⋯⋯⋯⋯⋯⋯⋯⋯⋯ 140
　　二、民主作風 ⋯⋯⋯⋯⋯⋯⋯⋯⋯⋯⋯⋯ 143
　　三、諫蔣失敗 ⋯⋯⋯⋯⋯⋯⋯⋯⋯⋯⋯⋯ 146

第三節　「兩棲學者」胡適 ……………………… 147

一、「諍友」胡適 …………………………… 148

二、「院長」胡適 …………………………… 156

第四節　「自由思想者」殷海光 ………………… 159

一、臺大「精神磁石」 …………………… 159

二、《自由中國》的「臺柱」 …………… 161

三、「自由思想者」的孤寂 ……………… 164

本章小結 ……………………………………… 167

結　論 …………………………………………………… 169

參考文獻 ……………………………………………… 173

附錄：《雷震全集》一覽表 ……………………… 183

後　記 …………………………………………………… 185

圖　次

圖一：臺灣政治轉型過程示意圖 ……………… 13

圖二：研究路徑示意圖 …………………………… 15

圖三：威權體制下權力、意識形態與媒介關係組成
……………………………………………… 30

圖四：改造後的中國國民黨組織結構 ………… 53

圖五：殷海光、胡適、雷震、吳國楨與國民黨當局
的關係示意圖 ………………………… 168

表　次

表一：臺灣高等教育從業人員統計表（1949～1960）
………………………………………… 65

表二：薛化元對《自由中國》有關臺灣民主憲政之
文章的分類與統計 ……………………… 80

表三：雷震、胡適、殷海光與吳國楨的基本情況‥ 138

導　論

　　1960 年 9 月 4 日，臺灣警備總司令部以「涉嫌叛亂」爲由，將《自由中國》半月刊發行人、「中國民主黨」籌備委員雷震和《自由中國》編輯傅正、經理馬之驌、前會計劉子英逮捕。雷震等人被捕後，海內外一片譁然，抗議聲不斷。然而，這一切都沒有阻止國民黨當局「懲罰」雷震的決心。10 月 8 日，軍事法庭以「知匪不報」、「涉嫌叛亂」等罪名判處雷震有期徒刑十年，剝奪政治權利七年。

　　1986 年 3 月底，國民黨十二屆三中全會確立了「政治革新」的方針和以「政治革新」帶動「行政革新」以至「全面革新」的政策。1987 年 7 月 15 日，臺灣當局解除了長達 38 年的戒嚴。1988 年，蔣經國臨死前解除了「報禁」，放開了言論。1989 年 1 月，臺灣通過《人民團體組織法》的立法程序，「黨禁」正式解除，民主進步黨（簡稱「民進黨」）正式取得合法地位，其它政黨則如雨後春筍般地相繼成立。1996 年，以「修憲」、「國會」全面改選和「總統」直選爲標誌，臺灣實現了政治轉型。在 2000 年的「總統」大選中，民進黨擊敗長期執政的國民黨，陳水扁當選「總統」，臺灣實現了第一次政黨輪替。

　　2002 年 9 月 4 日，臺北「國史館」正式出版《雷震案史料彙編》，並舉行新書發佈暨「雷震案」平反大會。陳水扁在致詞中表示：「雷震先生對民主自由理念的堅持，一直是臺灣戰後民主運動參與者的重要標竿，他主導《自由中國》雜誌所刊載的文章，也曾經灌漑了許多崇尚自由民主的幼苗；從撰文鼓吹到著手推動，寫下戰後臺灣民主運動一頁無法磨滅的歷史。」〔註 1〕

〔註 1〕 「雷震案／不容青史盡成灰　陳總統致詞全文」〔EB／OL〕，http://www.ettoday. com/2002/09/04/319-1348106.htm，2007－10－12。

從逮捕雷震到爲雷震平反，從時間上看，前後相隔四十二年；從政治結構來看，則先後發生在威權與民主體制之下。這一前一後，體現了威權與民主對待歷史的不同態度，〔註2〕也體現了兩者對待知識分子的不同態度。

一、問題緣起與研究意義

本書的選題來自於筆者對臺灣政治轉型問題的長期關注。政治轉型是指一個國家或地區的政治體制發生結構性轉變的過程。嚴格說來，政治轉型包括極權體制向威權體制或民主體制的轉變、威權體制向民主體制的轉變，也包括民主體制向威權體制的「復辟」。但在當代政治學研究中，它幾乎等同於威權體制的民主化轉型。

學術界關於政治轉型的研究，大致可以分爲兩類。〔註3〕第一類側重於從宏觀著手，尋找民主化的客觀條件，關心社會經濟的長期發展，注重政治體系變化的外部條件和結構性因素，這種研究方法被稱之爲功能主義的研究方法，或稱爲宏觀導向的研究。綜合研究者們的觀點，我們可以將民主轉型的客觀條件歸爲如下幾類：（1）經濟前提。民主化需要一定程度的經濟發展。經濟發展不一定能帶來民主轉型，但民主轉型需要一定程度的經濟發展。雖然我們不能確定民主轉型的經濟門檻到底是多少，但並不能因此否認民主轉型與經濟發展之間的相關性。經濟發展將催生一個龐大的中產階級，還會促進教育的發展，這些都是有利於民主的條件。（2）政治前提。政府能夠維護社會的基本秩序而不至於使其崩潰或陷入動蕩不安的狀態，人民的生命和財產安全可以得到基本保障。離開這個條件，社會無法正常運轉，政治轉型也無從開展。（3）文化前提。民主需要人們具備民主的意識、信仰和態度。「無論古典的民主理論還是當代的民主理論，都確認民主需要一整套獨特的公民的政治價值取向。它們大體上包括：節制、寬容、謙恭、功效感、知識、參

〔註2〕 參見社論，異議聲的可貴〔N〕，臺北：聯合晚報，2002－9－5。

〔註3〕 這種兩分法最早是由澤沃斯基（Adam Przeworski）在《民主轉型研究中的幾個問題》（1986）一文中提出來的。1995年，普利漢姆（Geoffrey Prindham）在由他主編的《向民主轉型：對南歐、拉美和東歐的比較研究》一書的導言中提出了類似的觀點。在1997年出版的《民主化》一書中，主編D‧波特爾（David Potter）則將關於非西方國家民主化的前提的各種理論歸納爲三種模型：現代化理論、轉變研究和結構研究。參見燕繼榮，發展政治學：政治發展研究的概念與理論〔M〕，北京：北京大學出版社，2006：271～272。

與等。」〔註 4〕教育、大眾傳媒和宗教在民主文化的傳播方面起著重要的作用。
（4）外部環境。這主要是指民主國家的示範效應。西方民主國家的憲政民主
制度一直對後發國家的民眾和政治領導者產生著巨大的吸引力，甚至是後者
孜孜以求的目標。這種示範效應使後發國家在國家建設的初期就面臨著社會
要求民主的巨大壓力。如果說後發國家的政府能以「西方民主不合本國國情」
為理由而繼續維持威權統治的話，那麼，在最近的民主化浪潮中率先實現民
主轉型的國家對相同類型的國家或周邊國家產生的示範效應則更加明顯，也
更加真實。

　　有時候，事物的優點往往就是它的缺點，功能主義的研究正是這樣。
這種研究的優點在於它的宏觀視野，缺點則是過於宏觀、概括，無法描述
任何一種政治轉型的具體情況，從而也就不能對政治轉型進行確切的分
析。而且，相當多的學者在運用功能主義的方法作比較研究時，往往簡單
地把西方發展了幾百年的民主的結果視為發展中國家開始向民主轉型的前
提條件，這樣容易讓人們認為民主是一種遙不可及的奢侈品，從而對民主
失去信心。此外，功能主義的一個內在缺陷是它易於落入決定論的窠臼。
它假定，一旦政治轉型的條件全部滿足，則政治轉型不可避免。而我們知
道，任何事件的發生或成功，除了需要具備必要的客觀條件之外，還需要
相關行動者的主觀努力。對於政治轉型來說，無疑還需要政治行動者的行
動。否則的話，我們將無法理解許多國家或地區在政治轉型過程中所經歷
的各種鬥爭、衝突甚至是戰爭，也無法理解政治菁英或民主人士為實現民
主政治所作出的不懈努力。〔註 5〕

　　由於功能主義存在這些缺陷，導致了第二類研究方法的流行。這類方法
側重於從微觀著手，優先考慮政治轉型事件本身而不是政治之外的因素，把
政治轉型視為具體環境中的各種政治行為者，尤其是政治菁英集團為了自己
利益而進行競爭、衝突、協調、合作等的活動。〔註 6〕這種方法是發生學的研
究方法，或者稱為微觀導向的研究。

　　戰略選擇理論是發生學理論的代表，它是受到菁英理論的影響而逐漸形

〔註 4〕 燕繼榮，發展政治學：政治發展研究的概念與理論〔M〕，北京：北京大學出
　　　　版社，2006：280。
〔註 5〕 參見陳堯，新權威主義政權的民主轉型〔M〕，上海：上海人民出版社，2006：
　　　　197。
〔註 6〕 陳堯，新權威主義政權的民主轉型〔M〕，上海：上海人民出版社，2006：196。

成的。戰略選擇理論主要關注政治菁英之間的關係，這些關係包括三個層次：統治菁英與反對菁英之間的關係、統治菁英內部的關係、反對菁英之間的關係。〔註7〕按照菁英主義的觀點，一個社會中總是存在著主導、控制社會的統治菁英與爭取自主、自由的反對派菁英，統治菁英與反對派菁英之間的衝突、鬥爭以及他們在政治舞臺上的更替往往會使社會朝向更為多元化、自由化的方向發展，從而促使社會不斷趨於民主化。〔註8〕另外，統治菁英以及反對菁英內部的不同派別都會根據自己的利益與政策主張，根據特定的政治形勢採取不同的政治戰略與策略。在戰略選擇學者看來，政治轉型是各派政治菁英之間鬥爭或妥協的結果。

從上世紀七十年代中期到九十年代初，一股民主化的浪潮席卷了全球。從歐洲到拉丁美洲，從亞洲到非洲，不少國家和地區的威權政府紛紛垮臺，建立起民主或半民主的政治體制。這一現象，亨廷頓稱之為民主化的「第三波」。〔註9〕在這一波的民主化浪潮中，臺灣地區引起了筆者的極大興趣。除了因為筆者是中國人之外，這種興趣還來自於臺灣政治轉型的「和平性」。自國民黨在臺灣建立威權體制開始，它就不斷面臨要求民主的壓力。其間發生的數次民主運動，雖曾造成流血，但並未發生大規模的暴力衝突。而威權統治當局最後作出重大讓步，實行「政治革新」，是臺灣政治實現和平轉型的直接原因。結合臺灣的實際情況和已有研究成果〔註10〕，筆者將臺灣政治轉型的條件簡述如下：

〔註7〕 郭定平，韓國政治轉型研究〔M〕，北京：中國社會科學出版社，2000：20～21。

〔註8〕 陳堯，新權威主義政權的民主轉型〔M〕，上海：上海人民出版社，2006：198。

〔註9〕 〔美〕塞繆爾·亨廷頓，第三波——20世紀後期民主化浪潮〔M〕，上海：上海三聯書店，1998。

〔註10〕 參見孫代堯，臺灣威權體制及其轉型研究〔M〕，北京：中國社會科學出版社，2003：109～132；姜南揚，臺灣政治轉型之謎〔M〕，北京：文津出版社，1993：9～18；姚禮明，在東西方的結合點上——臺灣政治體制變遷研究〔M〕，北京：中國廣播電視出版社，1994：179～180；王振寰，資本，勞工，與國家機器：臺灣的政治與社會轉型〔M〕，臺北：唐山出版社，1993；林佳龍，解釋臺灣的民主化——政體類型與菁英的策略選擇〔A〕，見：林佳龍，邱澤奇，兩岸黨國體制與民主發展〔M〕，臺北：月旦出版社，1999：87～152；彭懷恩，認識臺灣——臺灣政治變遷五十年〔M〕，臺北：風雲論壇出版社有限公司，1997；Steve Tsang, Hung-mao Tien. *Democratization in Taiwan: Implications for China*. Hong Kong: Hong Kong University Press, 1999; L. H. M. Ling, Chih-yu Shih, Confucianism with a Liberal Face: The Meaning of Democratic Politics in Postcolonial Taiwan, *The Review of Politics*, Vol. 60, No.1.（Winter,

（1）現代化和市場經濟的發展。臺灣市場經濟發展繁榮，現代化成就顯著，爲民主政治的發展創造了有利的客觀條件。現代化產生了一個力量日益強大的中產階級，形成了一個利益多元的市民社會，大眾媒體爆發式的遞增，民眾要求參與政治的呼聲越來越高，聲勢越來越大。國民黨威權政府越來越難以抗衡這股聲勢浩大的力量，爲了緩和矛盾，只得被迫實行「政治革新」，以延續自己的統治。

（2）文化多元。孫中山的三民主義是臺灣統治當局標榜的意識形態，但是，三民主義本身便包涵了一個較爲完整的憲政思想體系〔註11〕，並以「憲政」爲依歸〔註12〕。另外，臺灣是一個海島，它的文化具有「海洋文化」的典型特徵：開放、多元。臺灣人到世界各地經商、旅遊，引進先進的技術和管理經驗，加之教育、通訊、出版事業越來越發達，臺灣人普遍受到西方特別是美國的自由、民主、人權、個人主義等價值觀念的薰陶。在這種文化的衝擊下，臺灣不可避免地從一個半封閉、半開放的邊陲社會轉變爲一個開放的、多元的社會。

（3）地方自治。臺灣很久以來就有地方自治的傳統，臺灣人的自治訴求是非常強烈的。國民黨政權敗退到臺灣以後，也不得不實行地方自治，這就在臺灣威權體制內部埋下了「一顆從一元走向多元的種子」。〔註13〕孫代堯認爲，持續舉辦的地方選舉對國民黨是一柄「雙刃劍」，它雖然有利於國民黨紓緩參與危機、排放島內民眾憤懣情緒和收編地方政治菁英，卻不可避免地在臺灣地方社會層級創造了一個「政治社會」，形成一種「地方包

1998），pp.55～82; Yun Fan. Taiwan: No Civil Society, No Democracy. In: Muthiah Alagappa. *Civil Society and Political Change in Asia*. Stanford: Stanford University Press, 2004：164～190；楊永生，臺灣政治轉型原因研究——20世紀70年代中期至90年代初期〔D〕，北京：首都師範大學碩士論文，2004；葛永光，政治變遷與發展——臺灣經驗的探索〔M〕，臺北：幼獅文化事業公司，1989。

〔註11〕姚禮明認爲，「由於孫中山先生在國民黨中佔據正統的主流地位，蔣介石的法西斯主義傾向只是一股暗流，只能以曲折的形式表現出來。孫中山對蔣介石來說既是護身符，又是緊箍咒。」（姚禮明，在東西方的結合點上——臺灣政治體制變遷研究〔M〕，北京：中國廣播電視出版社，1994：188）

〔註12〕孫中山先生提出來的「軍政、訓政、憲政」三階段論雖然廣受詬病，但它畢竟是導向「憲政」的。

〔註13〕姚禮明，在東西方的結合點上——臺灣政治體制變遷研究〔M〕，北京：中國廣播電視出版社，1994：194。

圍中央」的局勢，無意中培養了「威權體制的掘墓人」。〔註14〕

（4）島內外的各種壓力。一是國民黨的威權統治一直受到國民黨內自由派知識分子的抵制；二是黨外的政治反對勢力不斷壯大，各種社會運動和政治運動頻頻發生〔註15〕，強烈要求國民黨結束一黨獨裁，給予人民更多的權利；三是執政黨內逐漸形成了一個能順應曆史發展潮流的改革派；四是臺灣當局受到來自國外的壓力，尤其是美國要求其實行民主改革的壓力、鄰近國家如韓國、菲律賓改革的壓力等。另外，中國共產黨「一國兩制，和平統一」的政策和大陸在改革開放後取得的巨大經濟成就也對臺灣造成了一定壓力。

（5）蔣經國的個人貢獻。對於臺灣的政治轉型，有人強調它的「自下而上」性，認爲市民社會、中產階級和反對運動是其最大的推動力；也有人強調它的「自上而下」性，認爲政治領導人，主要是蔣經國起到了關鍵作用，持這種觀點的人往往是國民黨的支持者。本書同意這樣一種觀點：從整個演進過程來看，臺灣的政治轉型是由下而上逐步推進的。但是從上世紀七十年代開始，蔣經國採取了一系列的開明措施，取得了「被動中的主動」。〔註16〕

由此可見，臺灣政治轉型是一個很複雜的現象。不過，我們可以按照發生學的觀點將其簡化爲一條「主線」：臺灣政治轉型是臺灣威權統治當局和民主力量兩者之間鬥爭與妥協的結果，或者說是兩者長期「博弈」的結果。而經濟發展、文化多元等其他條件則可視爲影響「博弈」過程的結構性因素。在這個過程中，知識分子發揮了獨特的作用。作爲民主力量的一員，知識分子不僅直接參加了與威權當局的「博弈」，他們的思想和言論還影響了這一過程的其他參與者，從而對威權體制的轉型起到了很大的促進作用。那麼，知

〔註14〕 孫代堯，臺灣威權體制及其轉型研究〔M〕，北京：中國社會科學出版社，2003：117。

〔註15〕 需要指出的是，「臺獨」運動也是其中一支不可忽視的力量。由於敗退到臺灣的國民黨政權是代表「中華民國」的所謂「外省人」的政權，所以「臺獨」運動也就披上了民主運動的外衣。其中的邏輯是：臺獨——不承認「中華民國」——反抗國民黨——要求民主。游盈隆則認爲，在 1984 到 1987 年臺灣的關鍵時期，黨外反對勢力在集體領導下，表現可圈可點，如避談「臺獨」、避免直接挑戰蔣經國的權威等，是終結臺灣戒嚴體制的關鍵因素。See Ying-Lung You, Elite Politics in the Process of Taiwan's Regime Change（1984～1987）, Soochow Journal of Political Science, No.2（1993）, pp.93～125。

〔註16〕 姚禮明，在東西方的結合點上——臺灣政治體制變遷研究〔M〕，北京：中國廣播電視出版社，1994：181。

識分子是怎樣參與這一進程的？他們對臺灣威權體制發生了怎樣的影響？這便是本書期待予以回答的問題。

研究知識分子在臺灣威權體制下扮演的角色，在理論上至少具有如下兩點意義。第一，有利於我們更清楚地理解臺灣政治轉型的過程。政治轉型是一個很複雜的過程，目前政治學界對臺灣政治轉型的研究，如上所述，側重於分析政治轉型的過程和社會經濟結構的變化，多屬於宏觀的研究。在微觀研究方面，民主運動的展開、蔣經國的個人貢獻和媒體角色是研究者關注的焦點。知識分子對政治轉型的作用，雖然受到研究者的重視，但尚未出現專門的研究著作。如果能對知識分子在威權體制下扮演的角色展開研究，也許能爲我們更全面地理解臺灣政治轉型提供一個獨特的視角。

第二，可以豐富我們對中國知識分子以及對威權體制的理解。中國知識分子是一個有著極其深厚的政治傳統的一個群體，他們先後經歷了封建體制的解體，君主專制體制從萌芽、興盛到解體以及近代國家建設（state-building）的全過程。國民黨 1949 年後在臺灣建立的威權體制，使知識分子處在從未有過的政治環境之下。在這種威權體制的環境中，知識分子既要繼承以前的傳統，又要調整自己扮演的角色。如果能對知識分子與威權體制的互動過程加以描述與分析，則既能豐富我們對中國知識分子的了解，又能更好地了解（臺灣）威權體制。

二、核心概念與研究路徑

（一）核心概念

1、威權體制

自亞里士多德以來，政治體制的分類就一直是思想家和學者們關注的主題。他們基於不同的標準，採取了各種不同的分類辦法。按照國家與社會的關係，將各國（地區）的政治體制分爲極權體制（totalitarianism）、威權體制（authoritarianism）與民主體制（democracy），是當代政治學的最主流的分類方法之一。國家完全控制或企圖完全控制社會的政治體系是極權體制，社會雖在國家控制下依然具有一定自主性的政治體系是威權體制，社會具有較大自主性並在一定程度上可以控制國家的政治體系是民主體制。

嚴格來說，威權主義（authoritarianism，又譯「權威主義」）既指一種意

識形態，也指一種政治形態。〔註 17〕本書主要從政治形態的意義上使用這個概念，故簡稱爲「威權體制」。按照林茲（Juan J. Linz）的權威定義，威權體制是「一種不需負責的有限多元主義的政治體系；沒有一套精緻的、主導性的意識形態但具有非常明顯的特殊心態；除了在某些發展時期之外，沒有廣泛而深入的政治動員；領袖個人或統治集團行使權力雖然不受形式上的約束，但實際上是完全可預期的。」〔註 18〕具體而言，威權體制一般具有如下特徵：第一，統治者的權力未經被統治者的同意，其行使缺乏憲法上的制約；第二，統治菁英通過各種手段籠絡各團體組織的菁英，組成公開的或心照不宣的寡頭統治聯盟；第三，武裝力量在政治系統中具有關鍵性的地位；第四，公民權利受到較大程度的限制，社會力量比較薄弱；第五，缺乏明確的政治意識形態，其制度化程度較低。〔註 19〕

威權體制是一種既不同於極權體制又不同於民主體制的政治體制，但由於它與極權主義之間的界限不夠明顯，導致很多人將兩者混用。而從理論上說，威權體制具有特定的含義，它與極權體制的區別主要在於國家（政府）對社會的干預程度不同：威權體制缺乏公眾的參與和憲法制約，要求人們服從統治者頒佈的命令，但他們只在有限的領域內行使自己的權力；而極權體制則企圖控制社會生活的各個方面，並策動全體國民積極地支持其政策。〔註 20〕換一種角度，我們還可以認爲，威權體制只要求民眾遵守政府法令，不要試圖挑戰政府權威，但不尋求改造人們的思想，而極權體

〔註 17〕陳堯指出，根據不同學者在研究時的側重點不同，威權主義概念至少被理解爲五種形態：（1）一種政治體系的類型（Political System）；（2）一種政權形式（Political Regime）；（3）從具體制度的角度，被理解爲一種國家類型；（4）從政治關係的抽象角度分析，被理解爲維護特定統治關係的一種國家形式；（5）一種意識形態。筆者認爲，前面四種形態很難作出嚴格區分，在此將它們一併歸入「政治形態」。參見陳堯，新權威主義政權的民主轉型〔M〕，上海：上海人民出版社，2006：38。

〔註 18〕Juan L. Linz, An Authoritarian Regime: Spain, In: Erik Allardt & Stein Rokkan（eds.）, *Mass Politics: Studies in Political Sociology*, New York: Free Press, 1970：255。

〔註 19〕參見廖益興：臺灣地區威權統治下的政經體制〔D〕，臺北：政治大學政治研究所碩士論文，1993：26～31。

〔註 20〕〔英〕戴維・米勒、韋農・波格丹諾，布萊克維爾政治學百科全書〔M〕，北京：中國政法大學出版社，2002：45，「獨裁主義・權威主義〔Authoritarianism〕」詞條。

制卻積極努力地試圖改造被統治者的政治思想和信仰世界。〔註21〕

　　對於威權體制本身，也有不少學者根據不同國家（地區）表現出來的具體特徵進行了分類。如，阿爾蒙德和鮑威爾將其區分為滲透性的威權體制、動員中的現代威權體制、前動員型現代威權體制等；M・沙林（Michael Shalin）從政權的目的出發，將威權主義區分為保護性威權主義和促進型威權主義；麥克利迪斯（Roy C. Macridis）將威權主義的政權劃分為暴政、王制政權、軍人政權、一黨政權等四種主要的類型；林茲則將其分為官僚政治軍人型政權、合作主義的權威政權、後民主期的動員型權威政權和後極權期的權威政權；等等。〔註22〕在過去的 20 年中，對威權體制使用最廣泛的一個概念，是奧唐奈提出的「官僚威權政體」。〔註23〕

　　根據某些學者的研究，戰後發展中國家的威權體制呈現出不同於傳統威權體制的某些特徵，因此被冠名為「新權威主義」。〔註24〕但是，在筆者看來，這些變化不過是威權體制根據環境而在形式、功能等方面作出的某些適應性調整，並不具有實質性的意義，所以本書不作嚴格區分，統稱為「威權體制」。

　　2、知識分子

　　「知識分子」的概念來自西方。在英語中，表示「知識分子」的常用單詞有兩個，一個是 intelligentsia，一個是 intellectual。〔註25〕

〔註21〕 Marcus E. Ethridge & Howard Handelman, *Politics in a Changing World: a Comparative Introduction to Political Science*, New York: St. Martin's Press, 1994：11。關於威權體制與極權體制的區別，還可參見：Roy C. Macridis, *Modern Political Regimes: Patterns and Institutions*, Little, Brown and Company, 1986：125〜131：或：陳堯，新權威主義政權的民主轉型〔M〕，上海：上海人民出版社，2006：26〜27。後者對前者進行了一定程度的概括。

〔註22〕 參見陳堯，新權威主義政權的民主轉型〔M〕，上海：上海人民出版社，2006：33〜37。

〔註23〕 〔美〕安東尼・奧羅姆，政治社會學導論〔M〕，上海：上海人民出版社，2006：112。

〔註24〕 參見陳堯，新權威主義政權的民主轉型〔M〕，上海：上海人民出版社，2006：27〜28、43〜55。

〔註25〕 關於知識分子概念的討論，可以參見陶東風，導言〔A〕、周憲，知識分子如何想像自己的身份——對於知識分子社會角色的若干定義的反思〔A〕、許紀霖，知識分子是否已經死亡？〔A〕，見：陶東風主編，知識分子與社會轉型〔M〕，鄭州：河南人民出版社，2004：導言 1〜40，1〜27，28〜58；黃平，知識分子：在漂泊中尋求歸宿〔A〕、費孝通，論「知識階級」〔A〕，見：許紀霖編，20 世紀中國知識分子史論〔M〕，北京：新星出版社，2005：1〜12，99〜106；葉啟政，誰才是「知識分子」？〔A〕，見：中國論壇編輯委員會主

　　一般認爲，intelligentsia 來源於 19 世紀中葉的俄國，指的是當時一批主要活躍在波希米亞地區的知識菁英。這些年青人雖然出生於上流社會，生活富足，但由於在歐洲接受教育，服膺西方文明，所以不滿俄國當時落後的專制制度，對其產生了強烈的疏離感和背叛意識。這批人來自不同的職業群體，有的是教師，有的是軍官，有的可能什麼都不是。但是，他們在精神氣質和行爲模式上卻有著共通之處。他們一方面批判專制制度，一方面將解救人民的苦難視作己任，追求精神上的昇華與救贖。這種精神氣質和行爲模式，日後被描述成知識分子的「原型」。

　　波蘭社會學家吉納（Gella）認爲 intelligentsia 的概念來自於波蘭，指的是 1860 左右形成的一個文化同質性相當高的社會階層。當時在波蘭城市中的土地貴族，爲了維持他們的傳統生活方式，以別於新興的資產階級，設立了一套自己的教育體系。這種教育體繫傳授學生各方面的知識，並重點培養他們的領導意識和社會責任感。在這種環境中被培養出來的學生特別重視自己的學歷，並以此爲榮。他們勇於批判社會，以國家大事爲己任。當波蘭遭到列強瓜分時，這批人成爲救國和反抗統治者的主要力量。〔註26〕

　　Intellectual 則來源於 19 世紀末的法國。1894 年，法國發生了一起著名的「德雷福斯案件」。德雷福斯是一個上尉，由於其猶太人的身份而遭到誣陷並被捕入獄。事情被揭露後，著名作家左拉、雨果等一批文藝界人士站出來爲德雷福斯辯護，並於 1898 年發表了著名的《知識分子的宣言》一文。經過十餘年的抗議行動，案件的原判被推翻。這批爲社會正義辯護，批判社會不正義的人士後來被稱爲「知識分子」。這些人主要是自由職業者，包括作家、藝術家、思想家等，他們在精神氣質上有點像波希米亞人，經常坐在咖啡館裏高談闊論社會問題和政治問題。

　　由此可見，intelligentsia 和 intellectual 這兩個單詞的意義並不完全相同，前者具有階層的涵義，而後者沒有。但是，它們所界定的知識分子卻有共同的地方：具有較高的文化知識水平和強烈的公共意識，往往不滿於現狀，並

編，知識分子與臺灣發展〔C〕，臺北：中國論壇雜誌，1989：9～59；尤西林，闡釋並守護世界意義的人——人文知識分子的起源與使命〔M〕，西安：陝西人民出版社，2006：1～48；劉曄，知識分子與中國革命〔M〕，天津：天津人民出版社，2004：4～19。

〔註26〕葉啓政，誰才是「知識分子」？〔A〕，見：中國論壇編輯委員會主編，知識分子與臺灣發展〔C〕，臺北：中國論壇雜誌，1989：9～59。

對其採取批判的態度。首先，知識分子具有較高的文化知識水平。他們往往是受過大學或大學以上教育的人，活躍在各個不同的行業，其中有作家、藝術家、學者、科學家、教師、律師、記者、編輯、政府官員等等。但是，僅僅具有較高的文化知識水平還不能成爲知識分子，更重要的是，他們必須對社會具有強烈的責任感，體現出一種公共良知，並對社會政治持批判態度。之所以如此，是因爲知識分子往往具有某種程度的理想主義。他們向往一種完美的社會理想，並以這種理想境界爲尺度，來衡量當下的社會現實。現實與理想之間的距離使他們自然而然地採取批判立場。正是在這個意義上，知識分子被冠以「社會的良心」、「人類基本價值的守護者」等各種頭銜。

　　對於知識分子的特徵，劉曄將其歸納爲「知識性」和「公共性」兩點；〔註27〕蕭功秦將其歸納爲三點，即學理上的抽象概括能力、以道德良知爲基礎的獨立性、比常人更有社會敏感性。〔註 28〕而臺灣學者楊國樞則認爲，嚴格意義上的知識分子應該同時具備以下八個條件：有豐富的知識見識，有崇高的無私理想，有強烈的獨立精神，有旺盛的批判精神，有高度的分析能力，能眞正做到志慮精純，有足夠的社會關懷，有堅韌的抗壓能力。〔註 29〕

　　美國社會學家科塞（Lewis Coser）在《理念人》一書中對知識分子的特徵作出了生動的描述，不妨徵引幾句如下：「知識分子是爲理念而生的人，不是靠理念吃飯的人」；「知識分子在其活動中表現出對社會核心價值的強烈關切，他們是希望提供道德標準和維護有意義的通用符號的人」；知識分子「自命爲理性、正義和眞理這些抽象觀念的守門衛士，是往往不被生意場和權力廟堂放在眼裏的道德標準的忠實捍衛者」；知識分子「爲自己要求不受限制的批評自由」，並表現出一種「戲謔」的態度；「知識分子是理念的守護者和意識形態的源頭，……他們還傾向於培養一種批判態度，對於他們的時代和環境所公認的觀念和假設，他們經常詳加審查，他們是『另有想法』的人，是精神太平生活中的搗亂分子。」〔註30〕

〔註27〕劉曄，知識分子與中國革命〔M〕，天津：天津人民出版社，2004：10。

〔註28〕蕭功秦，20 世紀中國觀念人的崛起〔A〕，見：蕭功秦，知識分子與觀念人〔M〕，天津：天津人民出版社，2002：16～29。

〔註29〕楊國樞，臺灣知識分子的過去、現在和未來〔A〕，見：中國論壇編輯委員會主編，知識分子與臺灣發展〔C〕，臺北：中國論壇雜誌，1989：代序。

〔註30〕〔美〕劉易斯・科塞，理念人──一項社會學的考察〔M〕，北京：中央編譯出版社，2001：前言第 2～5 頁。

3、臺灣政治轉型

上文已分別介紹了政治轉型的概念、兩種研究路徑及其主要觀點，這裡主要就臺灣政治轉型的時間作一說明。

關於臺灣政治轉型的起點，學術界存在不同觀點。研究者一般認為，國民黨十二屆三中全會是臺灣政治轉型的起點，如楊傳榮和楊華生、李水旺、王國賢、劉國深等。〔註31〕他們認為，國民黨在 1986 年 3 月底召開的十二屆三中全會，確立了「政治革新」的方針和以「政治革新」帶動「行政革新」以至「全面革新」的政策，標誌著臺灣當局開始對政治結構作較大幅度的調整，〔註32〕因此成為臺灣政治轉型的起點。

孫代堯的分期雖然同以上學者有所出入，但仍然可以視為一類。按照奧唐奈（Guillermo A. O'Donnell）和施密特（Phillppe C. Schmitter）等人關於「民主轉型期」可以分為「政治自由化轉型」與「政治民主化轉型」兩個次級過程的假定，〔註33〕孫代堯在《臺灣威權體制及其轉型研究》一書中認為，臺灣威權體制的「自由化轉型」從 1977 年「中壢事件」起，至 1988 年蔣經國去世（從蔣經國 1972 年主政到「中壢事件」這一時段則可視為「轉型前期」），轉型完成的標誌是戒嚴令和「黨禁」、「報禁」的解除；「民主化轉型」則從李登輝主政起，至 1996 年，以「修憲」、「國會」全面改選和「總統」直選等為標誌（1996年「總統」直選之後的階段，則屬於所謂「民主鞏固」期）。〔註34〕

〔註31〕 參見楊傳榮，楊華生，臺灣政治體制轉型期之基本特點及主要矛盾〔A〕，見：常燕生、辛旗主編，轉型期的臺灣政治〔M〕，北京：華藝出版社，1990：1～15；李水旺，臺灣「政治轉型」問題之研究〔A〕，見：臺灣史研究會，臺灣史學術研討會論文集（第三集）〔C〕，臺北：臺灣史研究會，1991：267～287；王國賢，臺灣進入政治轉型的標誌〔A〕，見：王國賢，臺灣十年嬗變〔M〕，北京：華藝出版社，1997：1～7；劉國深等，臺灣政治概論〔M〕，北京：九州出版社，2006：114。

〔註32〕 蔣經國在這次全會的開幕詞提出：「要全面推行民主憲政，切實做到國是決立於公意」。會議結束後，國民黨中常會決定成立以嚴家淦為召集人的「十二人小組」，對「政治革新」內容進行深入研討。六個月後，「十二人小組」在國民黨中常會上提出並確立了「解除戒嚴」、「開放黨禁」等六項議題。不久之後，這些議題就一一付諸實施。

〔註33〕 Guillermo A. O'Donnell & Philippe C. Schmitter, *Transition from Authoritarian Rule: Tentative Conclusions about Uncertain Democracies*, Baltimore: The Johns Hopkins University Press, 1986：7～8。

〔註34〕 孫代堯，臺灣威權體制及其轉型研究〔M〕，北京：中國社會科學出版社，2003：12～13。

田弘茂則提出「大轉型」（great transition）的概念，認爲臺灣政治轉型是臺灣過去幾十年中的社會、經濟和政治變遷已影響到其島內的政治結構的結果。特別是從上世紀 70 年代初期開始，臺灣開始從威權政治走向代議民主。〔註35〕

姜南揚認爲以上兩種說法不矛盾。他認爲第一種觀點可以視爲狹義的政治轉型，即國民黨的政策在十二屆三中全會後開始重大調整，臺灣政治體制發生重大階段性意義的結構變化；第二種觀點可視爲廣義的政治轉型，即從 1949 年國民黨政權敗退臺灣後，臺灣經濟、政治、文化的變化導致國民黨專制獨裁體制向多元政治體制轉變。〔註36〕

筆者贊同姜南揚的看法。從嚴格意義上來講，臺灣的政治結構發生重大改變確實開始於上世紀八十年代後期；但是，政治轉型是一個累積的、持續的、漸進的過程，它不會無緣無故地突然發生，導致它發生的因子需要醞釀很長一段時間才能發酵。對於政治轉型而言，政治結構的重大變化無疑具有標誌性的意義；但是，政治結構的變化只是結果，而不是原因。它是一系列條件，如市場經濟的發展、民主觀念的傳播、民主力量的成長等導致的結果，而這些的條件的形成與成熟，本身就是一個漸進的過程，需要很長的時間。臺灣政治轉型的過程，我們可以用下圖進行表示：

圖一：臺灣政治轉型過程示意圖

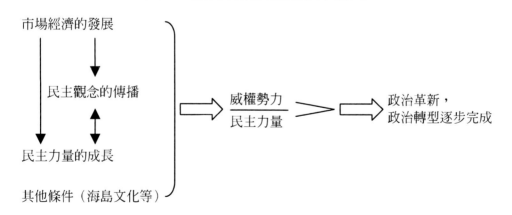

說明：單箭頭 ⟶ 表示「影響」或「有利於」；雙箭頭 ⟷ 表示「相互影響」；

〔註35〕田弘茂，大轉型——中華民國的政治和社會變遷〔M〕，臺北：時報文化企業有限公司，1989：10。

〔註36〕姜南揚，臺灣政治轉型之謎〔M〕，北京：文津出版社，1993：2。

大箭頭 ⟹ 表示「導致」；

「漸小號」 ＞ 表示威權與民主兩者之間的力量對比趨小

上圖即是表示，在一系列條件的作用下，威權勢力與民主力量之間的比值越來越小，臺灣統治當局維護威權體制的成本越來越高，於是不得不進行政治革新，從而使政治體制從威權逐漸走向民主。當然，這只是一個簡單的示意圖，實際過程遠比這個複雜。

（二）研究路徑

人是觀念的動物，他的行為受自身的觀念控制，而當一個國家或地區的大多數人或大多數政治積極分子都接受了同一種觀念時，就會對這個國家或地區的政治體制產生重大影響。因此，民主觀念的傳播對民主體制的建成具有重要意義，這幾乎是一種不證自明的「公理」。達爾在三十多年前就提出了這樣一個命題：在一個特定的國家裏對多頭政治體制合法性的信念越強，則實行多頭政體的可能性就越大。〔註37〕很顯然，這種關於民主的觀念，主要是由知識分子創造、解釋並傳播的，因此他們是普通民眾的啓蒙者。

尤為可貴的是，近代以來的中國知識分子，一部分人為了實現他們心中的理想，紛紛走出書齋，投身實際政治活動。〔註38〕在臺灣威權體制下，雖然政治環境比以前更加惡劣，但仍然有一些知識分子參與了反抗威權體制的民主運動，對臺灣政治發展影響巨大。

因此，本書將圍繞知識分子與臺灣威權體制的關係，從觀念（民主觀念的傳播）與行動（民主力量的成長）兩方面對知識分子扮演的角色展開研究。其中既有宏觀的研究，包括對中國知識分子政治傳統、臺灣威權體制的結構的分析與論述；也有微觀的分析，主要考察知識分子傳播民主觀念的內容、參與民主運動的過程。這樣的研究路徑，如果用一個圖來表示，就是這樣：

〔註37〕參見〔美〕羅伯特·達爾，多頭政體──參與和反對〔M〕，北京：商務印書館，2003：144。為了與理論意義上的「民主」進行區分，達爾使用「多頭政體」（Polyarchy）這一術語稱呼現實中的民主制度。

〔註38〕詳見本書第一章第一節。

圖二：研究路徑示意圖

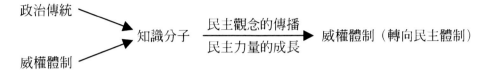

政治傳統
威權體制
知識分子
民主觀念的傳播
民主力量的成長
威權體制（轉向民主體制）

說明：單箭頭表示「影響」。

　　根據這個研究路徑，本書首先分析中國知識分子的政治傳統和臺灣威權體制的結構，接著從民主觀念的傳播和民主力量的成長這兩個方面考察知識分子對臺灣威權體制及其轉型的影響，最後作出結論。

三、雷震個案與雷震研究

　　由於受到時間和資料的限制，筆者最終選擇以雷震為個案，對臺灣威權體制下的知識分子作研究。那麼，本書為什麼要選取雷震作為個案研究的對象呢？這主要有三方面的原因：第一，從研究的價值來說，雷震是臺灣知識分子的傑出代表，他不僅批評威權體制，傳播民主觀念，還親身參與並領導了臺灣威權體制下的第一場民主運動。他不僅開創了臺灣民主運動「辦刊＋組黨」的模式，他的言行和精神還深深地影響和鼓舞了幾代臺灣民主人士對自由民主的追求。以雷震為個案，便可以同時分析知識分子在「民主觀念的傳播」與「民主力量的成長」這兩方面的貢獻。第二，從研究的需要來說，雷震與胡適、殷海光一起，被認為是中國近代自由主義的三個代表人物。中國大陸學界對胡適的研究已經很多，對殷海光的研究也有不少，但對雷震的研究卻幾乎沒有，這與雷震的地位是極不相稱的。以雷震為個案，可以彌補這方面的空白。第三，從研究的可能性來說，「雷震案」於 2002 年 9 月平反之後，臺灣當局公開了大量相關的檔案，出版了不少史料、回憶錄和研究論文，海內外第一部關於雷震的傳記 [註 39] 也已在大陸出版，這些都為本書的研究和寫作提供了不少方便。

（一）雷震介紹

　　雷震，字儆寰，祖籍河南羅山，1897 年 6 月 25 日（清光緒二十三年五月廿六日）出生於浙江省長興縣小溪口鎮，父親雷錦貴，母親陳氏。

〔註 39〕范泓，風雨前行——雷震的一生〔M〕，桂林：廣西師範大學出版社，2004。

　　雷震原名雷用龍，學名雷淵。他六歲（1903 年）開始接受傳統私塾教育，十二歲（1909 年）之後是新式教育，先後就讀於安長小學堂、安長兩等小學堂、梅溪高等小學校，十五歲（1912 年）考入設在湖州府的浙江省立第三中學，一直讀到 1916 年畢業。在校期間，他曾因帶頭頂撞校長差點被開除，並兩次參加反對袁世凱的救國運動。

　　1916 年夏天，雷淵畢業於浙江省立第三中學，10 月赴日留學，更名爲雷震，字儆寰。1917 年 5 月 7 日，在日本東京「五九國恥紀念會」〔註40〕上，雷震由張繼、戴季陶介紹加入中華革命黨（國民黨的前身）。1918 年，留日學生曾琦等人反對北京政府與日本簽訂「膠濟鐵路密約」，提議「罷學歸國」運動。雷震支持此項運動，於當年夏天返國，但發覺無事可做，在親友勸告下於 12 月再度赴日，並於第二年考取東京第一高等學校附設的中國學生特別預科的文科。

　　1920 年，雷震特別預科畢業，分發到名古屋第八高等學校（簡稱八高）就讀。在校期間，曾參與「華工救濟會」活動。1923 年，雷震自日本八高文科英文部畢業後，進入京都帝國大學法學部政治系就讀。1926 年 3 月自京都帝國大學畢業，入研究院跟隨森口繁治教授研究憲法。但只讀了一個學期，便於當年冬季回國。

　　1927 年，國民革命軍收復浙江後，雷震擔任母校浙江省立第三中學校長一職，不久即離職，在戴季陶介紹下，進入國民政府法制局擔任編審，局長爲王世杰。此後擔任或兼任過的職務有：立法院考試局編譯局編撰、兼中央軍校教官（1928 年），銓敘部秘書兼調查統計科科長（1929 年），兼中央大學法學部教授（1930 年），國民黨南京市黨部委員、秘書長、常務委員（1931 年），國民黨南京市代表大會主席（1932 年），教育部總務司司長（1933 年），國民黨中央候補監察委員兼國民黨政治委員會財政專門委員會委員（1935 年），軍事委員會政治部設計委員、國民參政會議事組主任（1938 年），兼國

〔註40〕1915 年 5 月 7 日，日本向袁世凱政府發出最後通牒，要求其承認「二十一條」。9 日，袁世凱政府接受日本政府最後通牒，承認喪權辱國的「二十一條」。25 日，中方代表陸徵祥和日方代表日置益在北京簽訂了所謂的「中日條約」和換文。袁世凱政府接受最後通牒的消息一傳出，群情激憤，舉國認爲是奇恥大辱。各地愛國團體紛紛集會，拒不承認「二十一條」，誓雪國恥。各地青年學生尤爲悲憤，有的憤而自殺，有的斷指寫血書，有的要求入伍，請纓殺敵。全國教育聯合會決定，各學校每年以 5 月 9 日爲「國恥紀念日」。北京各學校學生議決，每日課餘誦最後通牒一遍，以示不忘國恥。

民參政會川康建設期成會主任秘書（蔣介石兼會長）、國民黨中央監察委員
（1939年，1945年連任），國民參政會憲政期成會助理（1940年），全國經濟
動員會策進會（由原川康建設期成會改名而來）主任秘書（1942年），國民參
政會副秘書長（1943年），等等。1935年4月，雷震與徐逸樵、周憲文、羅
鴻詔等人一起創辦了《中國新論》，督促政府抗日，該刊後來被上海《中國評
論周報》評爲優秀政治雜誌。

　　1946年1月，國民政府召開政治協商會議（舊政協），雷震擔任秘書長，
負責協調各黨派意見。這一時期，雷震因工作之需與國民黨以外的各黨派人
士頻繁接觸，進而成爲他們的好朋友，在當時獲得一個「各黨各派」的美譽。
但是，爲了一名國府委員的名額，國共兩黨爭執不下，雷震爲此多次犯顏直
諫，希望最高當局同意中共推薦第二名無黨派人士，卻不被蔣介石接受。〔註
41〕國共和談破裂，剛結束抗戰的中國再度走入內戰的陰影。

　　1946年11月，「制憲國民大會」開幕前後，雷震負責協商青年黨與民主
同盟中的民社黨參與「制憲國大」，任「制憲國大」代表兼副秘書長。1947年
1月起，擔任國民黨與民社黨協商代表，討論各黨派參與國民政府事宜。4月
間，國民政府擴大各黨派參與組閣，張群爲行政院院長，雷震任不管部政務
委員，負責聯絡各黨派，並獲選爲國民大會代表。1948年4月，國民大會選
舉蔣介石爲總統，5月由翁文灝組織「行憲」後第一任內閣，雷震任不管部政
務委員。年底孫科改組，乃離職。

　　1949年1月，蔣介石宣佈「下野」。當時，國民黨內外多數人主張蔣介石
下野，但雷震與王世杰、胡適等人均持反對態度。自4月起，雷震擔任京滬
警備司令部顧問，與谷正綱、方治協助湯恩伯守備上海，贏得當時上海輿論
界的一致贊許，謂之「滬上三劍客」。上海撤退後，雷震經廣州至臺灣。8月

〔註41〕舊政協最後討論的焦點是聯合政府最高權力機構──國務委員的組成問題。
　　　　幾經爭執協商，初步擬訂了40名委員的名額分配案：國民黨20名，共產黨8
　　　　名，民盟4名，青年黨4名，無黨派4名。這樣一來，國民黨方面（國民黨、
　　　　青年黨再加上由國民黨推薦的無黨派人士）占絕對多數，共產黨則處於絕對
　　　　少數地位。爲了求得最低限度的民主，中共代表周恩來提出行使「三分之一否
　　　　決權」，和4名無黨派人士中要有2名由中共推薦的建議。國民黨表示同意
　　　　實行「三分之一否決權」，但只同意中共推薦1名無黨派委員。這樣一來，中
　　　　共8名委員，加上民盟4名委員和由中共推薦的1名無黨派委員，總共才13
　　　　票，湊不足40個名額的三分之一，自然不能行使「三分之一否決權」。

初國民黨總裁辦公室在臺灣成立，雷震任設計委員會委員，投入國民黨的改造工作。兩個月後，雷震與方治又從臺北趕赴廈門，再次協助湯恩伯守衛廈門。廈門失守後，雷震回到臺北。

1949 年 11 月 20 日，《自由中國》半月刊在臺北創刊，在美國的胡適掛名發行人，以雷震為實際負責人，負責經費、邀稿、撰稿、校對、主持編輯委員會議等職。12 月 8 日中華民國政府移至臺北，11 日國民黨中央黨部遷臺。1950 年 3 月蔣介石「復行視事」後，雷震被聘為「國策顧問」、「中央銀行」監事、國民黨改造委員會之設計委員會委員等職。

《自由中國》因主張反共，加之國民黨需要標榜「民主」以贏得美國的支持，雷震和《自由中國》半月刊最初得到了國民黨當局和蔣介石的支持。但是，隨著臺灣局勢的穩定和國民黨威權體制得到鞏固，雷震以及他主持的《自由中國》的自由主義理念與當局的威權心態格格不入。《自由中國》屢次刊文批判國民黨政權並提出改革之道，與當局的衝突愈演愈烈。1953 年 3 月起，雷震陸續被免除「國策顧問」、「中央銀行」監事、「國民大會」籌備委員等職。1954 年，雷震被註銷國民黨黨籍，遂與國民黨分道揚鑣。

1960 年地方選舉後，雷震結合高玉樹、李萬居等臺籍政治人物積極開展籌組「中國民主黨」活動，因此不能見容於當局。9 月 4 日，雷震等四人被臺灣警備總司令部以「涉嫌叛亂」為由逮捕入獄，其後遭軍事法庭判處十年有期徒刑。

1970 年，雷震刑滿出獄。出獄後，雷震一直病魔纏身，1978 年經醫院檢查患有腦瘤。次年 3 月 7 日病逝於榮總醫院，享年 83 歲。火化後安葬於臺北南港「自由墓園」。墓碑自題：「自由中國半月刊發行人，中國民主黨籌備委員雷震之墓。」〔註42〕

雷震生前發表過不少著作，身後更是留下大量手稿、日記與書信等文件。到目前為止，絕大多數雷震的著作都已出版，它們是：《雷震全集》〔註43〕、

〔註42〕關於雷震的生平，筆者主要參考了范泓撰寫的雷震先生的傳記（范泓，風雨前行——雷震的一生〔M〕，桂林：廣西師範大學出版社，2004。）和臺灣「國史館」「雷震先生網頁」之《雷震生平事略》（http://www.drnh.gov.tw/www/page/C/ray/i1-1.htm，2007－7－10）及《雷震先生大事年表》（http://www.drnh.gov.tw/www/page/C/ray/i1-2.htm，2007－7－8）。

〔註43〕傅正主編，雷震全集（1～47 冊）〔M〕，臺北：桂冠圖書公司，1989～1990。《雷震全集》計劃出版 47 冊，實際出版 43 冊，缺第 7 冊《雷震平反記》及第 24～26 冊《中華民國制憲史》。詳見附錄「《雷震全集》一覽表」。

《雷震回憶錄——「我的母親」續編》〔註44〕、《雷震回憶錄之新黨運動黑皮書》〔註45〕、《雷震家書》〔註46〕、《胡適雷震來往書信選集》〔註47〕等。這些著作，為我們研究他本人的思想活動以及他生活的那個年代的政治、歷史留下了豐富的材料。而沒有出版的著作則包括因雜亂無章而沒有收入《雷震全集》的未竟稿《中華民國制憲史》〔註48〕和在雷震出獄前遭軍人監獄沒收、後又被焚毀的長達 400 萬字的《回憶錄》。〔註49〕

　　雷震是堅定的自由主義者，同時也是著名的憲政主義者。由於雷震參加了「制憲」的全過程，因此對「憲法」有較深的思考和理解，並寫就《監察院之將來》〔註50〕和《制憲述要》〔註51〕等著作，對「憲法」規定的政府體制進行了探討。

　　由於「中華民國憲法」拋棄了西方國家「三權分立」的原則，設置了「立法院」、「行政院」等「五院」，並在它們之上設立了「總統」和「國民大會」，導致人們對政府體制的理解相當混亂，其中最重要的便是對「總統」、「立法院」和「行政院」三者之間關係的爭論。〔註52〕根據「憲法」規定，「行政院」向「立法院」負責，這是典型的責任內閣制；可「憲法」同時規定，「行政院長」由「總統」提名、其他組成人員由「總統」任命，因此「行政院」在實

〔註44〕　雷震，雷震回憶錄——「我的母親」續編〔M〕，香港：七十年代雜誌社，1978。

〔註45〕　雷震，雷震回憶錄之新黨運動黑皮書〔M〕，臺北：遠流出版事業股份有限公司，2003。

〔註46〕　雷震，雷震家書〔M〕，臺北：遠流出版事業股份有限公司，2003。

〔註47〕　萬麗鵑編注，萬山不許一溪奔——胡適雷震來往書信選集〔G〕，臺北：中央研究院近代史研究所，2001。

〔註48〕　現藏於臺北「中央研究院」近代史研究所檔案館，系列號：052－04。

〔註49〕　雷震在獄中所寫的長達 400 萬字《回憶錄》和日記等手稿，在出獄前均遭軍人監獄沒收。1988 年 4 月 29 日，「1960 雷震案後援會」正式成立，要求軍人監獄發還雷震被沒收的日記與《回憶錄》等文件，不料次日即發生雷震《回憶錄》被焚毀事件，引起各界一片譁然。2001 年，臺灣國防部奉「總統」陳水扁的指示，組成「雷震先生現存資料調查小組」，清查檔案資料，搜集「雷震案」相關文件，移交「國史館」典藏與整理研究。此後，當年國民黨政權羅織罪名、構陷入獄與未審先判的真相，才得以公諸於世。

〔註50〕　《雷震全集》第 22 冊。

〔註51〕　《雷震全集》第 23 冊。

〔註52〕　根據「憲法」規定，「行政院」為最高行政機關，但是「憲法」又同時規定：第一，「行政院」院長由「總統」提名，經「立法院」任命；第二，「行政院」副院長、各部會首長及不管部會之政務委員，由「行政院」院長提請「總統」任命；第三，「行政院」對「立法院」負責。參見「中華民國憲法」第 55、56、57 條。

際上不得不向「總統」負責，這是典型的總統制。〔註53〕這種體制，不僅使「行政院長」在「總統」和「立法院」之間無所適從，還極易導致「總統」一人獨裁。對於這種情況，雷震的觀點幾度發生改變。1953 年，雷震在《國民大會要走到哪裏去？》〔註54〕一文中認為，「憲法」規定的政府體制是一種「折衷的」、兼具總統制和內閣制優點的獨創制度。1955 年以後，雷震則以責任政治為其論述中心，在其《制憲述要》一書中將政府體制冠名為「有限度的責任內閣制」，主張「總統」不能直接處理政務，而必須透過「行政院長」來執行。〔註55〕對於「總統」實際上侵犯「行政院」權力的情況，雷震在《我們的中央政制》等文章中多有批評。〔註56〕隨著他與當局的關係日趨惡劣，雷震對政府體制的判斷，也從「有限度的責任內閣制」發展為「總統虛位化的內閣制」，顯示出作者對蔣介石過度干預行政權的極度不滿。〔註57〕

　　「憲法」採納孫中山的設想，在「立法院」之外設立了獨立的「監察院」，專門行使監察權，其具體運作則由「監察法」、「公務員懲戒法」等法律規定。這種監察制度在實際運作過程中產生了很多問題，如「監察院」與「立法院」在職權上有重疊之處，極易發生糾紛；「監察院」監察「行政院」的一般政策，可能導致「行政院」無所適從，而「行政院」也可能對「監察院」的意見置之不理，從而損害監察的嚴肅性；「監察院」（監察行署）彈劾地方公務人員，侵犯到地方議會的權力，可能導致中央與地方之間的衝突；糾舉案與彈劾案區分不清，兩者常常發生牴觸；糾舉案手續過於簡便，公務人員之權益缺乏保障；彈劾對象過於廣泛，容易造成責任不分明；等等。雷震在《監察院之

〔註53〕這種政府體制，跟後來法蘭西第五共和國（1958 年）實行的「半總統制」極為相似。但是，由於當時的「中華民國」不存在強有力的「反對黨」（國民黨統治大陸時，共產黨是唯一可以與其抗衡的政黨，但當時兩黨爆發內戰，共產黨沒有參加國民黨主導的「國民政府」。而國民黨敗退臺灣之後，只有民社黨和青年黨這兩個小黨充當民主的花瓶，同樣不具備「反對黨」的意義），同時，「中華民國總統」的權力比法國總統的權力更大，因而更加容易導致獨裁。

〔註54〕此文分兩部分先後發表於《自由中國》第 8 卷第 10、11 期（1953 年），收錄於雷集，15：81～122。（因本書需多次引用《雷震全集》的內容，故以後引用時僅注明「雷集，冊數：頁碼」。）

〔註55〕雷集，23：34。

〔註56〕社論，我們的中央政制〔J〕，自由中國，1957，17（9）。

〔註57〕任育德，雷震與臺灣民主憲政的發展〔M〕，臺北：政治大學歷史系，1999：191～192。

將來》一書中，先考察了中國古代的御史制度、諫議大夫制度和現代民主國家的監察制度；接著仔細研究了當時的監察制度，對上述問題一一檢討，仔細分析其原因和後果，希望引起當局重視；最後對將來的監察制度設計提出了自己的看法。他認為，監察制度的設計要注意以下幾點：不可疊床架屋；注重制度的實際效果；要屬行法治主義；政治上要做到「分層負責」；公務員的薪俸可以達到「養廉」的效果；不可阻礙政治進步；要注意政黨的作用。〔註58〕根據這些原則，並結合對監察制度的檢討，雷震對未來的監察制度提出了15點意見。其中最值得注意的便是改「監察院」為上院，改「立法院」為下院，從而實行「中央民意機關」的兩院制。〔註59〕

　　憲政的核心是「限政」，即限制政府權力、保護公民權利。〔註60〕在這個意義上，憲法被譽為「公民權利的保障書」和「國家權力的委託書和監控者」。〔註61〕雷震堅持自由、民主、憲政的理念，對國民黨當局破壞「憲法」、侵犯公民權利的行為極為反感，經常寫文章進行批評。他堅持軍隊國家化，主張撤銷國民黨在軍中設立的黨部；他反對「黨化教育」，主張國民黨退出校園，廢除「三民主義」教育課程，撤銷「青年反共救國團」；他堅持人身自由，反對特務機關濫捕濫殺，主張實行冤獄賠償制度；他堅持言論自由和新聞自由，反對政府干涉輿論；他堅持政黨政治，呼籲成立一個強有力的反對黨對執政黨進行制約，並在適當的時候取而代之；他堅持民主政治，主張地方自治，提倡公開公平的選舉，主張實行無記名投票；他堅持司法獨立，反對各級法院隸屬於司法院之管轄，反對軍事機關侵犯普通法院的職權；他堅持「憲法」的嚴肅性，反對國民黨未經「立法院」同意設立「國防會議」而侵犯「行政院」的權力，反對國民黨隨意「修憲」，反對蔣介石突破任期限制而尋求三連任……這些問題，下文多有詳細論述，此處不贅。

　　總體看來，雷震對憲政和自由人權有足夠的重視，而對民主政治的闡發稍嫌不足。〔註62〕這或許與他早年在日本學習憲法，回國參與「憲法」的制

〔註58〕雷集，22：149～158。

〔註59〕同上：159～160。參見任育德，雷震與臺灣民主憲政的發展〔M〕，臺北：政治大學歷史系，1999：115～123。

〔註60〕參見劉軍寧，共和・民主・憲政──探索市場秩序的政治架構〔A〕，見劉軍寧，共和・民主・憲政──自由主義思想研究〔C〕，上海：上海三聯書店，2000：102～135。

〔註61〕郭道暉等，21世紀中國法治何去何從〔N〕，法制日報，2000-12-24。

〔註62〕何卓恩認為，「在內戰中逃往臺灣並成為反抗國民黨專制統治鬥士的大陸學人

訂有關。〔註63〕直到 1960 年地方選舉前後，雷震因爲參加「中國民主黨」組黨運動，才對選舉和反對黨有更深入的探討。

（二）雷震研究綜述

雷震對臺灣政治發展的貢獻有二：一是創辦並主持《自由中國》雜誌，一是參與籌建「中國民主黨」。所以，對雷震的研究就包括如下三方面的內容：對雷震本人的研究，對《自由中國》的研究，對「中國民主黨」的研究。本書根據研究主題的不同，將以上三方面的內容，分三類分別進行評述。

1、歷史的回顧與研究

目前對於雷震的研究，主要是有關歷史的回顧、整理與研究。這方面，最多的就是關於雷震的回憶文章。上世紀八十年代起，以香港《八十年代》雜誌和《亞洲人》雜誌爲主，於雷震逝世週年之際以文章或專題爲之紀念，其中包括陳在君編寫的《雷震先生年譜簡編——紀念雷震先生逝世二週年》〔註64〕、宋英《憶儆寰——紀念雷震逝世三週年》〔註65〕等文。這類文字還有很多，其中一部分已收入《雷震全集》第一、二冊，此處不再一一列舉。

李敖的《雷震研究》〔註66〕一書收集了殷海光、李敖、胡虛一關於雷震的回憶文章和信件。李敖認爲，雷震一生最大的貢獻是辦《自由中國》，籌備「中國民主黨」則是雷震「政治野心的最後發作」，是「一種舍本逐末」的行爲。〔註67〕書中，李敖遵循所謂「好而知其惡，惡而知其美」的原則，不爲尊者諱，批評了雷震的「國民黨官僚作風」。如此批評雷震者，所見文獻中，僅此一家。研究者也許不同意李敖的價值判斷，卻也不能迴避他提出的問題。

張忠棟的《胡適·雷震·殷海光——自由主義人物畫像》〔註68〕，收入

中，如果説殷海光以自由主義者著稱，那麼雷震就以憲政主義者名世。」（何卓恩，「修憲」與「護憲」：1950 年代前後雷震的「憲政」思想〔J〕，臺灣研究集刊，2007，（1））

〔註63〕參見任育德《雷震與臺灣民主憲政的發展》第二章「民主憲政思想的醞釀」。

〔註64〕陳在君，雷震先生年譜簡編——紀念雷震先生逝世二週年〔J〕，八十年代，1981，2（3）。

〔註65〕宋英，憶儆寰——紀念雷震逝世三週年〔J〕，亞洲人，1982，2（4）。

〔註66〕李敖，雷震研究〔M〕，臺北：李敖出版社，1988。

〔註67〕李敖，「雷震研究」前言〔A〕，見：李敖，雷震研究〔M〕，臺北：李敖出版社，1988：前言 3～4。

〔註68〕張忠棟，胡適·雷震·殷海光——自由主義人物畫像〔M〕，臺北：自立晚報社，1990。

了作者討論胡適、雷震和殷海光的十來篇文章。作者以當時尚未出版的雷震日記、信件爲主，對雷震及其主導的《自由中國》與執政者的互動關係、雷震及《自由中國》的民主憲政思想，均有所論述。

《自由中國》參與者馬之驌所寫的《雷震與蔣介石》〔註69〕，結合自己的回憶，敘述了雷震與蔣介石從結緣到分裂的全過程。作者在結論中認爲，如果當年沒有雷震主持的《自由中國》，不停地喊「民主政治！反對黨！」的話，就沒有國民黨的小進步，更沒有民進黨的大發展。從國民黨的「小進步」或民進黨的「大發展」來看，甚至從整體的中國民主政治發展過程看，都應該爲雷震樹一座銅像。

雷震參與並領導的「中國民主黨」組黨運動，是臺灣人民反對威權體制的第一次民主運動，有不少研究者甚至是事件的親歷者對這次運動進行了系統研究。其中，林濁水的《薪盡火傳》〔註70〕，大概是關於「中國民主黨」最早的研究。作者通過疏理「中國民主黨」組黨運動的來龍去脈，認爲它是一場由戰前大陸的自由主義者，以及日治時代臺灣民權運動者所從事的「舊時運動的餘波」。而事件親歷者謝漢儒所寫的《早期臺灣民主運動與雷震紀事》〔註71〕一書，則結合當時的政治環境和自己的回憶，論述了組黨運動的來龍去脈與前因後果。作者認爲，當年國民黨在臺灣實行高壓統治，迫使臺灣社會產生了三股爭取民主的「主流」，即雷震主辦的《自由中國》雜誌、在野的民社黨和青年黨、臺灣各縣市參與政治活動的人士。「中國民主黨」的組黨運動便是這三股「主流」互相激盪，最後融合爲一的結果。

蘇瑞鏘的碩士論文《「中國民主黨」組黨運動之研究》〔註72〕是最早對「中國民主黨」進行系統研究的著作。此文作者通過對歷史文獻的分析和對相關人物的訪談，考察了「中國民主黨」的組黨經過、外部環境、組織結構、人員背景以及「雷震案」和組黨運動失敗的原因。作者將「中國民主黨」的組黨運動放在一個長時段中進行研究，將其分爲醞釀、籌組、餘波三個階段，認爲在1960年5月18日正式提議組織反對黨之前的十年是組黨運動的「醞

〔註69〕馬之驌，雷震與蔣介石〔M〕，臺北：自立晚報社，1993。
〔註70〕林濁水，薪盡火傳——中國民主黨組黨始末〔J〕，亞洲人，1982，2（5）。
〔註71〕謝漢儒，早期臺灣民主運動與雷震紀事——爲歷史留見證〔M〕，臺北：桂冠圖書公司，2002。
〔註72〕蘇瑞鏘，「中國民主黨」組黨運動之研究〔D〕，臺北：臺灣師範大學歷史研究所碩士論文，1995。

釀階段」。「雷震案」爆發、組黨運動失敗，表面上是由於國民黨當局的鎮壓所致，但是作者認為有更複雜的原因。從組黨運動外部來看，有政治環境的局限（如體制上的限制、「黨國」領導人的不寬容、權威型政治文化的不良影響）、社會經濟條件的匱乏、以及國際大環境有利於當局採取鐵腕手段等；從內部來看，組黨人士群眾資源的貧乏使得動員力量極為有限，而高層領導人之間的「不諧」，也抵消了動員的力量。組黨運動雖然失敗了，但作者從思想精神、政治、組織、傳承等各方面均給予了高度評價。作者認為，在組黨人士當中，雷震的表現最為突出。這一判斷也是所有研究者的共識。

本世紀初，研究者開始以比較研究的視角，探討《自由中國》雜誌與「中國民主黨」組黨運動對臺灣政治發展的影響，對其在臺灣政治發展中的地位給予高度評價。呂怡蓉的碩士論文《〈自由中國〉雜誌與臺灣黨外運動發展之研究》〔註73〕，重點分析了《自由中國》的核心人物、基本理念及組黨運動，進而探討《自由中國》在臺灣黨外運動發展中的角色與定位，以及何以《自由中國》會具有影響臺灣民主運動的效果。研究發現，《自由中國》的核心人物、基本理念與組黨運動，在當時均具有劃時代的先驅意義，對於日後臺灣的黨外運動發揮了鼓舞、示範與啟發的作用。

宋曉飛的碩士論文《從〈自由中國〉到「中國民主黨」》〔註74〕，則是中國大陸唯一以此為主題的研究。該文主要從歷史的角度考察了《自由中國》雜誌和「中國民主黨」的發展過程，並將此一發生在上世紀五十年代的民主運動與七十年代的民主運動作了一番比較，探討了它對臺灣政治發展的意義。

蘇正沛的碩士論文《支配與反抗》〔註75〕，則通過對國際政治環境、國民黨政權、反對運動三者之間的關係的探討，比較了「自由中國」事件和「美麗島」事件這兩波反對運動的異同，從而得出結論：正是國際政治環境、國民黨政權結構和反對運動本身的結構存在不同之處，才導致兩波表面上相似、結果也相似的反對運動對臺灣政治轉型產生了不同的影響。

2002 年，「雷震案」平反之後，出版了不少有關的史料和研究著作。《雷

〔註73〕呂怡蓉，《自由中國》雜誌與臺灣黨外運動發展之研究〔D〕，臺北：臺灣師範大學政治學研究所碩士論文，2006。
〔註74〕宋曉飛，從《自由中國》到「中國民主黨」——20世紀50年代臺灣的政治民主運動，廈門：廈門大學碩士論文〔D〕，2002。
〔註75〕蘇正沛，支配與反抗——「自由中國」事件與「美麗島」事件之比較〔D〕，高雄：中山大學中山學術研究所碩士論文，2006。

震回憶錄之新黨運動黑皮書》的校注者林淇瀁爲此書所寫的導論，介紹了此書的背景和雷震入獄的詳細經過。〔註 76〕林淇瀁根據雷震的日記和相關人物的回憶推測，此書是《雷震回憶錄——「我的母親」續編》的另一卷，或者是後者出版時被割捨而未出版的部分。此外，臺北「國史館」出版的多卷史料〔註 77〕爲我們瞭解臺灣威權當局對知識分子的迫害提供了詳細的文本。而研究者有關史料的介紹文章，〔註 78〕則爲我們閱讀這些史料提供了導讀的作用。

　　大陸方面，雷震和「雷震案」雖被不少有關臺灣歷史或臺灣政治的著作提及，但除姚禮明的《雷震案》〔註 79〕一文外，極少有對其作詳細研究者。直到 2004 年，海內外第一本雷震傳記《風雨前行——雷震的一生》在大陸面世。〔註 80〕該書透過雷震的一生，敘述了一代知識分子與臺灣民主憲政發展的互動關係，並以其個人政治生命的沉浮及歷史背景爲考量，著重刻畫了雷震這位「骨鯁之士」從堅守理念到付諸實踐的精神風貌，從而反映出那個年代的變局及知識分子的艱難處境。這本傳記的出版，對研究雷震以及希望瞭解這一段歷史的人來說，提供了一個比較完整的文本。

　　2007 年 7 月，臺灣「國史館」在臺北舉行「雷震與民主人權系列座談會（一）：『雷震與憲政體制』座談會暨『雷震先生網頁』啓用發表會」。座談會上，薛化元等四位專家發表了他們對雷震憲政思想的認識。〔註 81〕剛開通的

〔註 76〕林淇瀁，導論：一步一步行入黑牢的所在〔A〕，見：雷震，雷震回憶錄之新
　　　　黨運動黑皮書〔M〕，臺北：遠流出版事業股份有限公司，2003：23～66。
〔註 77〕「雷震案史料彙編」一共四冊：《國防部檔案選輯》、《雷震獄中手稿》、《雷震
　　　　回憶錄焚毀案》、《黃傑警總日記選輯》，臺北「國史館」2002～2003 年出版。
〔註 78〕這方面的文章主要有：許瑞浩，從官方檔案看統治當局處理「雷震案」的態
　　　　度與決策——以國防部檔案爲中心〔A〕，見：陳世宏等，雷震案史料彙編：
　　　　黃傑警總日記選輯〔G〕，臺北：國史館，2003：史料介紹；許瑞浩，簡介「黃
　　　　傑將軍工作日記（警總）」中的雷震案史料——以民國 49 年 9 月爲例〔J〕，
　　　　國史館館刊，2003，34；吳銘能，讀國防部檔案選輯「雷震案史料彙編」〔J〕，
　　　　古今論衡，2003，（9）。
〔註 79〕姚禮明，雷震案〔A〕，見：姚禮明，學術漫步〔M〕，北京：中國廣播電視出
　　　　版社，2001：176～202。此文曾收入《臺灣十大政治案件》（李義虎主編，哈
　　　　爾濱：黑龍江人民出版社，1993）一書。
〔註 80〕范泓，風雨前行——雷震的一生〔M〕，桂林：廣西師範大學出版社，2004。
〔註 81〕薛化元：《雷震對國家統治體制的主張》、顧忠華：《臺灣的憲政體制問題：「小
　　　　地盤、大機構」》、葉俊榮：《從〈自由中國〉到民主臺灣的憲法變遷》、周志
　　　　宏：《雷震的憲政與人權思想在現今的意義》，收入國史館等主辦：《「雷震與

「雷震先生網頁」上，則公佈了雷震的相片、生平事略、大事年表、親朋接受訪談的記錄以及《自由中國》雜誌的分類索引等資料。〔註82〕

2、文本分析與思想史研究

雷震的思想與《自由中國》的政治主張，也是研究者關心的問題。這方面的研究大概可以分為兩類，第一類是圍繞雷震或《自由中國》某一類思想，如政黨思想、憲政思想等作「個案研究」，第二類是對其作系統研究。

在第一類「個案研究」中，錢永祥的《自由主義與政治秩序》〔註83〕一文最為重要。該文以政治秩序為焦點，配合西方學者對自由主義的政治秩序觀所作的討論，分析這一套觀點在《自由中國》發展歷程中的表現形式及其引起的困難。作者認為，《自由中國》繼承早期中國自由主義的進步史觀，將民主、自由這類價值看作人類進步的指標，認為只要社會上大多數人成熟、進步到相當程度，這類價值及制度自然會得到大家認同。但到了《自由中國》末期，由於組黨活動漸趨積極，民主的要求逐漸取得上風，自由與個人權利不再是《自由中國》關注的重點。在時局和環境等諸多因素的影響下，《自由中國》「被迫不斷發展和釐清自由主義的立場，結果，《自由中國》的自由主義者，在思想與行動兩方面，都要比早期泛談自由民主的五四人物深刻一些。」此外，作者還對「政治秩序」這個概念本身作了一些理論性的探索。作者認為自由主義者一般傾向於將政治秩序的正當性與政治過程截然分離，亦即企圖將政治秩序的正當性，建立在非政治的來源上，而不認為政治秩序本身需要經過政治衝突的洗禮和考驗，才會在最後的調和中取得正當性。

顏淑芳的碩士論文《自由中國半月刊的政黨思想》〔註84〕，選取《自由中國》中直接有關反對黨的文章，從一般民主政黨的要素、政黨構成的基本條件對《自由中國》所主張的政黨類型和政黨內容逐一進行了分析。分析後

民主人權系列座談會（一）：『雷震與憲政體制』座談會暨『雷震先生網頁』啓用發表會」會議手冊》，臺北，2007－7－8。
〔註82〕參見「雷震先生網頁」：http://www.drnh.gov.tw/www/page/C/ray
〔註83〕錢永祥，自由主義與政治秩序：對《自由中國》經驗的反省〔A〕，見：錢永祥，縱慾與虛無之上〔M〕，北京：三聯書店，2002：164～215。此文原載《臺灣社會研究季刊》，第1卷第4期，1988。
〔註84〕顏淑芳，自由中國半月刊的政黨思想〔D〕，臺北：中國文化大學政治研究所碩士論文，1989。

作者得出結論，認爲《自由中國》論述中的反對黨是「菁英政黨」、「非競爭型政黨」和「長期在野黨」。然後，作者對這「三種政黨」的論述作了簡單的檢討和評估。其中，作者認爲，當時知識分子將民主發展的希望寄託在知識分子的參政、干政上是不合乎實際的。論文最後，作者還從客觀條件和主觀條件兩方面分析了「中國民主黨」組黨運動失敗的原因。

雷震的憲政思想是研究者最關心的問題。李鴻禧通過對雷震學習憲法、參與制訂「憲法」的經歷及其憲政思想的分析，刻畫出雷震「憲法學者」的形象；〔註85〕任育德以「中央政體」和「反對黨」爲例，分析雷震憲政思想的發展過程；〔註86〕何卓恩則圍繞「修憲」（國民黨統治當局）與「護憲」（雷震）的關係問題，勾勒出雷震憲政思想很重要的一個方面：堅持「憲法」的實施，「護憲」比「修憲」更重要。

吳叡人在《自由的兩個概念》〔註87〕一文中認爲，臺灣政治思想史上先後出現了兩種自由的概念：戰前的臺灣民族運動者爲抵抗日本殖民統治而發展出對積極自由的渴望，而戰後《自由中國》的自由主義者，則爲反對國民黨的威權統治而提倡消極自由的理念。

在第二類「系統研究」中，值得一提的有魏誠、薛化元和任育德的研究。其中，魏誠的碩士論文是對《自由中國》作系統研究的最早著作。〔註88〕作者以文本分析法分析代表《自由中國》雜誌社意見的 490 篇社論，考察了這些社論內容的演變及其原因，認爲：國際反共形勢的變化、對國民黨領導的不滿和臺灣政治結構的特殊限制等三點因素導致了《自由中國》由支持國民黨而逐漸背離國民黨，進而與臺灣本土勢力結合組織反對黨。作者先將這些社論歸爲政治、經濟、行政等 13 個類別，接著對其中的政治、行政類社論進行了議題區分，將其分爲政府人事、「軍公教」〔註89〕待遇、出版與言論自由

〔註85〕李鴻禧，雷震之憲法學者像素描〔A〕，見：澄社編，臺灣民主自由的曲折歷程——紀念雷震案三十週年學術研討會論文集〔C〕，臺北：自立晚報社，1992：1～27。

〔註86〕任育德，1950 年代雷震憲政思想的發展——以「中央政體」與「反對黨」爲例〔J〕，思與言，1999，37（1）。

〔註87〕吳叡人，自由的兩個概念：戰前臺灣民族運動與戰後《自由中國》集團的政治論述〔J〕，上：當代，2007，234；下：當代，2007，235。

〔註88〕魏誠，民國四十、五十年代臺灣政論雜誌的發展：自由中國半月刊內容演變與政治主張〔D〕，臺北：政治大學新聞研究所碩士論文，1984。

〔註89〕軍人、公務員和教師的簡稱。

等 19 項議題，並對其中的 10 項議題〔註90〕進行了評述。作者還結合當時的臺灣政局，對該刊的政治主張進行評估，闡明各項主張的歷史意義及彼此之間的矛盾。

而薛化元的《〈自由中國〉與民主憲政》〔註91〕，是到目前爲止研究《自由中國》最深入、最系統的一本著作。此書以《自由中國》及其主要負責人雷震與執政黨關係演變爲線索，將其分爲五個時期〔註92〕，探討了各個時期《自由中國》民主憲政思想的特色。然後，作者選取三個問題〔註93〕討論了《自由中國》民主憲政思想的內涵及其在思想史上的地位。作者認爲，《自由中國》民主憲政思想的發展，和當時臺灣政治局勢的發展以及雜誌本身的定位的變化密切相關。此外，此書的研究方法也值得我們注意，它除了主要採用思想史的研究方法外，還參考了知識社會學的研究方法；其次，作者不僅從質的方面對《自由中國》作文本分析，還對其作了一系列量化研究。紮實的史料基礎與詳細解說，精確的歷史分析與事實根據，使此書成爲後人研究《自由中國》時不可迴避的一本著作。此外，薛化元對《自由中國》研究的系列論文，均可視爲本書的研究基礎或擴展。〔註94〕因篇幅關係，此處不再一一評述。

任育德的《雷震與臺灣民主憲政的發展》〔註95〕一書，對雷震政治思想的發展進行了全面研究。該書以雷震個人的著作爲主，旁及相關史料，將雷震的民主憲政思想歷程分成四個時期，分析了各時期雷震與政治環境之間的

〔註90〕 這10項議題爲軍公教待遇、出版與言論自由、美援、軍事、地方選舉、地方自治、省籍、中央政府體制、法統、反對黨問題。

〔註91〕 薛化元，《自由中國》與民主憲政——1950年代臺灣思想史的一個考察〔M〕，臺北：稻鄉出版社，1996。

〔註92〕 這五個時期是：1、交融期（1949年11月～1951年5月）；2、摩擦期（1951年6月～1954年12月）；3、緊張期（1955年1月～1956年9月）；4、衝突期（1956年10月～1958年12月）；5、對抗期（1959年1月～1960年9月）。

〔註93〕 這三個問題分別是：1、自由民主的基本理念及外交／聯合國問題／「中國問題」；2、表現自由／出版法問題及教育／救國問題；3、反對黨、地方選舉與總統三連任問題／臨時條款／國大修憲。

〔註94〕 薛化元對《自由中國》的系列研究論文包括：《自由中國》「反對黨」主張的歷史考察〔J〕，臺灣風物，1995，45（4）；《自由中國》雜誌自由民主理念的考察——一九五○年代臺灣思想史研究之一〔J〕，臺灣史研究，1995，2（1）；戰後臺灣自由主義與民族主義互動的一個考察——以雷震及「自由中國」的國家定位爲中心〔J〕，當代，1999，23（141）；等等。

〔註95〕 任育德，雷震與臺灣民主憲政的發展〔M〕，臺北：國立政治大學歷史系，1999。

互動及其政治理念的變化，評估了雷震與當代民主憲政的關聯。作者對雷震作出了極高的評價，認為雷震對臺灣民主憲政的發展具有承先啓後的作用。作者指出，雷震作為知識分子，在追尋民主自由的過程中，不畏艱難的勇氣與不懈的努力，對於民主自由的終極關懷，對於人權的堅持，不自外於環境、力圖調和族群衝突的心態，溫和改革的政治立場，對現實政治的批評態度，隨著環境的變化而與時俱進的態度等，都值得後人珍視。此外，作者在關注雷震影響的同時，還提醒研究者注意雷震的局限性。比如說，雷震對於傳統文化與落實民主憲政於生活中，並沒有深入的看法，忽視了異文化的民主政治如何在中國生根、成長的問題等。

3、「媒體——政治」關係的視角

雷震主持的《自由中國》雜誌，堅持對臺灣威權體制展開批判，由此遭到了威權當局的彈壓和「圍剿」，但它卻能生存長達十一年之久。因此，《自由中國》與政治權力之間的關係也成為研究者關注的問題之一。在這方面的研究中，林淇瀁和鍾雅蓬最具代表性。

林淇瀁的博士論文《意識形態・媒介與權力》〔註96〕，以《自由中國》的論述為研究範圍，以批判理論為基礎，採用所謂「並用方法學」（methodological bracketing）與新史學的歷史分析方法，從傳播、政治和歷史三個層次探討了《自由中國》在臺灣政治變遷過程中扮演的角色。作者認為，在傳播層次，《自由中國》這個「小媒介」發揮了政治傳播的大效果，表現了「自由報業」的理念，對臺灣社會產生了啓蒙作用；在政治層次，《自由中國》名為媒介，實為「權力制衡器」的角色，為後來的民主運動和政論媒體樹立了典範；在歷史層次，《自由中國》結合外省籍知識菁英和本土政治菁英，為臺灣提供了揚棄省籍、族群意識的運動模式。此外，作者還提出了「威權體制下權力、意識形態與媒介關係模式」，認為威權體制下由於統治階級掌握權力機器及文化霸權，使意識形態、媒介、權力三者之間的關係呈現不等邊、不等距、不等重的傾斜現象（如圖三所示）。一年後，作者發表的《威權／霸權與新聞自由權》〔註97〕一文，則聚焦於《自由中國》爭取新聞自由的案例，

〔註96〕林淇瀁，意識形態・媒介與權力：《自由中國》與五〇年代臺灣政治變遷之研究〔D〕，臺北：政治大學新聞學研究所博士論文，2003。
〔註97〕林淇瀁，威權／霸權與新聞自由權：以1950年代《自由中國》的言論苦鬥為例〔J〕，臺灣史料研究，2005，24。

分析了《自由中國》與威權體制之間的關係。

圖三：威權體制下權力、意識形態與媒介關係組成〔註98〕

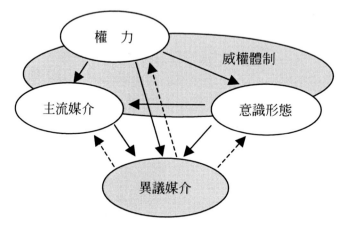

━━▶ 表示直接實際影響

----▶ 表示間接影響

　　而鍾雅蓬的碩士論文《政論雜誌與臺灣民主化》〔註99〕，則以《自由中國》爲例，以政治環境結構爲背景，分析了媒介與威權體制之間的互動關係以及政論雜誌在臺灣民主化進程中所扮演的重要角色。作者認爲當時在臺灣的本省菁英、外省菁英和一般政治參與者，通過《自由中國》關於公共事務的討論，消除了三方在社會角色中的不平等與隔閡，凝聚了政治共識，進而批判、衝撞當時的威權體制，塑造了哈貝馬斯所謂的「公共領域」。傳播媒介與公共領域的發展，深深地影響了臺灣的民主化進程；先雜誌、後政治活動的模式，使《自由中國》成爲後來黨外勢力效法的典範。

　　綜上所述，我們發現，有關雷震的研究，主要集中在臺灣地區，大陸少有學者涉及。而臺灣學者的研究，主要集中在政治史或思想史方面，這對本書的研究具有重要的參考作用。雖有不少著作對雷震在臺灣政治發展史上的作用進行了高度評價，但從政治學的角度，尤其是從知識分子與政治體制的關係視角審視雷震的政治活動與政治思想、系統研究雷震在臺灣民主轉型過

〔註98〕林淇瀁，意識形態・媒介與權力：《自由中國》與五〇年代臺灣政治變遷之研究〔D〕，臺北：政治大學新聞學研究所博士論文，2003：317。

〔註99〕鍾雅蓬，政論雜誌與臺灣民主化：《自由中國》個案研究〔D〕，嘉義：中正大學政治學系碩士論文，2005。

程中的作用與地位的著作還沒有，本書期待在這方面有所貢獻。

四、研究方法與篇章結構

（一）研究方法

本書採取的研究方法主要有個案研究法、比較研究法、歷史研究法和文本研究法等。

1、個案研究法

一般來說，社會科學的研究可分爲宏觀研究和微觀研究兩類。而所謂的微觀研究，均可視爲個案研究，不過個案的選擇有所不同：有的選擇一個地區，有的選擇一個時段，有的選擇一個事件，有的選擇一個人物。它的目的要麼是研究個案本身，要麼是研究個案所代表的總體，要麼二者兼而有之。本書則試圖以雷震爲個案，研究臺灣威權體制下知識分子所扮演的角色。

2、比較研究法

通過個案研究其代表的總體，有著無可克服的缺陷——代表性不足。爲彌補這個缺陷，本書以比較研究作爲補充。即在雷震之外，本書再選取胡適、殷海光和吳國楨這三位知識分子，期望通過他們與雷震的比較，比較全面地展示臺灣威權體制下的知識分子群像。

3、歷史研究法

研究歷史人物，自然離不開人物的歷史和人物所在時代的歷史。本書以雷震的歷史活動爲線索，結合臺灣上世紀五十年代的政治結構和政治變遷，分析他在臺灣威權體制下扮演的角色。

4、文本研究法

爲分析雷震的思想和活動，筆者對雷震的著作、日記、回憶錄進行了文本分析，並參考了大量的歷史材料和前人的研究成果。

（二）篇章結構

除導論和結語外，本書由三部分共四章構成。

第一章就是第一部分，主要交代本書的研究背景。它的基本假設是，中國知識分子是一個有著強烈政治關懷的群體，加之近代西方自由民主思想的影響，他們與威權體制存在內在的衝突。根據這個假設，本章首先論述中國知識分子的政治傳統，然後考察臺灣威權體制的結構，最後對知識分子在臺

灣威權體制下的境況作一宏觀分析。

第二部分是本書的主體部分，即以雷震爲個案，分析知識分子在臺灣威權體制下扮演的角色及其對臺灣政治轉型的貢獻。根據知識分子對政治轉型的可能貢獻，本書從「民主觀念的傳播」和「民主力量的成長」兩方面展開研究，各成一章。前者以雷震和《自由中國》半月刊的政治主張及兩者與臺灣威權體制的衝突展開，後者則以雷震和《自由中國》的政黨思想及「中國民主黨」組黨運動的發展爲線索。

爲補充個案研究的不足，本書在結論之前加上第四章，構成本書的第三部分。這部分通過考察胡適、殷海光和吳國楨在臺灣威權體制下的表現，並將其與雷震作一比較，以便對臺灣威權體制下知識分子所扮演的角色有更加全面的分析。

第一章 知識分子與臺灣威權體制的 內在衝突

　　自古以來，古代中國的知識分子——士大夫，就形成了一個綿延不絕的政治傳統。這個政治傳統，雖然在不同的時期有所調整，但其核心精神卻始終未變，並一直延續到近代。〔註1〕1949 年，國民黨敗退臺灣，一大批知識分子隨之遷臺，同時將這種政治傳統帶到了臺灣。面對國民黨在臺灣建立的威權體制，知識分子將會作出什麼樣的選擇？中國知識分子的政治傳統將面臨何種命運：是得以延續，還是被迫轉化，抑或完全消失？

第一節　中國知識分子的政治傳統

一、中國士大夫的政治傳統

（一）士、士大夫與知識分子

　　我們說知識分子是一個近代現象，並不意味著近代以前沒有承擔知識分子功能的社會群體或社會階層。在中國古代，這個群體或者階層就是當時的士或者士大夫。余英時認為，士作為一個承擔文化使命的特殊階層，一直在

〔註 1〕 余英時認為，士在中國史上形成了一個具有高度連續性的傳統，但在這種整體連續之中，個別時代又呈現出斷裂的一面。不過，這種「斷裂」是指傳統內部的「斷裂」，因此是局部的而不是全面的。每經過一次「斷裂」，士的傳統也隨之推陳出新一次，進入一個不同的歷史階段。而連續性則貫穿在它的不斷的內部「斷裂」之中。參見余英時，士與中國文化〔M〕，上海：上海人民出版社，2003：新版序。

中國歷史上扮演著知識分子的角色。〔註2〕李樹清認為，古代的士大夫是中國知識分子的前身，現代知識分子是從士大夫遞嬗與演化而來的。〔註3〕更多的人則是直接以「中國古代知識分子」稱呼士或士大夫。

士在先秦時代是具有較高文化水平的「讀書人」，他們一般出身於貴族。在周代的封建制度之下，貴族階級形成「天子－諸侯－大夫－士」的金字塔結構，士處於金字塔的最低層，他們在各級政府中擔任巫史等各種「國務管理人員」〔註4〕，大致相當於今天政府中的「事務官」。在這種情況下，士受到了三重限定：在社會身份上，士限定在貴族階級之內；在政治上，士限定在各種具體職務之中；在思想上，士限定在詩、書、禮、樂等王官學的範圍之內。在這些限定之下，士很難發展出一種超越的精神，因而難以對現實世界進行全面的反思和批判。所以，先秦的士還不能算作「知識分子」。〔註5〕

封建制度解體之後，士的地位發生了根本性的變化，從貴族變為庶民，不過排在「士農工商」四民之首。史學家顧頡剛先生認為，中國古代的士都是武士，經過春秋、戰國時期的社會變動然後轉化為文士。余英時則認為顧頡剛未能對士的轉化提出合理的解釋，他經過考證後認為文士的產生有其禮樂詩書的文化淵源，而不是從武士蛻化而來的。〔註6〕除此以外，也有少數庶民，由於其真才實學或具一技之長而上昇為士。在諸侯爭霸、群雄並起的春秋戰國時期，諸多士人以「謀士」的身份周遊列國，推銷「君人南面之術」，形成所謂的「遊士」階層。此即中國古代知識分子——士的最初來源。〔註7〕

〔註2〕 余英時，士在中國文化史上的地位〔A〕，見：余英時，士與中國文化〔M〕，上海：上海人民出版社，2003：引言。

〔註3〕 李樹清，論知識分子〔A〕，見周陽山主編，知識分子與中國〔C〕，臺北：時報文化出版事業有限公司，1981：9～21。

〔註4〕 賈春增主編，知識分子與中國社會變革〔M〕，北京：華文出版社，1996：4。

〔註5〕 余英時，中國知識人之史的考察〔A〕，見：許紀霖編，20世紀中國知識分子史論〔C〕，北京：新星出版社，2005：13～30。

〔註6〕 余英時，士與中國文化〔M〕，上海：上海人民出版社，2003：6～24。參見顧頡剛，武士與文士之蛻化〔A〕，見：顧頡剛，史林雜識初編〔M〕，北京：中華書局，1963：85～91。

〔註7〕 「士」在當時是一個很複雜的群體，范文瀾先生曾將當時的士分為四類：學士、策士、方士或術士、食客（范文瀾，中國通史簡編〔M〕，北京：人民出版社，1949：178）。此外，關於「士」字的初形與初義，請參見閻步克，士大夫政治演生史稿〔M〕，北京：北京大學出版社，1996：30～36；余江，士之溯源及其早期衍變〔J〕，文史哲，2006，（3）。

由於諸侯爭霸愈演愈烈，各諸侯國對謀士的需求也就越來越大。為了在爭霸中勝出，或者至少不被對手消滅，諸侯們往往對遊士以禮相待，給予很高的待遇和地位。這樣一來，本來就有貴族傳統的士，在精神上更加自信，往往以「王者師」自居。先秦諸子便是其中的代表人物。

　　秦始皇統一六國之後，以郡縣制取代了封建制，中央集權的專制制度自此成為中國政治的常態。秦朝推行「法制」，士人受到冷落，「焚書坑儒」更是使其遭受重大打擊。但是，所謂「得士者得天下，失士者失天下」，秦朝迅速滅亡。代秦而起的兩漢，吸取秦亡的教訓，重視士人在政治統治與社會管理中發揮的巨大作用。董仲舒「罷黜百家，獨尊儒術」之後，儒家確立了官方的正統地位。西漢政府廣建學府，培養儒學後備力量，並選擇其中的優秀分子納入政權。士人數量隨之增多，逐漸形成一個新的社會階層——士大夫階層。〔註8〕隋唐實行科舉制度以後，讀書人「學而優則仕」，紛紛進入國家官僚系統，在國家政治生活中扮演著關鍵的角色。從某種意義上可以說，隋唐以後的中國，可以沒有皇帝，卻不可以沒有士大夫：歷史上眾多關於「君王不早朝」的記載即為明證。所謂士大夫，便是指兩漢以下，特別是唐宋以後的儒生官吏或文人官僚。〔註9〕

　　那麼，士大夫究竟能不能算作中國古代的「知識分子」呢？關於這個問題，學術界已有諸多爭論，大概有如下三種觀點：第一種觀點認為，中國古代士大夫不能算作知識分子，原因在於，雖然他們接受了系統的教育，掌握了較多的文化知識，也不過是有知識的地主，是剝削他人的腦力勞動者。而沒有做官的「士」則可稱之為知識分子。第二種觀點認為，中國古代士大夫是知識分子的前身，但其本身並不是知識分子，他們是官僚階層。中國最早的知識分子是最後的士大夫，即試圖從官僚階層中獨立出來的一部分士大夫，如康有為、梁啟超、嚴復等。第三種觀點認為，中國古代士大夫是知識分子。知識分子的本質特徵體現於其在文化價值、藝術創造、知識體系以及特定社會責任上的特殊功能，而士大夫們正是融知識、道義與美為一體，視人格完成、文化創造與社會責任為一事。官僚不過是士大夫二重角色之一。

〔註8〕 張濤，「知識分子」與「士大夫」辨析〔J〕，武漢理工大學學報（社會科學版），
　　　　2005，18（5）。

〔註9〕 閻步克則將這一稱謂推得更早，稱封建時代的「士」為「封建貴族士大夫」，
　　　　他們與帝國時代的「官僚士大夫」有前後相繼的關係。參見閻步克，士大夫
　　　　政治演生史稿〔M〕，北京：北京大學出版社，1996：466。

〔註 10〕筆者認爲，雖然士大夫與現代意義的知識分子有所區別，但是他們的精神氣質和在社會政治生活中扮演的社會角色確實極爲相似。「士大夫」這個詞已經表明了它兼具兩種角色：「士」——知識分子；「大夫」——官員。事實上，現代知識分子也不是來自單一的社會階層，他們承擔多種社會功能，其中有一部分直接參與到現實政治當中。通過分析士大夫的政治傳統，將有助於說明古代士大夫與近代知識分子之間的相似性。

（二）士大夫的政治傳統

1、士志於道

中國古代士大夫的主要傳統，幾乎全部體現在一個「道」字上面。這個「道」，在《論語》裏面就有相當多的記載，如：

> 朝聞道，夕死可矣。(《論語・里仁》)
>
> 士志於道，而恥惡衣惡食者，未足與議也。(同上)
>
> 志於道，據於德，依於仁，游於藝。(《論語・述而》)
>
> 篤信善學，守死善道。危邦不入，亂邦不居。天下有道則見，無道則隱。邦有道貧且賤焉，恥也；邦無道，富且貴焉，恥也。(《論語・泰伯》)
>
> 邦有道，則仕；邦無道，則可卷而懷之。(《論語・衛靈公》)
>
> 君子謀道不謀食。耕也，餒在其中矣；學也，祿在其中矣。君子憂道不憂貧。(同上)

很顯然，當用「道」來定義「士」的時候，孔子給它貫注了一種理想主義的精神，要求士能超越他自己個體的和群體的厲害得失。到了孟子那裡，他將這種理想主義提升到更高的境界：〔註 11〕

> 天下有道，以道殉身；天下無道，以身殉道。未聞以道殉乎人者也。(《孟子・盡心》上)

「以身殉道」，這種精神無疑具有宗教信仰的意味。那麼，「道」是什麼？它是一種哲學範疇，意爲準則、規律和最高理想，且帶有普世倫理的性質。在孔孟那裡，「道」幾乎等同於理想的政治秩序或政治理念。〔註 12〕古代的士

〔註 10〕張濤，「知識分子」與「士大夫」辨析〔J〕，武漢理工大學學報（社會科學版），2005，18（5）。

〔註 11〕余英時，士與中國文化〔M〕，上海：上海人民出版社，2003：25。

〔註 12〕啓良，道：中國知識分子的十字架〔J〕，書屋，2001，（11）。

大夫，熟讀孔孟之書，久受儒家學說的浸潤，對孔孟所說的「道」，自然是推崇備至。他們以「道」的擔當者和傳承者自居，「道」成為他們安身立命的根本。後世的儒家學者，更是建構了一個「聖聖相傳」的「道統」。〔註13〕

2、以天下為己任

「士志於道」，要求士大夫不能計較自己的得失，而是應該「以天下為己任」。《大學》云：「古之欲明明德於天下者，先治其國；欲治其國者，先齊其家；欲齊其家者，先修其身」，「修身」最終是為了「平天下」，也就是要由「內聖」開出「外王」來。所以，士大夫在注重自身修養的同時，更應該將天下以及天下蒼生的疾苦等社會責任扛到自己的肩上。由此，天下之責成為士大夫的一大傳統，並由此衍生出憂患意識等。如果說「道」是士大夫的「最高傳統」，天下之責和憂患意識則是其「次級傳統」。〔註14〕

從古至今，中國歷史上「以天下為己任」的士大夫在在有之。孔孟自不必說，孔孟之後，同樣不絕於縷。其中的代表性人物有立志「為天地立心，為生民立命，為往聖繼絕學，為萬世開太平」的張載，有感慨「安得廣廈千萬間，大庇天下寒士俱歡顏，風雨不動安如山」的杜甫，有踐行「先天下之憂而憂，後天下之樂而樂」的范仲淹，有倡導「風聲雨聲讀書聲，聲聲入耳；家事國事天下事，事事關心」的顧憲成，有疾呼「天下興亡，匹夫有責」的顧炎武〔註15〕，還有「位卑未敢忘憂國」的陸游、「精忠報國」的岳飛、「留

〔註13〕「道統」最早是由孔子創擬出來的。他把堯、舜、禹、湯、文王、武王、周公等上古聖人視為「道」的創造者和延續者，他本人則以「從周」的文化承載者自居，成為聖人之道的傳人。孔子之後，是孟子。孟子之後，還有不絕的聖人出現，如董仲舒、韓愈等。這樣一個自堯舜禹至孔孟，再至後世聖人的系列，便是儒家的「道統」。參見萬全，權力宰制理性——士人、傳統政治文化與中國社會〔M〕，天津：南開大學出版社，2003：28～29。

〔註14〕「最高傳統」與「次級傳統」的概念，前者受到希爾斯的啟發，後者則直接來自希爾斯。參見希爾斯，知識分子與當權者〔M〕，臺北：桂冠圖書股份有限公司，2004：21。

〔註15〕「天下興亡，匹夫有責」不是顧炎武的原話。原話是：「有亡國，有亡天下。亡國與亡天下奚辨？曰：易姓改號，謂之亡國。仁義充塞而至於率獸食人，人將相食，謂之亡天下……保國者，其君其臣肉食者謀之；保天下者，匹夫之賤與有責焉耳矣。」（《日知錄》，卷13，《正始》）在顧炎武這裡，「亡國」與「亡天下」是不一樣的：改朝換代是「亡國」，這是政治的衰亡；而禮法遭到嚴重破壞，道德普遍淪喪，社會陷入混亂則是「亡天下」，這是文明的衰亡。所以，對「亡國」和「亡天下」的責任主體也不相同，「亡國」是君主和臣下的責任，「亡天下」則人人有責。顧炎武提出「天下興亡」的背景，既有亡國

取丹心照汗青」的文天祥，「策杖只因圖雪恥，橫戈原不爲封侯」〔註16〕的袁崇煥……眞是不勝枚舉，數不勝數。

3、道統與政統的衝突

爲了實現自己的「道」，由「修身」達致「平天下」，由「內聖」開出「外王」，儒家不得不與現實的君權結合在一起。加之統治者的需要，儒家思想成爲中國古代專制君權、乃至整個君主專制政體的主要倫理資源和價值源頭，成爲它們合法性的重要意識形態基礎。〔註17〕

儒家是尊君的，所謂「君君、臣臣、父父、子子」是也。士大夫們參與政治，成爲專制君主的臣子，自然不會背離尊君這個傳統。但是，在儒家的意識形態裏面，「道」是高於「勢」的，也就是說「道」的地位比君主（君權）更高。儒家理想中的君主是一個按照「道」——君主的「道」主要是「仁」〔註

之痛，又有對思想風氣的不滿，還有對無良士子的憤恨。明末農民戰爭和滿清的鐵騎，給華夏大地造成了空前的慘狀，許多號稱士大夫的人不但沒有承擔起興亡續絕的責任，反而投靠異族，爲虎作倀，動蕩穩定下來以後，又坑害良善，喪心無恥。而推其根本，就是社會風俗的淪喪，是文明底線的喪失，即所謂「亡天下」。顧炎武的話被後人概括爲「天下興亡，匹夫有責」，應該說是很準確的，它繼承了顧炎武的原意，把「亡天下」看作比「亡國」更嚴重的問題。在他們看來，主權的喪失，領土的侵害，都不是最大的問題。只要聖人之道存於天地之間，「中國」就一日不會亡。但是，它抽離了原話中「文明秩序」的含義，不談「亡國與亡天下之辨」，而是專門強調「匹夫」對天下（國家）的責任。在這些論述中，誰應當對天下（國家）負責才是最核心的問題。許多人爲了推動國民意識的形成，將從西方傳來的、以社會契約論爲代表的公民理論，和傳統士人的擔當精神結合在一起，建構了「天下興亡，匹夫有責」的全新含義，這一點可以以梁啓超的「新民說」爲代表。（筆者的好友、正在復旦大學研究中國古代思想史的段志強先生爲筆者理解「天下興亡，匹夫有責」這一觀念提供了幫助，特此致謝。）

〔註16〕袁崇煥詩《邊中送別》。
〔註17〕張星久，中國古代君權合法性研究〔D〕，武漢：武漢大學博士論文，2001：73～74。
〔註18〕孔子的政治理想國和基本政治原則就是「有道」。總括有關論述，孔子的「有道」政治理想就是禮、仁的和諧統一和富民足君。孔子將「有道」視爲一種檢驗政治的標準，統治者的一切行爲都應在這一原則下接受衡量和檢驗，違反這一原則的便是「無道」之輩和「無道」之舉。孔子關於「有道」和「無道」的理論，在當時以及其後兩千多年的專制社會中都成爲統治者自我認識、自我批評和自我調節的理論依據。它既能滿足統治階級中當權者的需要，又爲在野派以及其他圖謀改良的人士進行政治批評提供了理論依據，同時還爲深受其害的人們提供了改善處境的希望。參見劉澤華主編，中國政治思想史（先秦卷）〔M〕，杭州：浙江人民出版社，1996：157～159。

18〕——的要求來修身和「治國平天下」的專制君主。〔註19〕當君主犯錯，也就是當他們偏離了「道」的要求時，作臣子的應該勇敢地指出來，要求君主改正。孔子說：

> 昔者天子有爭臣七人，雖無道，不失其天下；諸侯有爭臣五人，雖無道，不失其國；大夫有爭臣三人，雖無道，不失其家；士有爭友，則身不離於令名；父有爭子，則身不陷於不義。故當不義，子不可以不爭於父，臣不可以不爭於君。（《孝經‧諫爭章》）

孔子的這一教誨，士大夫們將其奉爲行爲準則。當以「道」的承擔者和「王者師」自居的士大夫用儒學的理想來衡量現實政治的時候，必定會對現實政治有所批評，由此形成了一個「諫議」的傳統：在朝則諫，在野則議。而君主們有時候也聽從這些諫議，收斂他們的行爲。當然，他們這樣做，主要是爲了繼續維持自己的統治。

當君主的行爲不符合「道」的要求時，士大夫的「正確選擇」應該是「從道不從君」。可是，問題在於，中國古代專制君主的權力沒有受到任何正式法律和機構的制約，專制的本性決定了他們不願意自己的權力和意志受制於任何其他人。當士大夫把具有理想主義甚至是宗教色彩的「道」引入現實政治生活的時候，難免會與政治權威產生衝突，即所謂「道統」與「政統」的衝突。〔註20〕由於君主專制政體下不存在「合法的反對黨」，「尊君」、「忠君」

〔註19〕儘管儒家要求君主施行「仁政」和「德治」，但仍然只是一種「開明專制」，沒有超出「專制君主制」的範疇，與「貴族君主制」、「等級君主制」、「立憲君主制」都存在重大差別。關於君主制的分類，請參見王惠岩主編，政治學原理〔M〕，北京：高等教育出版社，1999：110～112。

〔註20〕張星久認爲，由於儒家自信完成了對這整個宇宙和人類社會的終極解釋，自負爲「王者之師」和絕對的精神權威，由於它從絕對理想和完美的標準去設計人和社會，並且強調通過內心修養一類的道德實踐方式去實現理想目標，使之具有濃厚的對現實的疏離精神，以及批判現實的超越精神和空想烏托邦精神。再加上它以追求「天下爲公」、「大公至正」爲最高理念，強調「道」高於「勢」、倡導以儒家之道去引導和約束君主之勢，主張「仁民」保民的「民本」、仁政思想等等，在一系列的具體觀念上也和現實生活中「家天下」、「私天下」的專制王朝及其君主的目標、宗旨產生錯位乃至牴觸。所以，在儒家思想與專制君權之間，乃至與整個專制政體之間存在內在的緊張與衝突。這種緊張與衝突是導致傳統社會中君權合法性危機的一個重要思想根源。不過，這種緊張和衝突仍然是「體制內」的，而不是「體制外」的。參見張星久，中國古代君權合法性研究〔D〕，武漢：武漢大學博士論文，2001：74～75；張星久，儒家思想與中國君主專制的內在衝突〔J〕，武漢大學學報（哲

的士大夫也不可能揭竿而起，推翻當朝君主的統治，所以一旦發生衝突，結局如何就全繫於君主一人了。如果是開明的君主，結局會比較完滿，即使他不接受諫議，也會表示出聽取的姿態；但是如果碰到昏君、庸君，尤其是暴君，悲劇便往往不可避免。既要「尊君」，又要「從道」，中國歷史上的士大夫因爲這種二律背反而付出了極大的代價。不是被降被貶，就是被辱被殺，甚至是大規模地遭到活埋或被投屍黃河〔註21〕。一幕接著一幕，史不絕書。但是，士大夫並沒有因此而退縮，甚至視死於諫諍爲一種榮耀。「文死諫，武死戰」這句古語就充分說明了這一點。〔註22〕

4、士大夫與近現代知識分子之比較

通過以上對中國古代士大夫政治傳統的考察，本書可以將士大夫與近現代知識分子作如下比較：

在社會功能方面，第一，他們都習慣使用抽象的符號，是知識的創造者和傳播者，是文化的締造者和傳承者。但中國古代士大夫首要關心的是有關倫理道德的規範性知識，偏重於「形而上」的層次，極少有人對技術性的、「形而下」知識感興趣，缺乏近現代知識分子「爲知識而知識」的精神。第二，

學社會科學版），1995，（5）。

〔註21〕前者以秦始皇「焚書坑儒」爲代表，後者主要是指唐末的「白馬清流」事件。唐朝末年，一般的士大夫自視清高，認爲自己是清流。當時，朱溫謀士李振不是進士出身，很痛恨進士出身的大臣，他慫恿朱溫，將宰相裴樞以下的大臣三十多人殺於白馬驛，投屍黃河。而且説：這些人自稱清流，應該把他們投入濁流。事見《資治通鑒・唐昭宣帝天祐二年》，後世稱這一事件爲「白馬清流」。

〔註22〕筆者無意美化中國古代的士大夫，所以不得不指出，並不是每一個士大夫都能始終如一地堅守士大夫的氣節，他們之中不乏唯利是圖、貪生怕死之輩。筆者以爲，當他們背離了「士」的精神時，就只能被稱作「大夫」而不能被稱作「士大夫」，因而成爲士大夫的批判對象。正如今天所謂的某些「知識分子」只能被稱作「知道分子」一樣。此外，還應該指出，「文死諫」在説明士大夫勇於諫諍的同時，也暴露了他們盲目的忠君思想。有學者認爲，儒家主張道統高於君統，「從道不從君」，從表面上看，是對君主的不合作，甚至是一種對立，但實際上卻從更高的角度維護了統治階級的利益，維護了君權，在對君主的怨恨之中充滿了深沉的愛。這一思想培養了一批忠勇之士，而這些忠勇之士正是維護君主專制統治的中流砥柱。這些人對君主愛而不阿諛，順從而不盲從，犯而不欺，怨而不恨，從而把堅持道義與維護君權、維護統治階級的普遍利益提到了奇妙統一的地步。（劉澤華主編，中國政治思想史（先秦卷）〔M〕，杭州：浙江人民出版社，1996：160～161）不過，筆者認爲，在君主專制政體下，他們沒有更好的選擇，我們不應過多地苛責古人。

他們都關心政治和公共事務，但古代士大夫直接參與政治，成為國家官僚，捲入程度太深；近現代知識分子中雖然也有直接參政的，但這部分人數量不多，且可進可退。

在精神氣質方面，他們沒有根本的不同。他們都自視為真理的掌握者，具有強烈的社會責任感和公共精神，有憂國憂民的濟世情懷和擔當精神，並對現實政治採取批判的態度。他們的差異主要在於，第一，古代士大夫的批評一般比較含蓄，不如近現代知識分子這麼明顯和劇烈；〔註23〕第二，古代士大夫將天下責任擔於一肩，承擔了過多的社會責任，也因此遭受了過多的苦難。近現代知識分子則不一樣，他們不把自己視為對社會、國家負責的唯一主體。

綜上所述，我們可以看出，中國古代的士大夫與近現代知識分子在社會功能和精神氣質方面都極其相似，他們的不同主要在於與權力的關係不同。近現代知識分子與統治者有一種天然的距離感，〔註24〕但中國古代的士大夫沒有這種距離感。「學成文武藝，貨與帝王家」，入朝為官，為君主和國家效勞是他們的最大願望。進入仕途之後，他們便成為統治階級的一部分，成為權力的附庸，不可能脫離權力而成為一個獨立的階級或階層。〔註25〕所以，他們雖然能對現實中一個個具體的君主提出批評，卻不可能對君主專制制度本身提出反思與批判。

〔註23〕陳國祥，訪葉啓政教授──從文化觀點談知識分子〔A〕，見：周陽山主編，知識分子與中國〔C〕，臺北：時報文化出版事業有限公司，1981：23～36。
〔註24〕希爾斯在討論知識分子的傳統時認為，與統治者的距離感是知識分子「最強大的傳統」。他同時寫到：「不信任世俗統治者和教會統治者的傳統──事實上是不信任傳統本身的傳統──首先在西方，隨後在以往半個世紀的亞非兩洲部分受西方傳統影響的知識分子中間，構成了知識分子的首要次級傳統。」他認為，「知識分子與當權者的緊張關係起自於知識分子對神聖事務的那種先天的根本取向。這種緊張表現在知識分子只想服從代表最高理想（無論它是秩序、進步還是其他價值）的權威，而反抗或譴責背叛上位價值的權威。」參見希爾斯，知識分子與當權者〔M〕，臺北：桂冠圖書股份有限公司，2004：21。
〔註25〕金安平認為，「學而優則仕」的功利色彩嚴重腐蝕了「以天下為己任」中所蘊涵的人文精神。她指出，「本來為官從政也可算是關心天下的一條道路，然而這條路所帶來的世俗利益卻會淹沒它原本具有的內涵。特別是當這條路成為惟一的路時，知識分子『以天下為己任』的情懷就會變得蒼白和空虛。」參見：金安平，從批判的武器到武器的批判──二十世紀前半期中國知識分子與政黨政治〔M〕，哈爾濱：黑龍江人民出版社，2000：20。

二、中國近代知識分子的政治參與

（一）從士大夫到知識分子

科塞詳細研究了知識分子產生的條件，他認為，知識分子的職業在社會中成為可能並得到承認，有兩個必要條件：首先，知識分子需要聽眾，需要有一批人聽他們宣揚自己的思想和觀點，並對他們表示認可；其次，知識分子需要經常與自己的同行接觸、交流，只有這樣才能建立起有關方法和優劣的共同標準，以及指導他們行為的共同規範。而這兩個條件，直到近代才得到滿足，因為出現了使它們得到滿足的特殊制度環境，這就是：沙龍和咖啡館；科學協會和雜誌；文學市場和出版界；政治派別；以及波希米亞式的場所和小型文藝雜誌。〔註 26〕下文將證明，中國近代知識分子的產生需要相同或相近的環境。

自 1840 年鴉片戰爭以來，中國就一直處於內憂外患之中。面對西方列強的欺凌，腐敗的清王朝束手無策。在這種情況下，中國傳統的士大夫群體逐漸從「天朝上國」的迷夢中蘇醒，開始將眼光投向海外，思考西方富強的原因，試圖拯救即將坍塌的帝國大廈。為此，他們和他們的後繼者──近代知識分子，推動了一波又一波的救亡運動。

列強的堅船利炮使人們認識到，西方強大的原因在於技術的發達，於是有人提出了「師夷長技以制夷」、「中學為體，西學為用」等口號，在朝的開明官僚和地方督撫啟動了以「自強」、「求富」為目的的洋務運動。1895 年，中國在甲午戰爭中失敗，洋務運動宣告破產。儘管洋務運動沒有改變中國落後挨打的局面，但是，清政府在洋務運動期間設立了同文館等一批「洋務學堂」，這些新式學堂培養了一大批掌握現代科學技術知識的新型人才。但由於這一時期缺乏必要的社會政治、經濟和思想文化方面的條件，他們尚處於從古代士大夫向近代新知識分子轉型的孵化階段。〔註 27〕此外，清政府還向海外派出了一批官費留學生，這些人學成歸國後，倡導西學，加入了中國近代知識分子的行列。〔註28〕

〔註26〕〔美〕劉易斯・科塞，理念人──一項社會學的考察〔M〕，北京：中央編譯出版社，2001：3～10。

〔註27〕陸建洪、侯強，論清末民初中國知識分子的轉型〔J〕，江蘇社會科學，2003，（6）。

〔註28〕參見荊惠蘭，近代中國新型知識分子群體的形成、發展及作用〔J〕，大連理工大學學報（社會科學版），1999，20（3）。

　　甲午戰爭中，昔日的學生——日本戰勝了老師，空前的危機感籠罩在每一個有識之士的心頭。反思之後，他們認識到，西方和日本的強大不僅在於器物，更由於其制度。1895 年春，中日簽訂《馬關條約》的消息傳回國內，康有爲、梁啓超聯絡在京應考的 1300 多名舉人，聯名向清廷呈遞請願書，提出「拒和、遷都、變法」的政治主張，史稱「公車上書」。1898 年，在康、梁等維新派人士推動下，清廷發起了一場變法運動，但不幸被慈禧太后打斷，「戊戌六君子」被殺，新法盡廢，僅存京師大學堂於世。此次變法運動前後，以康有爲、梁啓超爲代表的近代知識分子開始登上了中國歷史的舞臺。〔註29〕

　　1900 年，義和團起，八國聯軍攻入北京，「兩宮西狩」，亡命西安。此時，最高統治者才恍然大悟，決定改弦更張，開始「新政」。然而大廈將頃，扶之何易？辛亥革命一聲槍響，大清帝國隨之土崩瓦解。關於「新政」的成效與地位，學界爭論已久，本書無意捲入；但筆者不得不指出，清廷在「新政」中廢除科舉制度，爲近代知識分子的形成提供了重要條件。〔註30〕它切斷了讀書人與政治權力的固有聯繫，使讀書人不再以做官爲目的，而是尋求其他出路，從而實現由士大夫向知識分子的轉變。以近代教育的發展爲例，1898 年全國僅有新式學堂 39 所，1903 年增加到 769 所；廢除科舉制後，新式學堂發展迅速，1909 年就增加到 59117 所，學生達 1639641 人。〔註31〕新式教育的發展，不但爲近代知識分子提供了一個遠離實際政治的舞臺，還培養了一大批年輕的知識分子。雖然在科舉制於 1905 年被廢除之前，中國民間已經有不少讀書人放棄了科舉道路，如王滔、鄭觀應等。但是，作爲一個新興階層的知識分子的形成，則要等到廢除科舉制之後。

　　當然，科舉制的廢除只是中國近代知識分子形成的條件之一，其他社會條件至少還包括：（1）政治派別的分化。保守派與洋務派、改良派與革命派、溫和派與激進派等各派勢力粉墨登場；而且，同一種派別之內還有不同的主義之爭。（2）以報刊、學會爲主的「公共領域」的形成。各派政治勢力，爲

〔註29〕參見黃群，戊戌維新與近代知識分子群體的形成〔J〕，求索，2007，（6）。
〔註30〕清廷在廢除科舉制之前，於 1903 年（癸卯年）頒佈了《奏定學堂章程》，確立了新式學堂的正統地位，史稱「癸卯學制」。筆者將其看作廢除科舉制的序幕。參見金安平，從批判的武器到武器的批判——二十世紀前半期中國知識分子與政黨政治〔M〕，哈爾濱：黑龍江人民出版社，2000：36～37。
〔註31〕李曉英、牛海禎，科舉制廢除及紳士階層在新式教育領域中的貢獻〔J〕，甘肅社會科學，2006，（6）。

了宣揚自己的主張，紛紛辦刊辦報，組織各種學會和其他團體。據統計，僅在 1895～1898 年，就有 76 個學會成立，出現了約 60 種報紙。〔註32〕這些條件，《劍橋中華民國史》作了最好的總結：「在這同一時代〔註33〕，知識分子菁英作爲一個階層，已經歷了若干重要的結構上的變化。一方面它建立了以報刊爲形式的新的聯繫與交往方式，另一方面建立了多種類型的學會和政治黨派。傳統的考試制度已經終止而被學校制度所取代，這導致對傳統文職機構中的職業機會的侵蝕，以及知識分子工作的迅速職業化和專業化。」〔註34〕

　　科舉制度廢除之後，近代中國知識分子又先後經歷了辛亥革命、「五四」運動等多場政治運動的洗禮而逐漸成熟。由此，筆者將中國知識分子的形成分爲如下三個階段：從 1840 年後中國出現「睜眼看世界」的第一批人，到 1898 年的「公車上書」之前，中國傳統的士大夫開始向近代知識分子蛻變，這是第一個階段，可以稱之爲「蛻變期」；從「公車上書」到清政府 1905 年廢除科舉制是第二個階段，在這一時期，近代知識分子的隊伍不斷壯大，但尚未成爲一個獨立的階層，因此可以稱之爲「形成期」；科舉制廢除之後一直到「五四」運動結束是第三個階段，在這個階段，作爲一個獨立階層的知識分子逐漸成型，因此是中國知識分子的「成熟期」。〔註35〕

（二）從「士大夫政治」到政黨政治

　　近代中國的知識分子，主要由以下四部分組成：一是部分士大夫通過學習和吸收西學逐漸轉化爲新型知識分子，二是由西方傳教士開辦的教會學校培養的學生，三是新式學校培養的各類人才，四是眾多的留學歸來人員。這些人，已經不再像古代的士大夫那樣只有入仕爲官一條路，而是有了多種多樣的選擇。他們之中，有的登上講壇傳播西學，成爲教師；有的獻身學術，安於學者之職；有的盡力介紹各種知識和信息，或編輯或記者；有的專攻法

〔註32〕〔美〕費正清、劉廣京編，劍橋中國晚清史，1800～1911 年（下卷）〔M〕，北京：中國社會科學出版社，1985：325～327。

〔註33〕原書指 1895 至 1920 年——筆者注。

〔註34〕〔美〕費正清編，劍橋中華民國史：1912～1949 年（上卷）〔M〕，北京：中國社會科學出版社，1998：358～359。

〔註35〕不同的學者對中國知識分子的形成有不同的分期。參見金安平，從批判的武器到武器的批判——二十世紀前半期中國知識分子與政黨政治〔M〕，哈爾濱：黑龍江人民出版社，2000：37～38；莉惠蘭，近代中國新型知識分子群體的形成、發展及作用〔J〕，大連理工大學學報（社會科學版），1999，20（3）。

律，在法庭上為各色人物辯護；有的從事工程技術，為公共建設揮汗如雨。他們當中，投身實業者有之，投身政治者有之，投筆從戎者亦有之……

不幸的是，他們生活在內外交困的近代中國，救亡和啓蒙的壓力強化了他們從先輩那裡繼承的責任感與使命感。因此，無論從事什麼職業，他們都很難不關心政治，不議論政治，不參與政治。正如劉曄所言，清末民初的讀書人在社會學意義上從士轉化為知識分子似乎比其心態的轉變要來得徹底：「士與知識分子在社會意義上已截然兩分，在思想上卻仍藕斷絲連。民初的知識分子雖然有意識要扮演新型的社會角色，卻在無意識中傳承了士以天下為己任的精神及其對國是的當下關懷。」〔註36〕與此同時，近代中國的知識分子「是社會各階層中受西學影響最深，對現實感覺最敏銳的群體，也最富於浪漫主義的氣質和烏托邦理想，因而他們總是天然地傾向於社會變革，而且扮演最為激進的角色。」〔註37〕以天下為己任的使命感和責任感加上西方自由民主思想的影響，近代中國的知識分子舉起了批判的大旗，對傳統中國進行了一次從政治到文化的全面批判。

從1894年孫中山在檀香山成立興中會開始，中國的知識分子就紛紛成立各種政治團體乃至政黨進行「武器的批判」，由此促使中國政治從古代的「士大夫政治」開始向近代的政黨政治轉變。〔註38〕1911年，辛亥革命推翻了兩千多年的君主專制政體，建立了資產階級民主共和國，成為中國歷史發展的重要里程碑和分水嶺。但是，民主不是一天就可以建成的。辛亥革命之後，袁世凱竊取了革命成果，並妄圖復辟帝制。不料彼時民主共和的觀念已深入人心，袁世凱在做了八十三天「皇帝」之後命歸黃泉。此後，各路軍閥為了爭奪地盤，割據混戰十數年，一直到「北伐」和「東北易幟」之後，國民黨才在形式上重新統一了中國。〔註39〕即使在軍閥割據戰火連天的歲月，知識

〔註36〕劉曄，知識分子與中國革命：近代中國國家建設研究〔M〕，天津：天津人民出版社，2004：141～142。

〔註37〕許紀霖，尋求意義：現代化變遷與文化批判〔M〕，上海：上海三聯書店，1997：17。

〔註38〕據金安平的研究，同盟會前期的重要人物、民國初年各主要政黨的主要人物、中國共產黨的早期黨員和民主黨派的領袖人物，除極個別外，絕大多數都是知識分子。參見金安平，從批判的武器到武器的批判——二十世紀前半期中國知識分子與政黨政治〔M〕，哈爾濱：黑龍江人民出版社，2000：112～154。

〔註39〕總體上說，「軍閥政治」、「割據混戰」這些詞彙並無不當；但卻過於概略，因而掩蓋了歷史的某些真相。由於本書無意於考察這些歷史細節，只好使用這

分子們也經常利用大學講壇和公共媒體等言論陣地，或傳播自由民主的思想，或向軍閥政治展開無情的抨擊。1922 年 5 月 13 日，蔡元培、胡適聯合14 位著名的知識分子，發表了他們的政治宣言——《我們的政治主張》。在該宣言中，作者們要求政府「為社會全體謀充分的福利」、「充分容納個人的自由，愛護個性的發展」，成為一個「憲政的政府」、「公開的政府」，實行「有計劃的政治」。他們認為，當時的政治之所以敗壞，「好人自命清高」是一個重要的原因，因此號召「好人們」起來奮鬥，建立一種「決戰的輿論」。此外，他們還對現實政治提出了一系列具體的改革主張。〔註40〕

軍閥的割據混戰，無疑對中國的現代化帶來了巨大的損失。但是，正如兩千多年前的諸侯爭霸導致「百家爭鳴」一樣，軍閥割據時期也形成了一個「百花齊放」的局面，現實主義、功利主義、社會主義、馬克思主義、自由主義、個人主義、達爾文主義、民族主義、無政府主義、國家主義等各種思想流派爭奇鬥豔，異彩紛呈，並在「五四運動」時達到高潮。

1915 年 9 月，《青年雜誌》——一年後改名為《新青年》——創刊，拉開了新文化運動的序幕。新文化運動「開始於文學革命，提倡白話文，反對文言文，繼而演變為一場輸入新思潮的運動，最後又演變為學生運動和工人運動，成為追求改革和革命的運動。在這一過程中，各種新思潮的鼓吹者組成聯合陣線，如早期的馬克思主義者、各種社會主義者、自由主義者，共同向中國的舊道德、舊文化發動衝擊。」〔註41〕這一系列的運動，因為期間發生了震驚中外的「五四事件」而被稱為「五四運動」。〔註42〕在新文化運動中，

些詞語一筆帶過。事實上，在這一時期，軍閥們對中國近代國家建設並非毫無貢獻；而且，軍閥中的少數突出人物還在道德方面堅守著儒家傳統，受到當時人們的稱讚，如吳佩孚以「學者軍閥」著稱，閻錫山以「模範長官」聞名。有興趣者請閱讀《劍橋中華民國史》上卷第 5～6 章。（〔美〕費正清編，劍橋中華民國史：1912～1949 年（上卷）〔M〕，北京：中國社會科學出版社，1998）

〔註40〕蔡元培、胡適，我們的政治主張〔A〕，見：劉軍寧主編，北大傳統與近代中國：自由主義的先聲〔M〕，北京：中國人事出版社，1998：17～21。

〔註41〕張星久，中國近現代政治思想述論〔M〕，武漢：湖北人民出版社，2000：180。

〔註42〕關於「五四運動」與「新文化運動」，存在三種觀點。第一種觀點認為，「五四運動」僅指「五四事件」及其之後的政治運動，它與新文化運動是兩回事；第二種觀點認為，「五四運動」和新文化運動二者之間有密切的關係，但是新文化運動是獨立存在的，它不被包括在「五四運動」的範圍之內；第三種觀點認為，「五四運動」包括新文化運動和「五四事件」之後的政治運動。美籍

知識分子無疑是運動的主力。而在後期的政治運動中，知識分子也是積極的參與者和支持者。第一，後期各種政治運動的根據是早期知識分子鼓吹的自由民主思想，因此可以說知識分子是政治運動的精神領袖；第二，大多數知識分子對學生運動和工人運動持同情或支持的態度，並積極參與了這類政治運動；第三，如果將學生看作青年知識分子，知識分子便可算作政治運動的主力之一。經過「五四運動」的洗禮，作爲一個獨立階層的知識分子最終得以形成。

軍閥割據的局面在「北伐」勝利後基本宣告結束。可是，在「北伐」尚未取得完全勝利之時，蔣介石和汪精衛就先後發動了反共政變，妄想一舉消滅中國共產黨。事實上，國共兩黨的早期領袖和黨員中，大多數是知識分子，如國民黨的胡漢民、戴季陶等，共產黨的陳獨秀、李達等。兩黨在後來的發展中，也吸收了不少知識分子，其中很多人成爲該黨的菁英和骨幹分子。其餘的知識分子，要麼是「第三黨」的成員，要麼沒有加入任何政黨。日軍全面侵華後，各政黨在民族大義的旗幟下再次團結起來，一邊抗日一邊進行憲政建設。〔註43〕不料，「抗戰」勝利後，國民黨爲了達到一黨獨裁的目的，再次挑起了內戰。此時，「第三黨」的知識分子由於政治信念的不同產生了分化，其中大多數跟共產黨站在一起，反抗國民黨的獨裁統治，而青年黨和民社黨的部分成員〔註44〕則投靠了國民黨，充當起國民黨的「民主花瓶」。

從 1927 年國民黨發動反革命政變到 1949 年國民黨結束在大陸的統治，其間無論是反對國民黨的反動統治，還是反抗日本的侵略，絕大多數知識分子總是站在革命的陣營，要麼拿起刀槍進行「武鬥」，要麼口誅筆伐進行「文鬥」。尤其可貴的是，面對日軍或國民黨特務的死亡威脅，相當多手無寸鐵的

華人史學家周策縱先生同意第三種觀點，將「五四運動」作如下定義：「『五四運動』是一個複雜的現象，它包括新思潮、文學革命、學生運動、工商界的罷市罷工，抵制日貨運動，以及新知識分子所提倡的各種政治和社會改革。」筆者同意周策縱先生的看法，對其採取廣義的解釋。參見〔美〕周策縱，五四運動史〔M〕，長沙：嶽麓書社，1999：1～8。

〔註43〕 關於知識分子在「抗戰」時期的憲政努力，可以參見聞黎明，第三種力量與抗戰時期的中國政治〔M〕，上海：上海書店出版社，2004。

〔註44〕 民社黨的組織本來就不夠嚴密，在國民黨的拉攏之下產生了數次分裂，以張君勱爲首的右派投靠了國民黨，以汪世銘爲代表的左派轉向了革命，除此之外的則依舊堅持中間路線。參見孔繁政主編，中國民主黨派〔M〕，北京：解放軍文藝出版社，2001：254～257。

知識分子表現了臨危不懼、視死如歸的勇氣，其中很多人因此獻出了寶貴的生命，如郁達夫、楊杏佛、李公僕、聞一多等等。除此之外，國民黨還一直受到來自黨內自由派知識分子的批評。這些知識分子雖然由於各種原因加入了國民黨，但他們在思想上是奉行自由主義的，因而對蔣介石的獨裁和官員的腐敗深感不滿。爲此，他們經常通過各種途徑提出自己的批評意見或改革主張，卻往往石沉大海。本書的研究對象——雷震，便曾經是國民黨內自由派知識分子的傑出代表。

從上文的分析我們可以看出，近代中國的知識分子繼承了古代士大夫的優良傳統，依然懷有強烈的道德感和責任感，依然保持著對政治的熱情、對民生的關懷。李大釗的名言「鐵肩擔道義，妙手著文章」，與傳統士大夫對道德、文章的追求可謂一脈相承。當然，他們在繼承士大夫傳統的同時，也超越了士大夫。否則，他們也就不配稱之爲「知識分子」了。在古代，由於體制和身份的局限，士大夫們不可能對君主專制政體採取批判態度；到了近代，君主專制政體逐漸解體、崩潰，知識分子獲得了日益獨立的地位，因而能夠對現實政治進行根本性的批判。由於接受到西方民主理念的薰陶，近代知識分子的政治批判往往是言詞激烈的，甚至是不計後果的。

第二節　臺灣威權體制的結構與知識分子的活動空間

本書所說的「臺灣」，一般情況下指中國臺灣地區，包括臺灣省和目前臺灣當局實際控制的、隸屬於福建省的金門、馬祖諸島，總面積 36188 平方公里；〔註45〕有時也指臺灣省或臺灣島。

臺灣省由臺灣島和澎湖列島組成。臺灣島面積 35788 平方公里，占全省總面積的97%以上，是我國第一大島。臺灣島周圍有 23 個附屬島嶼，其中面

〔註45〕寶島臺灣〔EB／OL〕，國務院臺灣事務辦公室網站，http://www.gwytb.gov.cn/bdtw.htm#1，2007-11-8。臺灣地區的行政區劃不斷發生變化，2008 年馬英九上臺後再次對其進行變更，將臺灣省（虛設）劃分爲 5「直轄市」（臺北市、新北市、台中市、台南市、高雄市）、3 市（基隆市、新竹市、嘉義市）、14縣（桃園縣、新竹縣、苗栗縣、彰化縣、南投縣、雲林縣、嘉義縣、屏東縣、宜蘭縣、花蓮縣、台東縣、澎湖縣）。2010 年 6 月，桃園縣人口超過 200 萬，獲「行政院」核准於 2011 年起准用「直轄市」相關規定。此外，臺灣地區還設有「福建省政府」，轄金門、連江（轄馬祖列島）2 個縣。參見「維基百科」（http://zh.wikipedia.org）之「臺灣行政區劃」詞條，2014－5－10。

積較大的有蘭嶼、綠島、釣魚島、赤尾嶼等；澎湖列島則由 64 個島嶼組成。〔註46〕以臺灣島爲中心的 88 個島嶼，自清光緒十一年（1885）閩臺分治後，即成爲我國第一個由島嶼組成的省份——臺灣省，劉銘傳爲臺灣省首任巡撫。但是，1895 年甲午一戰，腐敗無能的清政府被迫將臺灣割讓給日本，一直到「二戰」結束後才回歸中國。不料，剛從日本殖民統治下解放的臺灣人民，馬上又陷入了國民黨的威權統治之中。

一、戒嚴體制：臺灣威權體制的基礎

臺灣的威權體制是在戒嚴體制的基礎上建立起來的。蔣經國 1987 年 7 月宣佈「解嚴」之前，國民黨在臺灣整整實施了 38 年的戒嚴，創下了實施戒嚴時間的世界記錄。〔註47〕

1948 年 5 月 10 日，「中華民國憲法」實行不到半年，國民黨就藉口「動員戡亂」，公佈了由第一屆「國民大會」制訂的《動員戡亂時期臨時條款》（以下簡稱臨時條款），賦予總統不受「憲法」制約的緊急處分權。1948 年 12 月 10 日，蔣介石頒佈了所謂的「戒嚴令」，明令「全國各省市，除新疆西康青海臺灣及西藏外，均宣告戒嚴。」〔註48〕

1949 年 1 月 21 日，蔣介石宣佈「下野」，由李宗仁代理「總統」。下野之前，蔣介石就任命心腹陳誠擔任臺灣省主席兼警備總司令，臺灣又回到了「軍政合一」的時期。〔註49〕1949 年 5 月 19 日，國民黨政府敗退臺灣前夕，臺灣省警備總司令部〔註50〕頒佈戒嚴令，規定臺灣省自 5 月 20 日起，實行全省戒

〔註46〕 王建民、畢福臣：臺灣省地理〔M〕，福州：福建人民出版社，2002：1～15。

〔註47〕 姚禮明，民族尊嚴與民主發展——臺灣政治發展中的一個問題〔A〕，見：姚禮明，學術漫步〔M〕，北京：中國廣播電視出版社，2001：203～219。

〔註48〕 劉國深等，臺灣政治概論〔M〕，北京：九州出版社，2006：77。

〔註49〕 臺灣光復之初成立了不同於各省省政府的行政長官公署，實行「軍政合一」。詳見本章第三節。

〔註50〕 臺灣省警備總司令部（簡稱「警總」，此簡稱有時亦指其最高長官——警備總司令）的體制和名稱曾數次更改：1945 年成立臺灣省行政長官公署時，行政長官兼任警備總司令；1947 年「二二八」事件之後，改臺灣行政長官公署爲臺灣省政府，實行軍政分開，省主席不兼任警總；1949 年 1 月 16 日，蔣介石任命臺灣省主席陳誠兼任警總，臺灣又回復到「軍政合一」；1949 年 8 月，國民黨廢止臺灣省警備總司令部，成立東南軍政長官公署，管轄江蘇、浙江、福建、廣東四省及其沿岸島嶼；東南軍政長官公署撤廢後，成立臺灣省保安司令部接管；1958 年 5 月，臺灣省保安司令部和臺灣防衛總部、臺北衛戍總

嚴。同月 27 日，該部制定「戒嚴期間防止非法集會、結社、遊行、請願、罷課、罷市、罷業等規定實施辦法」及「戒嚴期間新聞圖書管製辦法」，分別公佈實施。〔註51〕根據《戒嚴法》的規定，在未認定臺灣爲「接戰地域」，戒嚴令也未經「立法院」追認之前，在臺灣實施的戒嚴只能是臨時戒嚴。國民黨敗退臺灣後，爲了使戒嚴長期化，1949 年 11 月 2 日，「行政院政務會議」通過決議：「全國包括海南及臺灣一併劃爲接戰地域，實施戒嚴」，並在 1950 年 3 月 14 日由「立法院」予以追認。1950 年 1 月，蔣介石又把在大陸實行的「戒嚴法」搬到臺灣。〔註52〕

戒嚴令的頒發和「戒嚴法」的實施，意味著臺灣進入戒嚴體制。戒嚴時期劃分「警戒地域」和「接戰地域」，「接戰地域」受到完全的軍事管制，軍事機關掌握行政權和刑事、民事司法審判權，平民必須接受軍事審判，人身自由和財產安全得不到基本的保障。〔註53〕根據戒嚴令的規定，戒嚴時期禁止罷工、嚴格出入境手續、實行宵禁、禁止張貼標語、禁止散佈非法言論、禁止藏匿武器彈藥、人員外出必須攜帶身份證等。特別嚴屬的是，戒嚴期間實行「黨禁」，即禁止黨外人士進行組黨活動，違者將以軍法懲處。〔註54〕

除「黨禁」之外，戒嚴時期還實行「報禁」。所謂「報禁」，是指「限制新聞紙申請登記」、「限制新聞紙的篇幅」以及「限制新聞紙應在申請登記時載明所在地印刷出版」，亦即所謂「一報三限」：限證、限張、限印。〔註55〕根據 1953 年《臺灣省戒嚴期間新聞雜誌圖書管製辦法》〔註56〕，出版物不得發表「未經軍事新聞發佈機關公佈屬於『軍機種類範圍令』所列之各項軍事消息」、「有關國防政治外交之機密」、「爲共匪宣傳之圖書文字」、「詆毀國家元首之圖書文字」、「違背反共抗俄國策之言論」、「足以混淆視聽，影響民心

部、臺灣省民防司令部等四個單位合併組建臺灣省警備司令部。參見楊秀菁，臺灣戒嚴時期的新聞管制政策〔D〕，臺北：政治大學歷史學系碩士論文，2002：65，注 77。

〔註51〕齊光裕，中華民國的政治發展——民國三十八年以來的變遷〔M〕，臺北：揚智文化事業股份有限公司，1996：212。

〔註52〕姜南揚，臺灣政治轉型之謎〔M〕，北京：文津出版社，1993：48～49。

〔註53〕劉國深等，臺灣政治概論〔M〕，北京：九州出版社，2006：77～78。

〔註54〕李仁、李松林主編，臺灣四十年〔M〕，太原：山西人民出版社，1992：21。

〔註55〕楊秀菁，臺灣戒嚴時期的新聞管制政策〔D〕，臺北：政治大學歷史學系碩士論文，2002：61。

〔註56〕1970 年改名爲《臺灣地區戒嚴時期出版物管製辦法》。

士氣，或危害社會治安之言論」以及「挑撥政府與人民感情之圖書文字」等，
違者一律查禁。〔註57〕該辦法同時規定，「凡在本地區印刷發行之出版物，應
於印就發行時，檢具樣本一份，送臺灣警備總司令部備查。」〔註58〕

　　同時實行「黨禁」和「報禁」，臺灣人民的言論自由和結社自由等民主權
利已經受到極度管制。更爲嚴重的是，「行政院」又在 1951 年決定繼續沿用
「國家動員法」。該法是 1942 年抗日戰爭時期在大陸制定的，抗日戰爭已經
結束，但是臺灣的國民黨當局卻繼續搬用這個法律。依據「國家動員法」，行
政院又一連制定了四十多種行政法規，幾乎涵蓋了臺灣人民的一切日常行
爲，使臺灣人民的一些基本權利再次遭到剝奪。〔註59〕

　　戒嚴令和「戒嚴法」的主要執行機構是臺灣省警備總司令部。根據「戒
嚴法」的規定，「警總」享有十分廣泛的權限，其中包括人民出國旅遊的核准、
物品入境的檢查、集會結社的核准、書刊雜誌的審核，以及維護社會秩序等。
〔註60〕但是，國民黨敗退臺灣後，軍、警、憲、特等各有關單位各行其是，
頻頻發生摩擦和糾紛。爲了統一特務機關（亦稱「情治機關」或「情報機關」）
的行動，加強特務統治，國民黨決定在臺灣重建特務系統。

　　1949 年 7 月，蔣介石在高雄召開秘密會議，成立包括蔣經國在內的「政
治行動委員會」，開始重建特務系統。重建的基本任務是「統一所有情報工
作，並使之充實、強化。」〔註61〕1950 年 3 月，蔣介石任命彭孟緝爲「臺灣
情報工作委員會」主任，負責指揮協調各情報機關的工作。彭孟緝之後，「臺
灣情報工作委員會」轉歸到蔣經國任主任的「總統府」機要室資料組門下。
據統計，當時有特務機構大小 5000 餘個，歸蔣經國指揮的特工人員達 5 萬
餘人。〔註62〕1954 年，爲了與美國中央情報局協調對應，臺灣設立了「國家
安全局」。「國安局」名義上屬於「國防會議」〔註63〕，實際上負責統一指揮

〔註57〕楊秀菁，臺灣戒嚴時期的新聞管制政策〔D〕，臺北：政治大學歷史學系碩士
　　　　論文，2002：65～66。
〔註58〕轉引自李仁、李松林主編，臺灣四十年〔M〕，太原：山西人民出版社，1992：
　　　　21～22。
〔註59〕參見姜南揚，臺灣政治轉型之謎〔M〕，北京：文津出版社，1993：50～52。
〔註60〕姜南揚，臺灣政治轉型之謎〔M〕，北京：文津出版社，1993：49。
〔註61〕孫家琪，蔣經國竊國內幕〔M〕，香港：日力出版社，1961。轉引自江南，蔣
　　　　經國傳〔M〕，北京：中國友誼出版公司，1984：232。
〔註62〕李仁、李松林主編，臺灣四十年〔M〕，太原：山西人民出版社，1992：22。
〔註63〕1967 年 2 月，新成立的「國家安全會議」取代「國防會議」後，「國家安全局」

協調各特務機關，諸如警備總司令部、調查局、情報局等，直接向「總統」負責。〔註64〕

特務機關在臺灣橫衝直撞，到處抓人。據統計，僅在1950年上半年內，臺灣就處理了「匪黨地下活動案」300件，牽涉的嫌疑犯在1000人以上。〔註65〕這種高壓的特務統治，使臺灣的政治氣氛相當緊張，一般人視政治爲畏途，決口不談國事，以免動輒得咎。對於上世紀五十年代的特務活動，有人稱之爲「大屠殺大恐怖」；〔註66〕也有人認爲，「國民黨政府在強制力量與暴力手段的運用上，還是有其高度選擇性且相當溫和的。故而，不至於因牽連過廣或手段殘酷而引起多數民眾的不滿與反感。」〔註67〕

二、「黨國威權體制」

國民黨敗退臺灣以後，蔣介石爲了鞏固政權和「反攻大陸」，決定對國民黨進行整頓與改造。

1950年7月22日，國民黨中常會通過《中國國民黨改造方案》。8月5日，中央改造委員會正式成立，取代中央執行委員會和中央監察委員會的職能，成爲臨時決策核心。〔註68〕改造委員會由陳誠、蔣經國等16名改造委員組成，下設七個工作組、五個委員會以及秘書處。〔註69〕對於未能進入這個核心領導組織的國民黨元老，則另外成立中央評議委員會以囊括之。〔註70〕

改隸於「國家安全會議」。參見齊光裕，中華民國的政治發展——民國三十八年以來的變遷〔M〕，臺北：揚智文化事業股份有限公司，1996：194。

〔註64〕參見江南，蔣經國傳〔M〕，北京：中國友誼出版公司，1984：232；姚禮明，在東西方的結合點上——臺灣政治體制變遷研究〔M〕，北京：中國廣播電視出版社，1994：108～109；何振盛，戒嚴時期臺灣地區的民主化與政治變遷——一個發展途徑之研究〔D〕，臺北：政治大學三民主義研究所碩士論文，1989年：110。

〔註65〕李仁、李松林主編，臺灣四十年〔M〕，太原：山西人民出版社，1992：22。

〔註66〕江南，蔣經國傳〔M〕，北京：中國友誼出版公司，1984：235。

〔註67〕何振盛，戒嚴時期臺灣地區的民主化與政治變遷——一個發展途徑之研究〔D〕，臺北：政治大學三民主義研究所碩士論文，1989：111。

〔註68〕孫代堯，臺灣威權體制及其轉型研究〔M〕，北京：中國社會科學出版社，2003：84。

〔註69〕雷集，32：159～160。

〔註70〕姚禮明，在東西方的結合點上——臺灣政治體制變遷研究〔M〕，北京：中國廣播電視出版社，1994：99。

　　改造運動經過兩年多的時間，在 1952 年 10 月 10 日召開的國民黨第七次代表大會上宣告結束。這次大會還修訂通過了「中國國民黨黨章」和「中國國民黨黨綱」等文件，選舉蔣介石為國民黨總裁，通過蔣介石提名的陳誠、蔣經國等 31 人為中央委員，鄭介民等 16 人為候補中央委員，吳稚暉、于右任等 40 人為中央評議委員。〔註71〕改造運動取得了如下成果：

圖四：改造後的中國國民黨組織結構

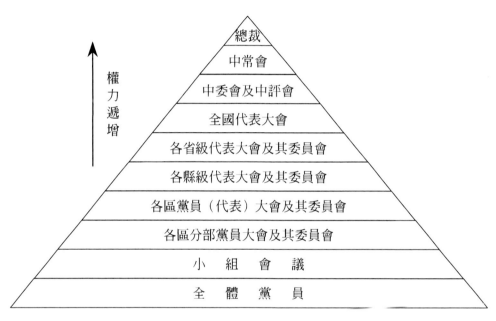

資料來源：根據彭懷恩「中國國民黨組織系統圖」〔註72〕自繪。

　　第一，國民黨建立了從基層黨小組到中央黨部的組織（權力）金字塔結構，居於金字塔頂端的是黨總裁（後改為黨主席）蔣介石（如圖四所示）。國民黨的組織結構有兩個特點：1、它有多個層次，最基層是全體黨員，層次越高人數越少，組織越嚴密，權力越大，最高層是黨的領袖，統領全黨。2、中間各層都分為兩部分，即權力機構──基層黨員大會和各級黨員代表大會，執行機構──各級黨的委員會。〔註73〕

〔註71〕李松林主編，中國國民黨在臺灣 40 年紀事〔M〕，北京：解放軍出版社，1990：32。

〔註72〕彭懷恩，中華民國政治體系的分析〔M〕，臺北：時報文化出版公司，1985：210。

〔註73〕姜南揚，臺灣政治轉型之謎〔M〕，北京：文津出版社，1993：55～56。

第二，國民黨在各級「國家機關」都建立了黨的組織，實現了「以黨領政」。1、在各級「民意機關」設立「議會黨團」或黨員小組，所有黨員均須在「議會」中貫徹黨的意志；2、在縣市以上行政機關，設立「從政黨員政治小組」，以求貫徹上級黨組織的政策和命令；3、在中央設置「黨政關係會議」（1955 年以後改為「中央政策委員會」）、在地方各級設立「政治綜合小組」，協調黨組織、政府和「民意機關」的工作。〔註 74〕

第三，蔣經國在軍隊中建立了一套政治作戰系統，國民黨通過這套「政戰系統」嚴密控制了軍隊，實現了「以黨領軍」。「政戰系統」由兩部分組成：一是黨務工作系統（簡稱「黨工系統」），主要任務是在軍中建立黨組織，目的是鞏固黨對軍隊的領導；二是政治工作系統（簡稱「政工系統」），主要任務是負責軍隊的政治精神教育和進行戰時民眾動員等，目的是提升部隊戰鬥力。〔註 75〕

第四，國民黨的控制深入到社會的每一個細胞，工會、農會、商會、學校等各種團體和基層單位都建立了黨組織進行領導。〔註 76〕另外，國民黨還在各大學成立了「中國青年反共救國團」，以實現對青年大學生的控制，防止任何形式的反政府學生運動。〔註 77〕

第五，整肅了 CC 系、政學系、軍統系等黨內非蔣派系和其他實力派系或軍閥頭面人物，在相當程度上達到了國民黨在大陸時始終無法實現的「黨外無黨，黨內無派」的效果，樹立了蔣介石的絕對權威，並為蔣介石傳子鋪平了道路。〔註 78〕

第六，整肅淘汰了動搖腐化者和信仰不堅定者，純潔了組織，並從臺籍人士中吸收了不少新黨員。〔註 79〕

〔註 74〕 參見孫代堯，臺灣威權體制及其轉型研究〔M〕，北京：中國社會科學出版社，2003：93；姚禮明，在東西方的結合點上——臺灣政治體制變遷研究〔M〕，北京：中國廣播電視出版社，1994：100。

〔註 75〕 孫代堯，臺灣威權體制及其轉型研究〔M〕，北京：中國社會科學出版社，2003：94。

〔註 76〕 姚禮明，在東西方的結合點上——臺灣政治體制變遷研究〔M〕，北京：中國廣播電視出版社，1994：99。國民黨對社會的控制帶有「統合主義」（corporatism）的特徵。可參見：孫代堯，臺灣威權體制及其轉型研究〔M〕，北京：中國社會科學出版社，2003：95～103。

〔註 77〕 參見江南，蔣經國傳〔M〕，北京：中國友誼出版公司，1984：256～258。

〔註 78〕 參見孫代堯，臺灣威權體制及其轉型研究〔M〕，北京：中國社會科學出版社，2003：86～87；高民政，臺灣政治縱覽〔M〕，北京：華文出版社，2000：12。

〔註 79〕 參見孫代堯，臺灣威權體制及其轉型研究〔M〕，北京：中國社會科學出版社，2003：86。

通過「黨務改造」，國民黨建立了以蔣氏父子爲中心的執政黨體制，其組織之嚴密，權力之集中，控制之廣泛，都是大陸時期的國民黨所不可比擬的。〔註80〕這樣一種政治體制，具有較爲明顯的威權體制的特徵；而且，國民黨和「國家」已經高度融爲一體，因此筆者稱其爲「黨國威權體制」。

當時的臺灣，除了國民黨之外，還存在兩個所謂的「友黨」——民主社會黨（簡稱「民社黨」）和中國青年黨。但是，這兩個政黨幾乎不掌握任何政治資源，甚至要靠國民黨撥給經費才能生存，它們不過是國民黨標榜民主的花瓶而已。因此，不能因爲有這兩個小黨的存在就認爲臺灣的政黨體制是「一黨獨大制」，只能稱其爲一黨專制或一黨獨裁。〔註81〕

三、臺灣威權體制的縫隙

國民黨在臺灣建立的「黨國威權體制」，並不是鐵板一塊的，而是存在某些縫隙，其中最主要的便是所謂「憲政」體制與地方自治。

（一）「憲政」體制

國民黨關於憲法的主張，是以其「永久領袖」孫中山先生的政治理想爲根據的，主要包括「民權主義」、「五權分立主義」和設置「國民大會」三部分。〔註82〕1947 年國民黨公佈並開始「實施」《中華民國憲法》之後，它就標榜從「訓政」進入到「憲政」階段了。國民黨政權敗退到臺灣後，仍然宣稱自己擁有全中國的主權，是代表全中國的唯一「合法政府」。爲了維繫政權的「法統」，國民黨將其在大陸實行的「憲法」和「憲政」體制也搬到了臺灣。

根據 1946 年通過的《中華民國憲法》，國民黨的政權機關分爲七個部分，即總統、行政院、立法院、司法院、監察院、考試院和國民大會。其中，「總統」是「國家元首」和「三軍總司令」；「行政院」是「最高行政機關」；「立法院」是「最高立法機關」；司法院是「最高司法機關」，掌管民事、刑事、行政訴訟的審判及對公務員的懲戒，並由大法官組成「大法官會議」統一解

〔註80〕姜南揚，臺灣政治轉型之謎〔M〕，北京：文津出版社，1993：55。

〔註81〕參見孫代堯，臺灣威權體制及其轉型研究〔M〕，北京：中國社會科學出版社，2003：90～91。該書作者稱臺灣的政黨體制爲「威權一黨制」。關於這兩個小黨的介紹，可參見劉金元，中華民國戒嚴時期之政治發展（一九四九年至一九八七年）〔D〕，臺北：政治作戰學校政治研究所碩士論文，1996：38～41。

〔註82〕參見王世杰、錢端升，比較憲法〔M〕，北京：中國政法大學出版社，1998：392～395。

釋憲法；「監察院」是「最高監察機關」，行使同意、彈劾、糾舉及審計權；「考試院」是「最高考試機關」，掌理考試、任用、銓敘、考績、陞遷、保障等事項。如此龐雜的機構設置，無論當時還是現在，恐怕無出其右者。

按照「憲法」，「總統」的權力受到了較多限制，比如，「憲法」第 37 條規定：「總統依法公佈法律，發佈命令，須經行政院院長之副署，或行政院院長及有關部會首長之副署」，因而「憲法」規定的政府體制帶有「內閣制」的色彩。但是，由於國民黨一黨獨裁，蔣介石以國民黨總裁身份領導「國家」，「憲法」規定形同具文，「內閣制」變成了事實上的「總統制」。又比如，「憲法」規定「總統」行使緊急處分權時，須經「立法院」之同意或追認，但是，「憲法」實行不到半年，國民黨便以「動員戡亂時期臨時條款」取消了這些規定，使「總統」的權力幾乎不受任何約束。〔註83〕如此看來，「憲法」似乎成爲了一件可有可無的東西。但是，事實並非如此。正如中國的一句老話所云，「有心栽花花不放，無心插柳柳成蔭」，某種形式的存在，如制度、規則等，甚至僅僅是觀念，看上去似乎沒有一點用處，而實際上卻已經爲日後的制度變遷預留了可能的空間。一旦時機成熟，它就會不斷生長，其結果往往令所有人感到意外。既然「憲政」是國民黨宣稱的政治理想，那麼國民黨就不可能公開否認「憲法」的最高權威，即使是政治強人如蔣介石者，也不敢輕言「修憲」，更不敢廢之而後快。所以，當蔣介石想突破「憲法」對「總統」權力的限制時，他沒有修改憲法條文，而是以所謂的「臨時條款」予以規避。下文我們將會看到，雷震以「憲法」爲武器，不斷地向蔣介石和國民黨的威權體制發起挑戰。當雷震的觀點得到越來越多的支持時，威權體制就再也不能視「憲法」爲無物了。

〔註83〕「動員戡亂時期臨時條款」全文如下：

　　茲依照憲法的一百七十四條第一款程序，制定動員戡亂時期臨時條款全文如左（如下）：

　　總統在動員戡亂時期，爲避免國家或人民遭遇緊急危難，或應付財政經濟上重大變故，得經行政院會議之決議，爲緊急處分，不受憲法第三十九條或第四十三條所規定程序之限制。

　　前項緊急處分，立法院得依憲法第五十七條第二款規定之程序，變更或廢止之。

　　動員戡亂之終止，由總統宣告，或由立法院咨請總統宣告之。

　　第一屆國民大會，應由總統至遲於卅九年十二月二十五日以前，召集臨時會，討論有關修改憲法各案，如屆時動員戡亂時期，尚未依前項規定宣告終止，國民大會臨時會應決定臨時條款應否延長或廢止。

「總統」和「五院」之外，國民黨政權還設有「國民大會」。按照孫中山的設想，人民在全國範圍內只能行使選舉權而不能行使創制、復決、罷免三權，需將此三權託付於由國民代表組成的國民大會。〔註 84〕按照「憲法」第二十七條之規定，「國民大會」的職權包括如下四項：選舉總統副總統，罷免總統副總統，修改憲法，復決立法院所提之憲法修正案。

「國民大會」和「立法院」、「監察院」合在一起，大致相當於西方國家的「國會」，〔註 85〕所以又被稱爲「中央民意機關」，其成員被稱爲「中央民意代表」，簡稱「中央民代」。但是，國民黨在第三次國內革命戰爭中被共產黨打敗，喪失了對大陸的統治權，由此造成「中央民意機關」的合法性缺失：第一，部分「中央民代」沒有隨國民黨赴臺，導致在臺「中央民代」的數量常常不符法定開會人數；第二，國民黨無法在其宣稱的「全國」範圍內改選「中央民代」，導致其代表性不足；第三，來自國民黨實際統治區域——臺灣——的「中央民代」比例太低，即使增補少數臺籍代表也無法令臺灣人滿意。面對這一系列「憲法危機」，國民黨只能「頭痛醫頭，腳痛醫腳」似的搬出「大法官會議」的「憲法解釋」或「立法院」、「行政院」的決議予以臨時解決，並由此形成了「永不改選」的「萬年國會」。〔註 86〕這些問題的存在，不斷地侵蝕著國民黨的威權體制，加速著它的崩潰。

（二）地方自治

地方自治是指，由選民直接選舉從村里長到縣市長（臺北、高雄兩個「院轄市」市長除外）的各級行政長官和從鄉鎮市民代表到省議員的各級「民代」，由這些官員和「民代」組成各級地方自治機構，依法實行自治。臺灣光復之初，國民黨當局迫於形勢，就不得不在臺灣開始實行地方自治。地方選舉是

〔註 84〕 參見張君勱，憲政之道〔M〕，北京：清華大學出版社，2006：168～180。
〔註 85〕 「大法官會議」釋字第七十六號解釋：「國民大會代表全國國民行使政權，立法院爲國家最高立法機關，監察院爲國家最高監察機關，均由人民直接間接選舉之代表或委員所組成。其所分別行使之職權，亦爲民主國家國會重要之職權……就憲法上之地位及職權之性質而言，應認國民大會、立法院、監察院共同相當於民主國家之國會。」司法院秘書處編，司法院大法官會議解釋彙編〔G〕，臺北：司法院秘書處，1964 年 1 月：103。轉引自齊光裕，中華民國的政治發展——民國三十八年以來的變遷〔M〕，臺北：揚智文化事業股份有限公司，1996：287。
〔註 86〕 參見孫代堯，臺灣威權體制及其轉型研究〔M〕，北京：中國社會科學出版社，2003：109～114。

地方自治的基礎，但是，當時的選民只能選舉議員而不能選舉縣市長。縣市長的選舉直到 1950 年才正式開始。

按照有關自治法規的規定，縣市為實施地方自治的「基本單位」，縣轄市和鄉鎮也是「自治單位」。自治單位一方面依法辦理自治，另一方面受上級政府指揮監督，並執行上級政府交辦的事項。〔註 87〕

按照法律，當時的地方自治已經達到了較高的民主程度：第一，凡年滿 20 周歲、未被剝奪公民權且在選區內連續居住 6 個月以上的公民，均可成為選民，可以參與秘密的、無記名的投票；第二，只要符合選舉法規具備候選人資格者，皆可自由登記，參加定期舉行的選舉；第三，實行競選，候選人可以設置競選辦事處和助選員、舉辦政見發表會和演講、印發名片和傳單、使用宣傳車輛和擴音器、走訪選區內的選民；第四，議會公開舉行會議；第五，行政部門必須接受議會的質詢和選民一定程度的監督。〔註 88〕

但是，在國民黨的威權統治下，地方自治是不可能完全落實的。第一，國民黨通過設立「黨員政治小組」或「議會黨團」控制了各級政府和議會；第二，縣政府的自治權受到省政府相當程度的限制，縣市長的實權也極為有限；第三，選舉時，國民黨為了使本黨黨員順利當選，經常採取安放「底票」、一人投多票、「做票」、換票等各種舞弊手法，甚至派出警察威脅選民必須投某人的票。〔註 89〕這些現象都招致臺籍人士和國民黨內自由派知識分子的批評。1960 年雷震參與籌備的「中國民主黨」，就是從黨外人士在檢討地方選舉時決定成立的「中國地方自治研討會」發展而來的。

儘管如此，國民黨畢竟不可能控制所有的事情，這也是威權體制與極權體制的重要區別之一。地方自治在臺灣造就了一批本土籍的政治菁英，同時也培養了一批國民黨的反對者和「掘墓人」。地方自治因此成為臺灣威權體制的一個缺口，成為民主政治的一大生長點，也成為日後政治轉型的一個重要條件。

〔註 87〕姜南揚，臺灣政治轉型之謎〔M〕，北京：文津出版社，1993：72。

〔註 88〕孫代堯，臺灣威權體制及其轉型研究〔M〕，北京：中國社會科學出版社，2003：114～115。

〔註 89〕謝漢儒曾於 1983 年在臺北政治大學政治系作過一次關於臺灣地方自治的演講，他在這次演講中舉出了國民黨操縱選舉的十種手段。參見謝漢儒，早期臺灣民主運動與雷震紀事——為歷史留見證〔M〕，臺北：桂冠圖書公司，2002：34～36。

四、知識分子的活動空間

國民黨在臺灣建立的政治體制，是在軍事戒嚴體制的基礎上建立的、高度一元統治的「黨國威權體制」。〔註90〕在這樣的威權體制下，知識分子的活動空間自然極為有限。

第一，實行「報禁」和書刊檢查制度，知識分子的言論自由受到極大的限制。與普通民眾不一樣，知識分子是以言論為生的人，因此言論自由對他們而言具有特別重要的意義。實施「報禁」和書刊檢查制度之後，他們只能在數量有限的報紙和雜誌上發出聲音。這一點，對編輯、記者、作家的影響最大。從理論上說，「報禁」不禁雜誌；但是，雜誌的影響不及報紙，知識分子的思想言論傳播有限；而且，在威權體制下，雜誌自然不是一般人可以辦的，即使你辦了，也不敢隨便對統治者進行批評。

〔註90〕對於臺灣威權體制的特徵和性質，學界已有不少研究。其中，臺灣學者胡佛的「傘狀結構說」較具代表意義。胡佛指出，「政治結構不外是一套政治的權力關係與規範。這在威權體制則是由統治者掌握最高權力，然後經由政黨的認識，層層節制而下，控制三種社會的結構，那就是（一）統治社會（ruling society）的結構，（二）政治社會（political society）的結構，（三）民間社會（civil society）的結構。這樣的威權體制當然是立體的，而非平面的；在動態上，就像一把傘：統治者是傘的機紐，而在政黨的主軸上，撐起控制統治社會、政治社會及民間社會的三支傘柄，將威權體制的傘張開。我稱之為現代威權政治的傘狀理論（The umbrella theory of modern authoritarianism）。」根據這種理論，胡佛將臺灣威權體制的結構分析如下：1、居於威權體制樞紐地位的統治者是兩位蔣總統，他們父子相繼，建立以家族為核心的統治集團，形成一種高度封閉的特權階層或社會。2、建立「一黨威權主義」（one party authoritarianism），國民黨成為威權體制的主軸。3、統治社會中，國民黨在軍隊中建立「威權軍國主義」（authoritarian militarism），在政府建立「威權官僚主義」（authoritarian bureaucratism），牢牢掌握對軍隊和政府的控制。4、在政治社會中，國民黨發展所謂的「依侍主義的威權結構」（authoritarian clientalism），也就是透過對各地區經濟活動的管制與特許，嘉惠地方領袖所組成的派系，使其歸附，以博取在選舉及各種政治活動中的支持。5、對民間社會來說，一方面運用政府的官僚組織（包括憲兵、警察、情治單位等），直接控制民眾的各種活動，造成所謂的白色恐怖；另一方面將所有的產業、職業等團體，置於黨的直接或間接的控制之下，而形成所謂的「威權統合主義」（authoritarian corporatism）的結構。（胡佛，臺灣威權政治的傘狀結構〔J〕，二十一世紀，1991，（5）。）此外，由於在蔣經國主政的年代，臺灣的威權體制發生了某些變化，所以有學者用「柔性威權體制（Soft Authoritarianism）」這一術語來區別蔣介石主政時的「剛性威權體制（Hard Authoritarianism）」。（Edwin A. Winkler, Institutionalization and Participation on Taiwan: From Hard to Soft Authoritarianism, *The China Quarterly*, No.99（Sep., 1984），pp.481～499）

　　第二，實行「黨禁」，知識分子的組黨自由受到完全剝奪。與「報禁」的「三限」（限證、限張、限印）不一樣，「黨禁」不僅僅是「限制」，而是對組黨自由的完全剝奪。這樣一來，知識分子如果參與組黨的話，勢必引起威權當局的強烈反應。

　　第三，平民可能接受軍事審判，加上特務橫行，知識分子的政治自由受到極大限制，甚至連人身安全也受到相當威脅。一旦知識分子參與政治活動或發表激烈言論，特務組織就可能對其採取監視、逮捕、關押等各種強制措施，甚至是秘密殺害。即使是接受審判，軍事法庭也會作出較重的判決。

　　第四，戒嚴期間嚴格限制出入境，不但限制了島內與島外的人員交流，更限制了信息的流通。這樣的結果便是知識分子對外界瞭解極少，學術研究逐漸落在了世界的後面，繼而導致整個社會的愚昧和社會經濟發展的落後。不過，這種狀況後來得到了較大改善。〔註91〕

　　第五，國民黨在政府機關、軍隊、學校以及各種團體中都設立了黨的基層組織，知識分子——即使是享有「言論豁免權」的「國會議員」——的言行都受到很大程度的控制。這一點對大學教師的影響也很大，他們的教學自由受到嚴重威脅，如果他們的言論惹惱了當局，隨時都有可能被開除教職。此外，國民黨還在各大學成立了「中國青年反共救國團」，青年大學生的言行也受到監視和控制。

　　當然，威權體制畢竟不同於極權體制，威權體制下的知識分子還是有一定的活動空間的。比如說，他們的言論自由和教學自由沒有遭到完全剝奪，仍然存在一定的批評空間；又比如說，他們可以參選地方各級議會的議員和地方政府的行政首長，在一定程度上可以施展自己的政治才華。不過，需要指出的是，知識分子在臺灣威權體制下所享有的活動空間，幾乎是跟他的成就和地位成正比的。簡單說來，就是「大知識分子」的活動空間較大，「小知識分子」的活動空間較小。正因爲如此，有胡適支持並參與的《自由中國》

〔註91〕1962 年 12 月臺灣「教育部」頒佈《專科以上學校教員出國講學、研究或進修辦法》，規定專科以上學校教授、副教授、講師其所任課程有適當人員擔任，經所在學校同意，可以向「行政院」申請批准其出國講學、研究。凡曾在所在學校連續任教三年以上又未接受國外薪俸的出國教師，可以申請保留原職原薪。至於助教出國進修，則規定，在大學或獨立學院任助教 2 年以上，在專科學校任助教 3 年以上，可以申請免試出國。參見李澤彧，戰後臺灣高等教育與經濟發展〔M〕，廈門：廈門大學出版社，1996：17。

雜誌，才能在這樣惡劣的環境下生存達十一年之久。

第三節　臺灣威權體制下的知識分子

一、衝突的先聲：「二二八」事件

　　1945 年 8 月 15 日，日本宣佈無條件投降，抗日戰爭勝利結束。9 月 1 日，就在日本簽署正式投降書的前一天，臺灣省行政長官公署在重慶成立。〔註 92〕臺灣省行政長官的權力很大：行政長官綜理臺灣全省政務、制定臺灣單行規章，實際兼有行政與立法兩權；其他各省省政府的職權僅限於省政範圍，不得過問司法、監察、央行、海關、軍事等中央事務，而臺灣行政長官對於在臺之中央機關，卻有指揮、監督之權；行政長官還對臺灣省內的司法權有絕對的影響力，併兼任臺灣省警備總司令一職。由此可見，「臺灣的行政長官制是一個集行政、立法、司法和軍事大權於一人的高度集權的體制」〔註 93〕。所以當時就有人認為，臺灣的行政長官「不僅是封建王朝的封疆大吏不能比擬，就是日本竊據時代的臺灣總督也望塵莫及。」〔註 94〕10 月 24 日，臺灣省首任行政長官陳儀飛抵臺北；第二天舉行受降典禮，臺灣正式回歸中國，這一天也就成為了「臺灣光復日」。

　　10 月 17 日，國民黨第七十軍在基隆港登陸，臺北 30 萬民眾夾道歡迎。可是，當時的「國軍」軍容不整，精神不振，剛踏上臺灣的土地就給臺灣人留下了不好的第一印象。〔註 95〕更糟糕的是，在隨後的接收工作中，政府官員和軍隊的種種不良作為，令臺灣人民傷心、失望，以致有人稱「接收」為「劫收」。〔註 96〕臺灣學者李筱峰認為，除了接收工作種下的不良印象之外，

〔註 92〕根據國民政府中央計劃局「臺灣調查委員會」制訂的《臺灣接管計劃綱要》第 8 條規定：「地方政制，以臺灣為省，接管時成立省政府。」但實際成立的卻是臺灣行政長官公署。當時有兩派意見，一派認為應該軍政分開，成立省政府，專管行政；另一派認為臺灣情況特殊，應賦予大權，制定單行法規。事實證明，第二派意見佔了上風。參見姚禮明，在東西方的結合點上——臺灣政治體制變遷研究〔M〕，北京：中國廣播電視出版社，1994：63～65。

〔註 93〕姜南揚，臺灣政治轉型之謎〔M〕，北京：文津出版社，1993：22。

〔註 94〕楊鵬（時任臺灣高等法院院長）語。轉引自姚禮明，在東西方的結合點上——臺灣政治體制變遷研究〔M〕，北京：中國廣播電視出版社，1994：65。

〔註 95〕參見高民政，臺灣政治縱覽〔M〕，北京：華文出版社，2000：5。

〔註 96〕王世慶訪問、記錄：陳逢源口述歷史（未刊稿）。轉引自李筱峰，臺灣民主運

國民黨政權貪污腐化的政風、大陸人士對政府職位的壟斷、政府對經濟的獨佔與壟斷、經濟失策造成民生凋敝、軍警作威作福等現象是造成光復一年之內臺灣民心流失的主要原因。〔註97〕

　　儘管國民黨為了維持自己在臺灣的統治，建立了高度集權的行政長官體制，但是另一方面，國民黨為了收攬民心，緩解臺灣人民的不滿，又不得不設立各級民意機關。〔註98〕此外，當時政治協商會議正在緊鑼密鼓地進行，全國各地都紛紛成立了民意機構。國民黨中央政府也指示臺灣行政長官公署儘快設立各級民意機關，以便推選出臺灣的民意代表，參加「制憲國民大會」。〔註99〕在這種情況下，臺灣行政長官公署於1945年12月24日公佈了《臺灣省各級民意機關成立方案》，並於第二年1月15日至4月15日舉行了光復後的第一次選舉，層層推選出各級民意代表，組建了鄉（鎮）、縣（市）、省三級參議會。此次選舉，極大地調動了臺灣民眾的政治熱情，並在省參議員的選舉中達到高潮。

　　有學者認為，自從臺灣省各級參議會成立之後，臺灣的政治體制就開始發生變化，形成了一種二元結構：一個是由國民黨政府任命的、幾乎全部由大陸人組成的行政公署及其下屬機構，而另一個是由臺灣人選舉產生的、幾乎全部由臺灣人組成的各級參議會；一個具有全部統治權，且不向參議會負責，而另一個只具有咨詢和質詢權；一個是「主結構」，而另一個是「補結構」。〔註100〕很顯然，這樣一種二元結構，潛藏著巨大的矛盾和危機。這種矛盾和危機，在隨後舉行的省參議會大會上就開始顯露出來，並進一步加深了臺灣民眾的不滿情緒。〔註101〕不斷累積的不滿情緒和剛剛被激發出來政治熱情夾雜在一起，隨時都有可能釀成大規模的衝突。

　　1947年2月27日，臺灣專賣局臺北分局的緝私人員在查緝私煙時，態度粗暴，毆打煙販一老婦人，引起公憤，群起而攻之。緝私人員開槍示威，打死一臺灣青年，圍觀民眾即將專賣局的卡車推倒並放火燒毀。第二天，即2月28

　　　動四十年〔M〕，臺北：自立晚報，1987：29。
〔註97〕李筱峰，臺灣民主運動四十年〔M〕，臺北：自立晚報，1987：29～33。
〔註98〕姜南揚，臺灣政治轉型之謎〔M〕，北京：文津出版社，1993：23。
〔註99〕姚禮明，在東西方的結合點上——臺灣政治體制變遷研究〔M〕，北京：中國
　　　廣播電視出版社，1994：68。
〔註100〕姜南揚，臺灣政治轉型之謎〔M〕，北京：文津出版社，1993：23。
〔註101〕參見姚禮明，在東西方的結合點上——臺灣政治體制變遷研究〔M〕，北京：
　　　中國廣播電視出版社，1994：68～72。

日上午，臺北市民舉行遊行請願，提出懲凶、賠償、取消專賣局等要求，又遭到槍擊，釀成流血事件，激起全省人民憤怒。當天下午，商店關門，工廠停工，學生罷課，事件一發不可收拾。臺灣警備總司令部宣佈於當天起，在臺北臨時戒嚴。三月初，全島各大城市都發生騷亂，憤怒的民眾襲擊官署警局，搶奪武器，毆打大陸來臺人員，軍警則開槍鎮壓。此為「二二八」事件。

　　作為中國知識分子的一部分，臺灣知識分子本來就有政治參與的傳統。在日據時代，知識分子曾經領導過臺灣人民的反日鬥爭。臺灣光復之後，他們與普通民眾一樣，對國民黨在臺灣的高壓和腐敗統治極其失望。臺灣省及各縣市參議會成立以後，他們中的很多人被選為參議員。利用參議會這個講臺，他們熱心議政、反映民意、監督政府、針砭時政，儘管效果有限，但他們的努力不容忽視。〔註 102〕「二二八」事件爆發後，他們更是義憤填膺，要求嚴懲兇手，改革政治。

　　3 月 1 日，臺北市參議會邀集「國大代表」、「國民參政員」及省參議員等組成了「緝煙血案調查委員會」，決議派代表與行政長官陳儀交涉，並建議組織「二二八事件處理委員會」（以下簡稱「處委會」），商討善後事宜之處理。3 月 5 日，「處委會」正式通過組織大綱，以「團結全省人民，處理二二八事件及改革臺灣省政治為宗旨」。此後，各縣市以參議會為主體的「處委會」也相繼成立，開會討論時均提出了實行政治改革的要求。3 月 7 日，省「處委會」開會，提出了很高的政治改革要求，陳儀和蔣介石對此不能容忍，陳儀於 9 日下令解散「處委會」。而在此前一天，國民黨第二十一師陸續抵臺，大規模鎮壓已經開始，臺灣人死傷慘重，許多知識分子、菁英領袖、民意代表或遭殺害、或被捕、或失蹤、或逃亡。直到 3 月 17 日奉命宣撫臺灣的國防部長白崇禧抵臺後，事態才告緩和。〔註 103〕

　　「二二八」事件之後，國民黨政權在臺灣展開了綏靖清鄉行動，臺灣處於一片白色恐怖之中。白崇禧回憶到：「我視察返回臺北後，召開綏靖清鄉會議，警總參謀長柯遠芬說：警總已令各縣市地方實行清鄉計劃，限期年底完成，有些地方上的暴民和土匪成群結黨；他說此等暴徒淆亂地方，一定要懲處，寧可枉殺 99 個，只要殺死 1 個真的就可以。」〔註 104〕不過，國民黨又提

〔註 102〕參見鄭牧心，臺灣議會政治四十年〔M〕，臺北：自立晚報，1988：80～82。
〔註 103〕參見李筱峰，臺灣民主運動四十年〔M〕，臺北：自立晚報，1987：33～51。
〔註 104〕轉引自姚禮明，在東西方的結合點上──臺灣政治體制變遷研究〔M〕，北京：中國廣播電視出版社，1994：76。

出了「安定中求繁榮」的治臺方針，改行政長官公署爲臺灣省政府，任命文人魏道明爲省主席。5 月 16 日，魏道明宣佈解除戒嚴，結束清鄉，停止新聞、圖書、郵電檢查。後來又採取了一些改革措施，如改專賣局爲公賣局，鼓勵買賣自由，實行幣值改革等，對臺灣經濟起了一定的復蘇作用，政局上也相對安定。〔註 105〕

「二二八事件」給臺灣人民造成了嚴重的傷害，因此成爲臺灣人心理上「永遠的痛」。歷史上，臺灣人民一直飽受欺凌，民族感情曾多次受到傷害；甲午戰爭之後，更是「被祖國拋棄」長達半個世紀。光復之初，臺灣人民歡欣鼓舞，認爲趕走了日本人，就可以當家作主了，從而對負責接收臺灣的政府和軍隊充滿了期待。因此，這是一個撫平臺灣人傷口的絕好機會。然而，腐敗的國民黨政權，不僅沒有利用好這個機會，還往傷口上撒了一把鹽，使臺灣的民族認同問題和省籍矛盾一直延續到今天。〔註 106〕

二、威權體制下的知識分子

（一）基本情況

「二二八」事件和隨後的綏靖清鄉對臺灣知識分子造成了沉重打擊，其中有很多菁英分子慘遭殺害。根據一份統計不完全的《死難者名單》，筆者發現其中大多數人具有參議員、醫生、律師、教師、編輯的身份。〔註 107〕

兩年後，國民黨敗退臺灣，大批知識分子隨之赴臺，其中有大學教師，有研究機構的研究人員，有民意代表，有政府官員，還有不少記者、編輯、律師、醫生等。他們之所以隨國民黨遷臺，主要有如下兩種原因：一是政治上的原因。這些人在政治上追隨「三民主義」，大多與國民黨有較深的聯繫，甚至有國民黨黨員的背景，曾經或正在國民黨政府做官（或爲幕僚），如王世杰、雷震、傅斯年、梅貽琦、羅家倫等。二是出於非政治的因素。這些人雖然沒有國民黨的政治背景，但他們一般都信仰自由主義，對中國共產黨和新生的社會制度持不信任的態度，甚至感到害怕。在這兩類人中，都有不少是

〔註 105〕高民政，臺灣政治縱覽〔M〕，北京：華文出版社，2000：8。
〔註 106〕關於臺灣的政治文化（包括政治認同、政治情感、政治價值等），請參見：劉國深等，臺灣政治概論〔M〕，第一章「政治文化」，北京：九州出版社，2006：1～38。
〔註 107〕林木順，部分死難者名單〔A〕，見：韋名編，臺灣的二·二八事件〔M〕，香港：七十年代雜誌社，1975：66～69。

隨組織機構的遷臺而赴臺的，如殷海光隨「中央日報」社而遷臺，董作賓隨歷史語言研究所而遷臺。〔註108〕

　　大陸知識分子遷到臺灣後，對臺灣的社會發展作出了很大的貢獻。大陸知識分子遷臺以前，臺灣知識界除了工、農、醫方面略有功底外，在文、理、法等方面幾乎一片空白，思想界更是至為荒寒，謂之「文化沙漠」絕不為過；〔註109〕何況還有那麼多知識分子在「二二八」事件中被捕或遇害。大陸知識分子遷臺之後，這種情況得到了迅速改變。遷臺知識分子中，很多人都是中國知識界的「大師」和領軍人物，如梅貽琦、蔣夢麟、蔣廷黻、傅斯年、董作賓、姚從吾、吳大猷、葉公超、錢思亮、蕭公權、趙元任、羅家倫等等。這些知識菁英，主要集中在臺灣大學和「中央研究院」，少數分佈於中央大學、清華大學、政治大學等高等學府。〔註110〕

　　這批遷臺知識分子和臺灣本地的知識分子一樣，都不可避免的生活在威權體制之下。他們的總數有多少，本來就沒有準確的統計；加上本書對「知識分子」的定義難於操作，這個問題就更不可能有答案了。筆者在此提供兩個片段，期望有助於我們瞭解臺灣知識分子的概況。根據《西南聯大校友通訊錄》，原聯大學人中有約210人遷居臺灣，其中很多為學術界之翹楚。他們構成了臺灣大學和「中央研究院」的班底，引領著臺灣學術研究的潮流。〔註111〕根據相關史料，筆者繪製了1949至1960年臺灣高等教育從業人員統計表，如下所示：

表一：臺灣高等教育從業人員統計表（1949～1960）（單位：人）

學年度	教師	職工	合計	學年度	教師	職工	合計
1949	922	1249	2171	1955	1662	1707	3369
1950	964	1328	2292	1956	1959	1883	3822
1951	1118	1370	2488	1957	2216	2001	4217

〔註108〕　參見吳民祥，流動與求索──中國近代大學教師流動研究：1898～1949〔M〕，杭州：浙江教育出版社，2006：291～292；劉超，聯大學人的去留與沉浮──「西南聯大與晚近中國」系列之二〔A〕，見：王兆成主編，歷史學家茶座（第九輯）〔C〕，濟南：山東人民出版社，2007：50～57。

〔註109〕　日偽時期，殖民統治當局為給其侵略戰爭提供知識與技術資源，主要著力於培養「聽話」且「出活」的技術性人才，導致其他方面的人才比較欠缺。

〔註110〕　參見劉超，聯大與「文革」後的華語世界──「西南聯大與晚近中國」系列之三〔A〕，見：王兆成主編，歷史學家茶座（第十輯）〔C〕，濟南：山東人民出版社，2007：51～61。

〔註111〕　轉引自上引文。

1952	1077	1385	2462	1958	2520	2153	4673
1953	1205	1490	2695	1959	2801	2267	5088
1954	1459	1646	3105	1960	3149	2359	5508

資料來源：汪知亭，臺灣教育史料新編，臺北：商務印書館，1978.〔註112〕

　　儘管大學教師不一定都是知識分子，但是從上表我們仍然可以作出一些合理的推斷：第一，從 1949 至 1960 年，臺灣高等教育事業有了較大的發展，從業人員增長迅速，其中教師的增長幅度明顯高於其他職工；第二，越來越多的知識分子投身高等教育事業，同時肯定有越來越多的人受到高等教育，因此知識分子的數量也越來越多。

（二）威權體制下知識分子的角色

　　臺灣知識分子的數量雖然無法統計，但我們仍然可以對他們在臺灣威權體制中扮演的角色作出判斷，或作出定性分析。

　　現代社會，知識分子扮演的角色具有雙重性：一方面，知識分子作爲「文化人」，他以他的知識和工作爲社會服務，教師教書育人，學者研究學問，作家積極創作，醫生救死扶傷，記者如實報導，官員勤政爲民⋯⋯另一方面，知識分子作爲「社會的良知」，他對社會的貢獻不僅限於他的工作，他必須超越他的工作，關心公共事務，對社會和政治事務保持批判的態度，只有做到了這一點，我們才能稱其爲「知識分子」。對於威權體制來說，知識分子的第二重角色顯得尤爲重要。這是因爲，威權體制跟民主體制不一樣，它沒有議會、反對黨、媒體和選民等制度化的批評機構；即使存在，它們的作用也極爲有限，甚至完全淪爲擺設。正如（中國）古代專制體制不能離開士大夫的諫議一樣，威權體制也不能沒有知識分子的批評。中國古代的專制君主，權力不受任何正式法律和機構的制約，如果沒有士大夫從旁諫議，它完全可能胡作非爲；而在臺灣威權體制下，如果沒有知識分子對統治當局的批評與監督，統治者的權力也可能吞噬一切。也許是「時勢造英雄」，知識分子在臺灣威權體制下就扮演著這種「經常性的批評角色」。當然，所謂的「批評角色」，不僅具有消極的意義，還有積極的意涵，因爲知識分子對社會政治提出批評時，往往會提出改革的建議。臺灣威權體制下每一次社會政治改革，幾乎都是知識分子提出改革要求的。

〔註112〕詳見該書「光復後歷年本省高等教育的統計」（第 235～236 頁）及「四十五學年至五十四學年本省大專學校概況」（第 315 頁）。

　　那麼，我們是否可以這樣說：在臺灣沒有實現政治轉型之前，知識分子在臺灣社會中扮演著最重要的角色，或者說是主導角色？對於這個問題，筆者同意臺灣學者楊國樞的觀點。楊國樞認為，知識分子在臺灣的發展過程中，在某一方面居於主導的角色；但就整體發展而言，卻不是主導的角色。所謂在某一方面居於主導的角色，是指知識分子在政治改革、社會變革及文化變革中，常扮演誘發的角色，發揮催化的作用。可是，他們生活在嚴重不利於知識分子生存的大環境中，主導權仍然掌握在統治者手中，他們只能通過影響統治者來發揮作用，如果統治者對他們的批評和建議不感興趣，他們的努力也是徒然。不過，從長遠來看，他們的努力是不會白費的，而是發生或大或小的作用與影響。在整體上雖然不是主導，但知識分子所扮演的角色卻是臺灣現代化過程中不可或缺的因素。〔註113〕

　　需要指出的是，由於特殊的政治環境，臺灣威權體制下的各類知識分子，不論是現代派的、傳統主義的、鄉土主義的、民主主義或民族主義的知識分子，都是以自由主義為基調的。〔註114〕這是因為：第一，自由主義不僅是一種和保守主義、民族主義、社會主義並列的思想流派，它還是「一切其他主義的舞臺」。這也就是說，只有自由主義才能提供各種思想同時存在、平等討論的平臺，「如果我們把自由主義消滅了，其他主義就不能生存，更談不上繁榮」〔註115〕；第二，威權體制和自由主義是對立的兩極，知識分子如果要批評威權體制，就必須從自由主義那裡尋找思想資源。由此可以想見，知識分子與臺灣威權體制之間的衝突注定是不可避免的。

〔註113〕楊國樞，臺灣知識分子的過去、現在和未來〔A〕，見：中國論壇編輯委員會主編，知識分子與臺灣發展〔C〕，臺北：中國論壇雜誌，1989：代序。

〔註114〕同上。

〔註115〕劉軍寧，自由主義：九十年代的「不速之客」〔A〕，見：劉軍寧，共和·民主·憲政——自由主義思想研究〔M〕，上海：上海三聯書店，1998：代序。

第二章　民主觀念的傳播：《自由中國》對威權體制的批判

　　清末以來，報紙和政論雜誌就成爲中國知識分子批評時政、傳播政治理想和培養政治力量的重要工具。而在政治上持不同立場的知識分子，其主辦或依託的報紙（雜誌），自然具有不同的辦報（刊）宗旨和言說風格。國民黨敗退前夕，胡適、雷震、王世杰等國民黨內或親國民黨的知識分子，決定辦一個叫《自由中國》的雜誌來凝聚人心，鼓舞士氣，期待國民黨有一天能勝利「反攻」。因爲特殊的時代背景，這些知識分子的願望直到 1949 年末才在臺灣實現。然而，臺灣當局的威權心態與《自由中國》知識分子群的自由主義理念格格不入，《自由中國》的主題於是從反共迅速轉向了對國民黨威權統治的批判，成爲臺灣傳播自由思想與民主觀念的重鎮。

第一節　《自由中國》：知識分子「挽救人心」的努力

一、創刊背景

　　《自由中國》的創辦，恰好是國民黨政權從大陸的潰敗到臺灣的重建時期。我們可以從國內和國際兩方面來分析當時的背景。

（一）國內局勢

1946 年 6 月，蔣介石發動了全面內戰，企圖憑藉其佔據優勢地位的兵力

和武器，以及美國的支持，一舉消滅中國共產黨及其軍隊。然而在 1948 年底的「三大戰役」之後，國民黨的精銳部隊基本被消滅，敗局無可挽回。以白崇禧和李宗仁爲首的桂系向蔣介石「逼宮」，使後者不得不在 1949 年 1 月宣佈「下野」，由李宗仁代行「總統」職權。「下野」後，蔣介石由南京轉赴老家奉化溪口，但他並未放棄實權，仍以國民黨總裁的身份發揮影響力，事實上還是國民黨政權的最高領導人。〔註1〕他有計劃地將國民政府所有的黃金、白銀、外匯等盡數運往臺灣，爲日後在臺灣的統治奠定物質基礎。同時，他也開始反思國民黨政權失敗的原因和教訓，企圖日後東山再起。

1949 年 4 月 23 日，人民解放軍攻佔南京，統治了中國 22 年的南京國民政府宣告覆滅。5 月上海解放前夕，蔣介石帶著蔣經國逃到臺灣。6 月 11 日，國民黨中央常委會決定設立「中央非常委員會」，取代「中央政治委員會」。非常委員會由 12 人組成，蔣介石任主席，李宗仁任副主席。8 月 1 日，蔣介石成立「總裁辦公室」，下設黨務、情報等 9 個組和 1 個設計委員會。〔註2〕11 月 20 日，「代總統」李宗仁飛抵香港，託病不理政務，繼而以出國就醫爲由，由香港飛抵美國。〔註3〕12 月，除西藏外，大陸全部解放，國民黨政府和中央黨部被迫遷往臺灣。此時的國民黨，面對的是一個經濟倒退、通脹嚴重、人心渙散、失敗情緒蔓延的臺灣。

在軍事上取得勝利的同時，中國共產黨向各派民主進步人士發出邀請，準備召開政治協商會議，得到了各民主黨派和各界人士的積極響應。1949 年9 月 21 日，中國人民政治協商會議在北平開幕，來自黨派、區域、軍隊、團體等 45 個單位和特別邀請人士〔註4〕共計 662 名〔註5〕代表參加了會議。會議通過了《中國人民政治協商會議共同綱領》，選舉了以毛澤東爲主席，朱德、劉少奇、宋慶齡、李濟深、張瀾、高崗爲副主席的中央人民政府。10 月 1 日，中華人民共和國中央人民政府在北京成立。新政府成立後，依然保持對國民

〔註 1〕 參見張海鵬等，20 世紀的中國・政壇風雲卷〔M〕，蘭州：甘肅人民出版社，1999：269～277。

〔註 2〕 高民政，臺灣政治縱覽〔M〕，北京：華文出版社，2000：9。

〔註 3〕 李松林主編，中國國民黨在臺灣 40 年紀事〔M〕，北京：解放軍出版社，1990：3。

〔註 4〕 中國人民政治協商會議第一屆全體會議參加單位（46）〔EB／DB〕：中國人民政治協商會議全國委員會門戶網（http://www.cppcc.gov.cn）政協資料數據庫，2007－12－29。

〔註 5〕 孔繁政主編，中國民主黨派〔M〕，北京：解放軍文藝出版社，2001：330。

黨的軍事壓力，陸續解放了東南、西南等地區，肅清了國民黨殘餘的大部分武裝。此外，人民解放軍也試圖解放臺灣。然而，1949 年 10 月底金門一戰，解放軍損失兵力一萬餘人，遭到了第一次渡海作戰的失敗。〔註6〕此後，由於朝鮮戰爭爆發，美國海軍第七艦隊遊弋於臺灣海峽，阻撓人民解放軍對臺作戰，造成中國直到今天也沒有完全統一。

當時在臺灣，陳誠一面頒佈戒嚴令，實施包括「報禁」、「黨禁」在內的戒嚴體制，鞏固了國民黨對臺灣社會的控制；一面實行以「三七五減租」為主要內容的土地改革，〔註7〕削弱了地主階級的勢力，贏得了農民的支持，並由此改變了臺灣的社會結構。

（二）國際環境

這裡的所謂「國際環境」，主要是指美國對蔣介石和國民黨的態度從積極支持轉向放手不管。為了幫助國民黨打內戰，美國在蔣介石身上投入了幾十億美元的資金和物資援助。面對國民黨軍隊的節節敗退，美國大為惱火，先是幫助李宗仁當上「副總統」，接著支持桂系「逼宮」，讓蔣介石「下野」。

1949 年，鑒於國民黨軍隊敗局已定，美國開始與國民黨政府這艘「沉船」拉開距離，正式宣佈停止訓練國民黨軍隊，召回駐華軍事顧問團，並著手撤出在華美國海軍陸戰隊。但是，美國總統杜魯門同時要求國會把 4 月 3 日到期的《援華法案》延期至 12 月 31 日，企圖繼續以此對中國事態的發展施加某種影響。8 月 5 日，美國國務院發表《美中關係白皮書》〔註8〕，將國民黨在大陸的失敗歸咎於國民黨的腐敗所導致的「其領袖不能應變，其軍隊喪失鬥志，其政府不為人民所支持。」蔣介石對白皮書的發表十分惱怒，但又無

〔註6〕齊光裕，中華民國的政治發展——民國三十八年以來的變遷〔M〕，臺北：揚智文化事業股份有限公司，1996：152。

〔註7〕國民黨在臺灣初期開展的土地改革，可以分為三個階段，即 1949 年推行「三七五減租」，1951 年實行「公地放領」，1953 年公佈「實施耕者有其田條例」。（齊光裕，中華民國的政治發展——民國三十八年以來的變遷〔M〕，臺北：揚智文化事業股份有限公司，1996：164。）其中，第一階段的「三七五減租」，是指「耕地租額不得超過土地主要作物正產品全年收穫量千分之三百七十五。」（蕭錚、吳家昌，復興基地臺灣之土地改革〔M〕，臺北：正中書局，1987：7）

〔註8〕白皮書全名為《美國與中國的關係：特別著重 1944～1949 年期間的論述》（United States Relations With China, With Special Reference to the Period 1944～1949）。

可奈何，只得電令時在廣州的「外交部」發表一篇聲明，抗議美國落井下石
的行爲。〔註9〕

1950 年年初，杜魯門發表《關於臺灣的聲明》，表示美國無意在臺灣獲取
特權或建立軍事基地，無意使用武力干涉臺灣現狀和中國內部衝突，也不會
提供軍事援助或顧問給臺灣。此即著名的「袖手政策」（Hand-off Policy）。幾
天之後，美國國務卿艾奇遜在記者招待會上，提及美國在西太平洋的防衛圈，
其中沒有臺灣。由此可見，美國已經對國民黨政權非常失望，不想在其身上
浪費有限的資源。

失去了美國的支持和援助，蔣介石的日子很難過，因爲大批軍政官員及
其家屬湧入臺灣，加之在臺灣、海南島、金門等地的軍事行動，開銷很大，
國民黨政府入不敷出。爲了爭取美國支持，蔣介石不得不啓用在美國獲得博
士學位的吳國楨接替陳誠，出任臺灣省政府主席兼保安司令。同時獲得重用
的還有留美博士孫立人（臺灣防衛司令）、黨內自由派知識分子王世杰（「總
統府」秘書長）等。

當國民黨政權失去美國的支持時，共產黨領導的中華人民共和國卻「成
功地登上了世界舞臺。」〔註 10〕新政府成立後，迅速得到了蘇聯、東歐社會
主義國家、印度和英國等國家的承認。

二、創辦經過

由上文對時代背景的分析我們可以看出，當時的國民黨政權可謂處在內
外交困、瀕臨崩潰的狀態之中。對此，胡適、雷震、王世杰等國民黨內或親
國民黨的知識分子憂心忡忡，試圖採取某些行動以挽救危局。由此，他們想
到了辦報（刊）。熟知近代中國歷史的人都知道，每當面臨重大變局的時刻，
辦報（刊）往往是知識分子的重要選擇——他們總是希望通過言論、思想來
影響社會，甚至是改造社會。在這方面，胡適具有豐富的經驗，他先後參與
過《競業旬報》、《新青年》、《努力周報》、《新月》和《獨立評論》等報刊的

〔註 9〕 事實上，白皮書的發表也引起了美國國內不少人的反對，並引發了一場「誰
　　　　失去了中國」的辯論。參見趙洪，《美中關係白皮書》發表的背景和影響研究
　　　　〔J〕，山東理工大學學報（社會科學版），2007，23（4）。
〔註 10〕〔美〕R，麥克法誇爾、費正清編，劍橋中華人民共和國史：革命的中國的興
　　　　起（1949～1965 年）〔M〕，北京：中國社會科學出版社，1990：273。

創辦、主持或編輯工作。對雷震而言，這也不是他第一次辦刊。他曾於 1935年聯合徐逸樵等留日學生創辦《中國新論》，督促政府抗日，並被《中國評論周報》評為優秀政治雜誌。

　　《自由中國》的創辦過程，大致可以分為三個階段。〔註11〕1949 年 1 月，在桂系的「逼宮」之下，蔣介石宣佈「下野」。當時，國民黨內主張或附和蔣氏「下野」者占大多數，他們認為這樣可以讓蔣介石作出對戰爭失敗負責的姿態，以便借機重啟與中共的和談，並實施拖延戰術。但是，胡適、王世杰和雷震等人基於其反共立場，對此堅決反對。他們認為，反共戰爭除軍事戰之外，更應注意政治戰、文化戰、思想戰。〔註 12〕無論是試圖以辦報應付危機，還是不願因策略考慮而弱化其政治立場，都是知識分子的典型特徵，也是他們被稱為「意識形態動物」的主要原因。

　　蔣介石「下野」的當晚，雷震和王世杰來到上海。兩天後，胡適也從南京搬到上海居住。他們和杭立武、傅斯年、許孝炎等人經常聚會，決定辦一份刊物以「挽救人心」。胡適提議仿照當年戴高樂的「自由法國」，給刊物命名為「自由中國」。對於刊物的形式，存在兩種意見：雷震主張辦日報，因為他認為「在影響淪陷區人心上，定期刊物已經時間來不及了」；胡適主張辦周刊之類的定期刊物，他認為「凡是宣傳一種主張者，以定期刊物為佳，讀者可以保存，不似報紙一看過就丟了」。商量的結果，由雷震決定如何進行。雷震決定籌措十萬美金在上海辦日報。〔註13〕4 月初，雷震在溪口向蔣介石報告《自由中國》社的組織經過及出版計劃，蔣表示同意並願贊助。〔註14〕4 月底，南京政府覆滅，上海隨後也被解放，雷震在上海辦報的設想因此沒有實現。此為第一階段，可稱為「京滬倡議階段」。

　　第二階段從 1949 年 4 月底起至 8 月止，這是在臺灣的前期籌備階段。大陸局勢劇變之後，大批知識分子流亡港澳，也有不少自由主義知識分子去了臺灣。他們都以「國家興亡，匹夫有責」而自許。當他們得知胡適、雷震等

〔註11〕馬之驌，雷震與蔣介石〔M〕，臺北：自立晚報社，1993：89～91；范泓，風雨前行——雷震的一生〔M〕，桂林：廣西師範大學出版社，2004：131～136。

〔註12〕馬之驌，雷震與蔣介石〔M〕，臺北：自立晚報社，1993：90。

〔註13〕雷震，雷震回憶錄——「我的母親」續編〔M〕，香港：七十年代雜誌社，1978：58～59。另，雷震 1949 年 3 月 27 日日記：「討論結果先辦滬港《自由中國報》，然後及於渝、臺兩地。至周刊，恐緩不濟急也。」（雷集，31：168。）

〔註14〕雷震 1949 年 4 月 4 日日記，雷集，31：173～174。

人倡議創辦《自由中國》之後，也加入了創辦者的行列。〔註15〕其中的主要
人物都與胡適有直接關係，如他的學生毛子水、張佛泉、崔書琴等人是北京
大學教授，王聿修則爲華北大學教授兼政治系主任。他們雖有一番民主事業
的改革之心，但由於缺少經費而「心餘力絀」。最後，因雷震赴廈門協助湯恩
伯進行軍事防守而告中斷。

10月22日，雷震返回臺北，《自由中國》的創辦進入最後一個階段——
正式籌備階段。經過雷震等人一個月的緊張工作，《自由中國》創刊號在11
月20日得以正式出版。從這一天起，到1960年9月1日出版最後一期，《自
由中國》共出刊二十三卷二百六十期〔註16〕，總共存活了十年九個月又十天，
橫跨上世紀整整一個五十年代。〔註17〕

《自由中國》社由雷震任社長，胡適掛名發行人。按當時法律規定，發行
人負責向有關部門申請登記，並作爲法人代表，負相關法律責任。當時胡適尚
在美國，有關工作及責任，均由雷震代理。之所以由胡適掛名發行人，是因爲
這樣既可以借胡適這塊招牌，擴大雜誌的影響；又可以請胡適作保護傘，以防
萬一。而且，在毛子水等人看來，「雷震是國民黨裏的強人，也是政治核心人
物，所以對雷震存有戒心，惟恐受政治人物的利用，要劃清界限，於是私下計
議確定一原則，就是《自由中國》刊物，如果能辦成功，一定請胡適做發行人；
如果要發起反共運動組織，一定要請胡適領導，否則就『不參加』。」〔註18〕

在社長和發行人之外，雜誌社還設有（1）編輯委員會，由編輯委員若干
組成。編委會定期開會，討論內外局勢，督促政府屬行改革問題，確定言論方
針。除創刊初期的編委外，後參加的編委均須經編委會討論通過，由社長聘任。

〔註15〕馬之驌認爲這一階段的創辦者「在臺北另有其人」（馬之驌，雷震與蔣介石
〔M〕，臺北：自立晚報社，1993：90）；范泓也認爲「這一階段《自由中國》
半月刊的籌備工作就由這些人（作者按：『這些人』與馬之驌所說的『另有其
人』均指前句所指的遷臺自由主義知識分子）操作。」（范泓，風雨前行——
雷震的一生〔M〕，桂林：廣西師範大學出版社，2004：133）筆者認爲這種
說法不夠準確。此一階段，雷震雖在上海協助湯恩伯防守了一個月，但他回
到臺灣後，繼續參與並主導著《自由中國》的創辦工作。

〔註16〕1949年只出版3期，爲第1卷；從第2卷開始，每卷12期，每年2卷；最後
一卷爲第23卷，即1960年後半年出版的5期。

〔註17〕參見范泓，風雨前行——雷震的一生〔M〕，桂林：廣西師範大學出版社，2004：
135。

〔註18〕馬之驌，雷震與蔣介石〔M〕，臺北：自立晚報社，1993：101。關於胡適掛
名發行人一事的前因後果，詳見本書第四章第一節。

各編委有輪流撰寫社論的權利與義務。（2）編輯部，設總編一人，副總編一人，編輯若干。編輯部執行編委會的決議，負責日常編輯工作。第一任總編毛子水，副總編王聿修。（3）經理部，設經理一人，業務員若干。經理承社長之命，辦理總務、發行業務，並推動整體業務之發展。第一任經理馬之驌。〔註19〕

　　創刊之初，《自由中國》編輯委員會的成員有毛子水、王聿修、申思聰、李中直、杭立武、金承藝、胡適、夏道平、殷海光、許冠三、崔書琴、張佛泉、黃中、雷震、戴杜衡、瞿荊州和羅鴻詔等人。這樣可觀的編輯陣容，在當時可謂絕無僅有。〔註20〕對於這一編輯群體，李筱峰認為他們呈現出以下幾點特色：包括學者或大學教授出身之高級知識分子的組合；延續五四運動與自由主義的精神啓蒙；主要成員出任政治要職；全部來自中國大陸，沒有一位是臺籍人士。〔註21〕馬之驌則認為，《自由中國》的初期編輯，至少可以分為兩種不同的思想路線：一為「三民主義」的思路，二為「自由主義」的思路。此外還有極為年輕的編輯，他們有時是「三民主義」的思路，有時是「自由主義」的思路，有時又歸宗「自我主義」的思路。〔註22〕因此編輯之中日後發生爭論乃至矛盾，也是很自然的事情。

三、雷震對創刊的貢獻

　　無論是在以上哪個階段，雷震為《自由中國》雜誌的創辦，都付出了極大的努力。可以毫不誇張地說，沒有雷震，就沒有《自由中國》。

　　第一，雷震組織並參與了多次關於辦報（刊）的討論，正是在這些討論會上，創辦《自由中國》的想法才逐漸成熟。而且，辦報這個想法很可能是雷震最早提出來的。〔註23〕

〔註19〕馬之驌，雷震與蔣介石〔M〕，臺北：自立晚報社，1993：100～101。
〔註20〕馬之驌，雷震與蔣介石〔M〕，臺北：自立晚報社，1993：103。
〔註21〕李筱峰，臺灣政治革新運動與知識分子〔A〕，見：李筱峰，進出歷史〔M〕，臺北：稻鄉出版社，1992：163～214。轉引自呂怡蓉，《自由中國》雜誌與臺灣黨外運動發展之研究〔D〕，臺北：臺灣師範大學政治學研究所碩士論文，2006：63。
〔註22〕馬之驌，雷震與蔣介石〔M〕，臺北：自立晚報社，1993：105～106。所謂「自我主義」，是指他們當時年紀較輕，對歷史、政治等問題觀察不夠深刻，很容易犯「直覺」的「自大自狂」和「斷章取義」的錯誤。
〔註23〕雷震1949年3月24日日記：「（我說）可一面辦週刊，一面辦報紙……雪艇先生（即王世杰——筆者注）並主張先約定數十人，分別對時局發表意見，立武、孝炎均贊成我的意見……」（雷集，31：166）

第二，為《自由中國》延攬人才，雷震出力不少。在決定於上海辦《自由中國》日報之後，雷震就遍訪名人，請求他們擔任編輯或總編輯的職位。就為編輯一事，他曾在一天之內先後拜訪了蕭公權、張佛泉、毛子水、薩孟武等四人，其中兩度拜訪薩孟武。〔註24〕

第三，雷震為《自由中國》籌款而盡心盡力。「巧婦難為無米之炊」，沒有經費，辦刊辦報均無從談起。正是在雷震等人的努力籌措下，《自由中國》最後才得以正式創刊。〔註25〕後續經費來源，雷震也是儘其所能進行籌措。〔註26〕

第四，各項具體細微的籌備工作，雷震親力親為。從登記到發行，從約稿到編輯，從校對到印刷，從出版到銷售，雷震均親自參與，不敢有絲毫放鬆。在臺灣，《自由中國》的創辦曾因雷震赴廈門協助湯恩伯進行軍事防守而告中斷，但在雷震返回臺北後，該雜誌的創刊號在一個月之內就順利出版，由此可見雷震的辦事效率。〔註27〕

第二節　從反共到批判威權：《自由中國》的主題轉換

一、初期反共

創刊之初，《自由中國》得到了國民黨當局的大力支持。當時，由杭立武擔任部長的「教育部」每月提供《自由中國》三百美元的補助；1950 年陳誠擔任「行政院長」之後，雖以「軍事優先」決定停止補助，但經雷震多次交

〔註24〕雷震 1949 年 3 月 29 日日記，雷集，31：169～170。
〔註25〕創刊第一階段的具體方案是，王世杰負責向陳誠籌款，杭立武向胡宗南籌款，雷震向湯恩伯籌款。雷震在日記中記錄了因向好友湯恩伯籌款而遭其誤會的一件事（雷震 1949 年 4 月 11 日日記，雷集，31：177～178）。雖然籌措到少許經費，但最後還是無果而終。第二階因缺少經費半途而廢，事實上則與雷震的短暫離開有關。最後，直到雷震回到臺北，在他的努力籌措下，《自由中國》才得以正式創刊。
〔註26〕在雷震的努力下，臺灣當局最初對《自由中國》提供不少補助。但在該刊與官方斷絕關係之後，運轉的經費主要來自雷震及其朋友的募捐所得。參見范泓，風雨前行——雷震的一生〔M〕，桂林：廣西師範大學出版社，2004：138。
〔註27〕雷震所乘船隻於 10 月 20 日抵達高雄，因天色太暗風浪太大未能入港。後於 21 日上岸，22 日抵達臺北。（雷震 1949 年 10 月 20 日、21 日、22 日日記，雷集，31：344～346）《自由中國》11 月 20 日正式創刊，如果從雷震抵達高雄那天算起，剛好一個月；如果從他抵達臺北那天算起，則不到一個月。

涉，一次性給與新臺幣一萬元的補助。〔註 28〕1951 年，陶希聖出任國民黨改造委員會第四組〔註 29〕組長時，每月撥出一千五百元以作爲郵寄費。此時的《自由中國》，在贈送軍隊的同時還擁有大量軍方訂戶。〔註 30〕作爲雜誌主持者的雷震，也受到了蔣介石的高度信任，於 1950 年被聘爲「國策顧問」。

　　《自由中國》之所以能得到當局的支持，主要原因在於以下三點：第一，《自由中國》主張反共，與當局的想法一致；當局也希望借助《自由中國》的力量，達到宣傳和鼓動的效果。第二，《自由中國》主張自由、民主與憲政，雖與當局心態不合，但當局不敢公開反對；而且，這樣還可以「證明」臺灣有言論自由，可以贏得美國的好感。第三，胡適和雷震的個人作用也不可忽視。由於胡適在海內外尤其在美國朝野中擁有的巨大影響力，使急需重新取得美國支持的國民黨當局，對由胡適擔任「發行人」的《自由中國》，自然另眼相待。而雷震則與當局有較密切的關係，在朝野之中都有廣泛良好的人脈關係。

　　《自由中國》創辦初期，標榜自由主義，事實上其言論則以反共爲主。這從它的《發刊詞》和「宗旨」就可以看出來。《發刊詞》這樣寫到：

　　　　「自由中國」，是我們現在中華民國的同胞無論在理論上或在實際上所應當以爲政治生活的目的的。一個民族生活在現在世界上，如果沒有較合理的政治生活，便不能有其他的好生活；如果沒有一個自由的國家能夠保證他們的自由和安全，他們必不能有一個合理的政治生活，他們必不能在人類進步上有什麼貢獻。

　　　　……

　　　　而我們現在的中華民國，一大半土地現爲共產黨軍隊所佔領，一大半同胞已喘息於共產黨的恐怖中。他們非特沒有自由和安全可言，他們簡直沒有國家可言。

〔註 28〕1949 年，美元對新臺幣的匯率爲 1：5，即 1 美元合 5 元新臺幣。
〔註 29〕國民黨改造委員會第四組職掌宣傳。以下簡稱「第四組」。
〔註 30〕創刊之後不久，國民黨海軍總司令致函雷震，訂閱《自由中國》三百本。1949年 12 月 14 日，臺灣省防衛司令孫立人致信雷震：「《自由中國》刊物內容豐富，……自應力爲推廣，刻正統籌通飭所屬各級單位認定，以便官兵閱讀。」（雷集，30：58～59）就連遠在海外的黃傑將軍也曾寫信給雷震，希望雷將每一期雜誌寄數十本給他的部隊，以使官兵享受一點精神糧食。（參見雷震，雷震回憶錄之新黨運動黑皮書〔M〕，臺北：遠流出版事業股份有限公司，2003：9；鍾雅蓬，政論雜誌與臺灣民主化：《自由中國》個案研究〔D〕，嘉義：中正大學政治學系碩士論文，2005：7）

......

我們說話的態度，可在下列少數戒條中看出：

一、不作無聊的悲觀。......

二、不作下流的謾罵。......

三、不歪曲事實。......

四、不顧小己的利害。......

最後，我們可以說：我們的態度是積極的而不是消極的；我們主張一切合理的改革，以求對人民生活有實際的利益和進步。我們非特要堅守現在仍是自由的國土，我們也要竭力抵抗蘇俄侵害中國的暴力，不讓共產黨的極權政治，仍在中華國土立足。我們希望用這種態度和主張博得全國同胞的讚助！

《發刊詞》自稱將遵守「不作下流的謾罵」、「不歪曲事實」等戒條，事實上卻對蘇聯等社會主義國家和中國共產黨作了嚴重的歪曲和謾罵。

《〈自由中國〉的宗旨》則由胡適撰擬，刊於《自由中國》第一期，全文如下：

我們在今天，眼看見共產黨的武力踏到的地方，立刻就罩下了一層十分嚴密的鐵幕。在那鐵幕底下，報紙完全沒有新聞，言論完全失去自由，其他的人民基本自由更無法存在。這是古代專制帝王不敢行的最徹底的愚民政治，這正是國際共產主義有計劃的鐵幕恐怖。我們實在不能坐視這種可怕的鐵幕普遍到全中國。因此，我們發起這個結合，作為「自由中國」運動到一個起點。

我們的宗旨，就是我們想要做的工作，有這些：

第一，我們要向全國國民宣傳自由民主的真實價值，並且要督促政府（各級的政府），切實改革政治經濟，努力建立自由民主的社會。

第二，我們要支持並督促政府用種種力量抵抗共產黨鐵幕之下剝奪一切自由的極權政治，不讓他擴張他的勢力範圍。

第三，我們要盡我們的努力，援助淪陷區域的同胞，幫助他們早日恢復自由。

第四，我們的最後目標是要使整個中華民國成為自由的中國。

　　以後每一期的《自由中國》，《宗旨》一文都被刊載。正是在這種思想的指導下，初期的《自由中國》刊登了大量的反共文章。以第一卷爲例，該卷共 3 期，發表文章共計 47 篇，〔註31〕其中以反共爲主題的文章就有 13 篇，〔註32〕超過了文章總數的四分之一。

　　從創刊到 1951 年 5 月，《自由中國》出刊 37 期，對國民黨與蔣介石卻幾無一字之批評。因此，薛化元認爲這段時期是《自由中國》與國民黨官方的「交融期」。〔註33〕但是，這種關係是注定不能長久的。因爲《自由中國》所主張的自由主義與國民黨的威權體制存在一種內在的緊張關係，一旦外部環境發生改變，這種緊張關係就會凸顯出來。

二、批判威權

（一）從反共到批判威權：主題發生轉換

　　從《宗旨》可以看出，《自由中國》的知識分子是贊成自由民主的。但是，由於胡適等人對共產主義存在誤解，加上國共鬥爭的特殊背景，創刊初期的《自由中國》「配合」國民黨當局，積極地反共。然而，一年半以後，《自由中國》的主題就迅速從反共轉向對臺灣威權體制的批判，它與威權當局維持了一年半的「蜜月」宣告結束。爲什麼在這麼短的時間內，《自由中國》的主題和風格就會發生了如此重大的轉變呢？這可以分別從宏觀和微觀上進行解釋。

　　從宏觀上看，這主要是因爲當時臺灣所面對的內外環境發生改變而導致的。《自由中國》創刊時之所以能得到當局的支持，是因爲遷臺之初的國民黨政權面臨中共的強大軍事壓力，需要取得各方面的支持。《自由中國》主張的自由民主雖不獲當局贊同，但它的反共主張卻符合當局的策略需要。而當局還可以拿《自由中國》做「招牌」，向美國表明臺灣有「言論自由」，以獲取

〔註31〕 胡適撰寫的《〈自由中國〉的宗旨》一文僅在第 1 卷第 1 期計算一次。以下同。

〔註32〕 參見佚名，《自由中國》分類索引〔EB／OL〕，雷震先生網頁：http://www.drnh
.gov.tw/www/page/C/ray，2007－7－10。網頁上沒有標明該文件的作者，但根據筆者研究推斷，這是臺灣學者薛化元的研究成果。參見薛化元，《自由中國》與民主憲政——1950 年代臺灣思想史的一個考察〔M〕，臺北：稻鄉出版社，1996：411～494。

〔註33〕 參見薛化元，《自由中國》與民主憲政——1950 年代臺灣思想史的一個考察〔M〕，臺北：稻鄉出版社，1996：76～89。

美國的支持。但是一年之後，局勢發生了重大變化。朝鮮戰爭爆發之後，美國出於自身利益的需要，恢復了對臺灣的經濟和軍事支持，派出第七艦隊協防臺灣，使國民黨當局了卻了後顧之憂，《自由中國》和自由派知識分子在當局心目中的地位急劇下降。與此同時，當局對島內局勢的控制也愈加嚴密。一年之後，國民黨就結束了所謂的「黨務改造」，建立起一黨獨裁的「黨國威權體制」。而威權體制又不能被多數知識分子接受，尤其是主張自由主義的《自由中國》，更是無法容忍，不得不舉起批判的旗幟。控制越嚴密，則批評越激烈；批評越激烈，則打壓越嚴厲。這幾乎是任何威權政體都逃脫不了的惡性循環。

從微觀上看，這與雷震的思想轉變有很大關係。雷震曾是堅決的「擁蔣派」，但是，通過好幾次事件，雷震逐漸改變了對蔣介石的認識，並因此逐漸與其疏遠。此點留待下節再述。

關於對《自由中國》的文本分析，已有學者做過系統研究，其中最有代表性的便是魏誠和薛化元的研究，本書研究綜述部分已經作過簡單介紹。因薛化元的研究最系統、最全面，此處再對其作進一步的評述。薛化元對發表在《自由中國》上的所有文章進行了一一審視，統計出有關臺灣民主憲政的文章共 1297 篇。他將這些文章分爲 7 大類，20 項議題。結果如表二所示。

表二：薛化元對《自由中國》有關臺灣民主憲政之文章的分類與統計

類　　別	項　　目	篇數	百分比
1、憲政基本精神	（1）自由民主的基本理念	114	8.79
	（2）法治	51	3.93
2、基本人權	（3）表現自由／出版法問題	151	11.64
	（4）其他基本權問題	59	4.55
3、中央政府體制	（5）責任內閣制／責任政治	33	2.54
	（6）行政中立──國民黨退出軍警特	29	2.24
	（7）司法獨立／軍法、司法審判劃分問題	54	4.16
	（8）立法院	43	3.32
	（9）監察	22	1.70
	（10）考試	13	1.00
4、政黨	（11）反對黨	97	7.48
	（12）國民黨體制改造	39	3.01

類　　別	項　　目	篇數	百分比
5、地方自治與選舉	（13）地方自治	43	3.32
	（14）地方選舉	71	5.47
6、基本國策	（15）軍隊	47	3.62
	（16）教育／救國團	182	14.03
	（17）外交／聯合國／「中國問題」	140	10.79
7、憲法變動	（18）總統三連任問題／臨時條款／國大修憲	70	5.40
	（19）反共救國會議	32	2.47
	（20）「自由中國」運動	7	0.54
總　　計		1297	100

資料來源：根據薛化元《〈自由中國〉與民主憲政》書末附錄甲、附錄乙自製。〔註34〕

　　在表二所列的 20 項問題中，只有 3 項（即第 17、19、20 項，合計不到總數的 14％）與批判威權體制關係不大，其餘均直接或間接相關。所謂間接相關者，筆者是指諸如有關「自由民主的基本理念」這類理論性比較強的文章。從表面上看，這些文章多是對自由民主理論的闡述，但是《自由中國》不是學術刊物，它對理論問題的闡述均有目標所指，此目標即臺灣的政治體制。即使文章裏沒有一個字提到臺灣的政治體制，但對威權體制來說，宣傳自由、民主、憲政、法治等政治價值就構成一種威脅，這種威脅甚至比直接批判性的文章要更大一些。正如馬克思所言，科學理論一旦被群眾掌握，就會變成巨大的物質力量。像所有的威權政府一樣，國民黨當局試圖實行愚民政治，它利用各級學校、媒體向廣大學生和普通民眾灌輸「三民主義」的意識形態和「反攻大陸」的政治神話，製造繼續統治的理論基礎。而自由民主等現代政治價值一旦被臺灣民眾所接受，這樣的理論一旦被他們所掌握，必將從根本上瓦解國民黨威權統治的基礎。現代政治理論對民眾的啓蒙是潛移默化的，對臺灣政治的影響是深遠的。

　　但是，在威權體制之下，權力主宰一切，知識只能爲它服務，而不能向它挑戰。所以，任何威權政府都不能容忍異議媒體的存在，或者更準確一點，任何威權政府對異議媒體的容忍都是有限度的。《自由中國》對臺灣威權體制

〔註34〕薛化元，《自由中國》與民主憲政——1950 年代臺灣思想史的一個考察〔M〕，臺北：稻鄉出版社，1996：411～413。

的批評，有時候語氣比較緩和，有時候言辭相當激烈。但是，無論緩和還是激烈，都不能被威權體制所接受。當《自由中國》的批評超過了威權政府的容忍限度時，勢必引起威權政府的打壓，雙方的衝突一觸即發。這樣的衝突發生了很多次，且一浪高過一浪。〔註35〕限於篇幅，筆者僅選取其中有代表性的三起事件作詳細分析。這三起事件，第一起源於《自由中國》對臺灣特務統治的批評，從中可以看出知識分子對言論自由的堅持，以及知識分子在臺灣威權體制下爭取言論自由的艱難；後兩起則源於《自由中國》對蔣介石的建議和批評，從中可以看出知識分子對憲政理念的堅持，以及知識分子堅持理念的勇氣。

（二）第一次言論風波

《自由中國》與威權體制的第一次衝突來自該刊於 1951 年 6 月 1 日出版的第四卷第十一期的社論《政府不可誘民入罪》。該文對國民黨在臺灣的主要特務機構——臺灣保安司令部「有計劃而大規模的誘人入罪的金融案」〔註36〕提出了批評，因此得罪保安司令部及其實際負責人彭孟緝。〔註37〕氣焰囂張的彭孟緝打算採取行動，準備逮捕《自由中國》的編輯。只是因為遭到兼任保安司令的臺灣省主席吳國楨的反對而沒有實施。〔註38〕此外，彭孟緝還四處揚言，說保安司令部的威信被雷震毀了，並致電雷震，要找他算帳。〔註39〕第四組也給雷震發出警告電函，謂此事「對於治安機關執行政府經濟措施損

〔註35〕《自由中國》因言論而引起的大小風波至少有 15 次（參見林淇瀁，意識形態‧媒介與權力：《自由中國》與五○年代臺灣政治變遷之研究〔D〕，臺北：政治大學新聞學研究所博士論文，2003：114），這還不包括因個別文章而引起個別人之不滿者。

〔註36〕指有人先在土地銀行開戶，取得本票後用作抵押，而到處以高利率向人借款。等借貸成交時，即有保安司令部出面逮捕，而控以金融罪，交由該部軍法機關審判。參見雷震，雷震回憶錄——「我的母親」續編〔M〕，香港：七十年代雜誌社，1978：78～79。

〔註37〕按照當時體制，保安司令部司令由臺灣省主席吳國楨兼任，彭孟緝只是副司令。但是，由於彭孟緝有蔣經國作靠山，不把吳國楨放在眼裏，經常擅自抓人。

〔註38〕雷震，雷震回憶錄——「我的母親」續編〔M〕，香港：七十年代雜誌社，1978：82。

〔註39〕彭孟緝所謂「算帳」除了下文提到的派特務監視《自由中國》社外，彭還向包括蔣介石和「行政院長」陳誠在內的各方面誣蔑雷震和商人有勾結，曾幹過「套彙」和大量「走私」之事，使蔣、陳二人對雷震產生懷疑。（雷震，雷震回憶錄——「我的母親」續編〔M〕，香港：七十年代雜誌社，1978：92）

害其信譽，並激勵社會之反感，事態甚為嚴重，……務望特為注意，今後不再有同類事件發生。」〔註40〕

儘管如此，當時還是有不少人站在雷震這一邊的。6 月 16 日，設計委員會開會時，主席蕭自誠等人提及此事，都對保安司令部提出批評。會上，雷震起立發言，呼籲保障言論自由，造成健全之輿論，謂民主政治不是要大家天天獻旗、發致敬電報，而是要人民督促政府、監督政府，且須鼓勵人民向上，增加人民奮鬥情緒，不要使人民走上消極和悲觀之路。〔註41〕此外，事件還引起了美國駐臺使館的注意，使館工作人員向雷震轉達他們的關心，「囑勿停刊」。〔註42〕

但是，事情並未到此結束。《自由中國》與保安司令部「開火」之後，王世杰勸雷震再做一篇文章，「也不作違心之論，說明並不反對經濟管理與對辦理人員之勞績及操守廉潔」，〔註43〕以緩和衝突。雷震同意了他的建議，可是，當經過了反復修改的《再論經濟管制的措施》〔註44〕一文刊出後，卻引起了胡適的不滿。原來，遠在美國的胡適看到當初的《政府不可誘民入罪》一文後，十分高興，大為讚賞，認為它「有事實、有膽氣，態度很嚴肅負責，用證據的方法也很細密，可以說是《自由中國》出版以來數一數二的好文字，夠得上《自由中國》的招牌」。然而，當胡適看到《再論經濟管制的措施》一文時，馬上意識到這是雷震和《自由中國》「受了外界壓迫之後被逼寫出

〔註40〕國民黨中央改造委員會致雷震（第四組代電），1951 年 6 月 9 日，雷集，30：139。

〔註41〕雷震 1951 年 6 月 16 日日記，同上：115。范泓認為，在國民黨高層對言論自由的態度不一致時，雷震此番發言極有必要。（范泓，風雨前行——雷震的一生〔M〕，桂林：廣西師範大學出版社，2004：157）

〔註42〕雷震 1951 年 6 月 11 日日記，雷集，33：111～112。

〔註43〕雷震 1951 年 6 月 8 日日記，雷集，33：108～109。

〔註44〕社論，再論經濟管制的措施〔J〕，自由中國，1951，4（12），這篇社論先後經過了毛子水和陶希聖的修改。編委會開會時，毛子水未到，因此雷震特意交給他修改，沒想到一向平和的毛子水將文章改得語氣很強硬。王世杰對文章不滿意，囑雷重寫。陶希聖看後也說「這篇文章用不得，這是在強辯，全無表示歉意的意思。如果這樣登出來，豈不是火上加油麼？」於是，雷震只好請陶希聖親自修改，不料原來「寫得不卑不亢，給人看了不要有受了外力壓迫」，「給保安司令部有面子而不失去《自由中國》社的宗旨」的文章被陶希聖「大筆削減，刪去三分之一，又加了一些無聊的字句」。（雷震，雷震回憶錄——「我的母親」續編〔M〕，香港：七十年代雜誌社，1978：84～86；雷震 1951 年 6 月 10 日、11 日日記，雷集，33：110～111）

的賠罪道歉文字！」由此胡適認爲，「《自由中國》不能有言論自由，不能有用負責態度批評實際政治，這是臺灣政治的最大恥辱。」於是，他向雷震正式提出辭去「發行人」一職，以表示對《政府不可誘民入罪》的贊成和對軍事機關干涉言論自由的抗議。更要命的是，胡適在給雷震的信首空白處附上一語：「此信（除去最後括弧內的小注）可以發表在《自由中國》上嗎？《自由中國》若不能發表『發行人胡適』的抗議，還夠得上稱《自由中國》嗎？」〔註45〕

胡適久居美國，對臺灣的情況和國民黨的心態自然不夠瞭解，因此他才會這樣地言辭激烈。不容否認，這封信說出了雷震的心裏話，雷震一定很解氣。不過，按理說，對臺灣的輿論環境已經有切身體會的雷震應該不會按照胡適的要求刊登這封信。出人意料的是，雷震還是決定公開胡適的來信。〔註46〕至於雷震當時到底是怎麼想的，他的日記和回憶錄中均無記載。不過我們可以猜測，雷震在最後決定刊出這封信之前，一定經過了反復考慮，也肯定設想了種種後果。最後他之所以決定刊出，也許是想借胡適之口來表明自己的真實態度。

胡適信函公開之後，引起了一系列的連鎖反應。雜誌出版當天（9月1日），蕭自誠即致電雷震，謂其不該發表胡適來信。雷震則說如果臺北方面不採取行動，讓它去流通，便表示臺灣有言論自由，胡適所說則不是事實；如加以干涉，則證明了胡適的話，臺灣沒有言論自由，從而將了蕭自誠一軍。〔註47〕9月2日，即有「某機關派人購買」當期雜誌，「並云愈多愈好，有多少要多少」；而替《自由中國》代理海外發行的《香港時報》也接到第四組的通知，停止發行該期雜誌。〔註48〕這一方面證明了胡適對臺灣社會政治的巨大影響力，另一方面也說明保安司令部「做賊心虛」。9月4日，改造委員會召開「公審大會」，對雷震展開批評。雷震原本打算不去參加，接受「缺席審判」，一

〔註45〕胡適致雷震，1951年8月11日，見：萬麗鵑編注，萬山不許一溪奔——胡適雷震來往書信選集〔M〕，臺北：中央研究院近代史研究所，2001：23～24。其中，所謂「最後括弧內的小注」是指胡適在信末用括號加的一句話「我今天正爲『誘民犯罪』、『栽贓』、『誣陷』的另一件大案子寫信給吳國楨主席和雪屏兄（即陳雪屏——筆者注）。」

〔註46〕此信刊於《自由中國》1951年9月1日出版的第5卷第5期，題目是「致本社的一封信」。

〔註47〕雷震1951年9月1日日記，雷集，33：150～151。

〔註48〕雷震1951年9月2日日記，同上：152。

爲不願參加，二爲身體不適。但是，主席蕭自誠堅請雷震親自參加，雷震只好從命。會上，蕭自誠、胡健中等人紛紛批評雷震不該發表胡適來信，指責他這樣做是「搞亂」、「不識大體」、「對自由中國損失甚大」，陶希聖更謂發表此信造成胡適與政府的對立。〔註49〕這些人避重就輕，既不追究保安司令部的過錯，也不談在臺灣是否應當有言論自由，只是一味顧及國民黨的自身利益，而雷震公開胡適的來信，對他們來說簡直就是一種「大逆不道」。雷震則說明《自由中國》的態度，認爲「能夠發表胡先生的信，則自由中國有言論自由，不應該採取其他態度。」〔註50〕

更惡劣的是，彭孟緝在會上傳閱一張照片，說是雷震「套彙」的「證據」。會後第二天，保安司令部軍法處眞的給雷震送來一張傳票，要雷震出庭接受訊問。當時恰逢國民黨中央委員會秘書長張其昀來安慰雷震，雷震對張說：「我將覆信胡適之，《自由中國》半月刊發表了你的抗議——軍事機關干涉言論自由的信，其結果是換來一張保安司令部軍法處的傳票」。張其昀趕緊將傳票要了去，找到彭孟緝，息事寧人。在張的干預下，雷震沒有出席審判，但保安司令部仍然開了庭，將另外兩名「被告」喚去問明情況，交保開釋。〔註51〕特務機關之無法無天，由此可見一斑。9月7日，蕭自誠到《自由中國》社拜訪雷震。編委羅鴻詔對蕭說：「胡先生函如不能發表，自由中國尚有言論自由乎？我們特爲試驗一下，現已試驗完畢，即自由中國沒有言論自由。」蕭仍答辯。羅則繼續說，「你們這些人爲辯論而辯論，我決不與答辯。」〔註52〕由此可見，這件事情對《自由中國》社的編輯們傷害很大，他們對國民黨的失望情緒進一步加重，對臺灣沒有言論自由則極度失望。

對於《自由中國》刊登胡適的信件，包括國民黨內一部分改造委員在內的很多人都表示了同情，不過他們同時覺得雷震的「膽子太大了」，「一定要觸怒蔣總統和陳院長的」。〔註53〕事情的發展證明了他們的擔心是有道理的。

〔註49〕雷震1951年9月4日日記，同上：153；雷震，雷震回憶錄——「我的母親」續編〔M〕，香港：七十年代雜誌社，1978：96～97。

〔註50〕雷震1951年9月4日日記，雷集，33：153。

〔註51〕雷震1951年9月4日、5日日記，雷集，33：153～154；雷震，雷震回憶錄——「我的母親」續編〔M〕，香港：七十年代雜誌社，1978：97～98。《回憶錄》上雷震回憶收到傳票是在9月4日，而日記記載則爲9月5日。筆者認爲日記的可信度比《回憶錄》更大，故採信日記上的記載。

〔註52〕雷震1951年9月7日日記，雷集，33：155。

〔註53〕雷震，雷震回憶錄——「我的母親」續編〔M〕，香港：七十年代雜誌社，1978：96。

9月7日下午，雷震先後拜訪吳國楨和胡健中等人。吳國楨說蔣介石這次很生氣，認爲雷震刊發胡適的信是以停刊相要挾，因此吳希望雷震能爲自己進行答辯。雷震表示刊物已經繼續出版，絕無停刊之意，至於蔣介石那裡，自己「則不求諒解」。胡健中則將國民黨內有關會議情形告訴雷震，謂蔣介石認爲雷已捲入金融風潮，前次文章是報復，因調解後的文章嘔了氣，所以才登出胡適的來信。蔣介石還說雷震不配做黨員，要開除雷的黨籍，經過胡和陳誠的反對，於是改爲警告。當天晚上，雷震便接到紀律委員會公文，謂「經提請中央改造委員會第二〇一次會議核議，當奉總裁指示節開『關於雷震同志違反黨紀部分交紀律委員會議處』等因」，並要求雷震於十日內答辯。〔註54〕雷震則在答辯信中，除對《自由中國》刊登胡適信件進行解釋，申明改造委員會宣佈他違反黨紀的決議「實無所依據」以外，再次強調言論自由的重要性。〔註55〕當然，此事既由蔣介石決定，無論雷震如何答辯也是沒有用的。

　　發生這些事情，一定遠遠超出了雷震的預料，否則他不會大動肝火。但是，這些事情只是引起他的氣憤，還談不上傷心。眞正令他傷心甚至不安的是他的老上司、老朋友王世杰的態度。自雷震1927年進入由王世杰擔任局長的國民政府法制局擔任編審一職起，他們二人就建立了深厚的公私情誼。王世杰對雷震一直極爲器重，數度提拔其擔任要職，〔註56〕並因此使他與蔣介石結緣。〔註57〕此外，雷震創辦《自由中國》時，王世杰也是重要的支持者和推動者之一。所以說，王世杰在雷震的心目中具有十分重要的位置。此次風波剛起時，王世杰是站在雷震這一邊的，所以當彭孟緝找時任「總統府」秘書長的王世杰要求雷震道歉時，被王斷然拒絕。〔註58〕他當時建議雷震再做一文以緩和衝突，也是從策略上考慮，自然無可厚非。但是，在胡適的來信發表後，王世杰的態度卻發生了改變。信件刊出後，王世杰對此「甚爲傷心」，當天就讓羅家倫向雷震轉達三點意見：第一，此事弄到胡適與政府對立；第二，上次答應不再寫文章，爲何此次不事先通知他們？這在友誼上說不過

〔註54〕 雷震1951年9月7日日記，雷集，33：155。
〔註55〕 紀律委員會之公文及雷震答辯信詳見雷集，30：165～166，172～177。
〔註56〕 參見范泓，風雨前行——雷震的一生〔M〕，桂林：廣西師範大學出版社，2004：71～72。
〔註57〕 同上：84。作者認爲，「雷震與蔣介石結緣，首先因爲他與王世杰的親密關係，其次才是在國民參政會，而雷震本人特殊的政治才幹，也是蔣介石委以諸多重任的原因之一。」
〔註58〕 雷震1951年6月10日日記，雷集，33：111。

去；第三，臺灣處於風雨飄搖之中，受不起這個風浪。〔註59〕聽到王世杰的意見，雷震「深感惶恐不安」，立即給王世杰去信一封，對事件進行解釋，並謂「我之傷心更有甚於先生者。」〔註60〕王世杰回信，稱對此事「不願多所預聞」、「不願深論」，他不僅認爲雷震發表胡適的信件可能導致嚴重後果，這個責任應由雷震等編委來負，並爲保安司令部的行爲進行了一定的辯護。〔註61〕從此以後，王世杰便在雷震和蔣介石之間保持了一個相當謹慎的距離。〔註62〕王世杰是著名的憲法學家，是國民黨內的自由派知識分子，他的態度尚且如此，就遑論他人了。最後，在王世杰的建議下，這場風波以「行政院長」陳誠親自寫信給胡適進行辯解而暫告結束。〔註63〕

從這場言論風波中我們可以看出，在臺灣威權體制下，政府雖未完全控制媒體，但它試圖封殺任何對己不利的言論。在這樣的環境下，知識分子要堅持對政治的批評是很艱難的。然而，雷震能夠堅守自己的信念，批判國民

〔註59〕雷震1951年9月1日日記，雷集，33：150〜151。

〔註60〕雷震致王世杰，雷集，30：162〜163。此信無時間，但根據雷震日記和王世杰回信可以判斷，此信寫於1951年9月1日至4日之間。

〔註61〕王世杰致雷震，1951年9月4日，雷集，30：163〜164。信中這樣寫到：「傑所不安者，《自由中國》期刊，實際上係由兄及編輯諸公負責，胡先生久不願負責（海外來人屢傳此訊），遠居海外，於當地情形，自亦不盡了然，倘使胡先生因此刊糾紛而與政府發生裂痕，或使國際及一般中國社會發生誤解，其責任將不能由胡先生負之也……來示謂前次社評（誘民入罪）百分之百是對的，傑素日爲反對爲目的不擇手段之人，故從未與兄辯論此點。惟論政當見其人，而不當僅從方法立論。臺灣金融在過去一年，受若干巧於避法的奸商之擾亂竟甚，故干涉政策在根本上是應該做，而且必須徹底做的。軍警當局在手段上及方法上有不當處，言論界在執筆之時，……不必以盛氣凌之。」數年後，王在對雷勸其不要再度進入國民黨政府（1953年，王因「陳納德民航隊欠款」一案被蔣介石以「蒙混舞弊，不盡職守」的罪名免除「總統府」秘書長職務；1958年，「副總統兼行政院長」陳誠提出要王擔任「行政院」政務委員，雷震去信勸告）的回信中說：「我自己誠然是救不了國家，但我不願計較個人的毀譽，而對於一個或可再度有禆於自由中國存活的人，只澆冷水。」（知名〔王世杰〕致雷震，1958年7月17日，雷集，30：385）筆者推斷，王信中所謂「一個或可再度有禆於自由中國存活的人」可能是指蔣介石。如果此論無誤，則我們可以看出，王認爲雷震對蔣介石政府的批判是「澆冷水」。

〔註62〕參見范泓，風雨前行——雷震的一生〔M〕，桂林：廣西師範大學出版社，2004：161〜162。

〔註63〕陳院長致胡適之先生函，1951年9月14日，自由中國，1951，5（6）。筆者之所以稱「暫告結束」，是因爲半個月之後由雷震的《輿論與民主政治》等文引起的風波，可以看作這一事件的繼續。

黨當局對於言論自由的干涉，並不惜得罪最高統治者、政府高官、特務機關乃至自己的朋友，需要極大的勇氣。雖然得罪了一批人，但雷震同時得到了很多人的理解和支持，並因此贏得了臺灣社會尤其是輿論界的尊重。在這次事件中，雷震充分表現了知識分子爲了信念而不計一切後果的精神。

（三）批蔣：「祝壽專號」與反蔣連任

第一場言論風波剛剛平息，《自由中國》又因雷震的《輿論與民主政治》再次引起蔣介石的震怒，〔註64〕故不得不在言論上有所收斂。短暫收斂之後，該刊又開始對臺灣威權體制展開抨擊。而對於威權當局的最高統治者——蔣介石的違憲行爲，《自由中國》也不放過，屢次爲文批評。自然地，威權當局的反彈更加激烈，雷震面對的危機更加嚴重。

1、「祝壽專號」

1956 年 10 月 31 日，是蔣介石七十歲生日。生日前半個月，蔣介石在主持「國父紀念周」時，即表示「婉辭各方祝壽」，並提出六項問題公開徵求建言，希望報章雜誌和海內外同胞「直率抒陳所見，俾政府洞察輿情，集納眾議，虛心研討，分別緩急，采擇實施」。〔註65〕熟悉中國官場和蔣介石的人都應該知道，蔣介石不過是故作清高，做做樣子罷了。沒想到，《自由中國》社那一群知識分子居然決定「應徵」。不知道他們是眞的相信蔣介石的「誠意」，還是「將錯就錯」、見縫插針？〔註66〕

〔註64〕 下文詳述。雷震此文載 1951 年 10 月 1 日出版的《自由中國》第 5 卷第 7 期，前次言論風波不過剛剛平息半個月。

〔註65〕 蔣介石提出的六項問題是：1、建立臺灣爲實現三民主義模範省的各種應興應革的要政急務；2、增進臺灣四大建設（經濟、政治、社會、文化）與革除舊有官僚政客習氣之具體意見；3、推行戰時生活，革除奢侈浪費等不良風習，造成蓬勃活潑的民族復興基地之應有措施；4、團結海內外反共救國意志，增強反攻復國戰力，不尚空談，務求實效的具體辦法；5、貫徹反共抗俄之具體實施計劃與行動的準則；6、除以上五點外，並盼對中正個人平日言行與生活，以及個性等各種缺點，作具體的指點與規正。轉引自馬之驌，雷震與蔣介石〔M〕，臺北：自立晚報社，1993：210～211。

〔註66〕 雷震 1956 年 10 月 18 日日記：「大家交換意見，有人認爲蔣總統這一下詔求言，完全是君主作爲，其態度是不對的。也有人認爲大家可趁此機會，率直表示對國家當前意見，因國家前途是危險的。」（雷集，38：323～324）後來，雷震在回憶錄中針對這件事情寫到：「我們完全是遵照老人家的旨意做的，毫無半點他意。」（雷震：雷震回憶錄——「我的母親」續編〔M〕，香港：七十年代雜誌社，1978：107）

經蔣雲田、夏道平建議，《自由中國》編委會決定出一期「祝壽專號」，「以達到知無不言、言無不盡的言責」。〔註67〕雖然此時雷震已經被蔣介石開除了黨籍，撤掉了一切職務，但他還想盡到他的所謂「言責」，頗有一點「處江湖之遠則憂其君」的古代士大夫精神。10 月 31 日，「祝壽專號」出版。〔註68〕專號在封面上用紅色字體印上「恭祝總統七秩華誕」，收錄社論及胡適、雷震等人的 15 篇文章。

由戴杜衡執筆的社論《壽總統蔣公》向蔣介石提出了三點希望：選拔繼任人才、確立執政黨及其他黨派的內部民主、軍隊國家化。社論認為這三點「是一切問題的根本，不僅關係當前，而是關係永久」。〔註69〕胡適則通過《述艾森豪威爾總統的兩個故事給蔣總統祝壽》一文，奉勸蔣介石努力做一個「無智，無能，無為」的「總統」，做一個無智而能「御眾智」、無能無為而「乘眾勢」的「元首」。〔註70〕徐復觀《我所瞭解的蔣總統的一面》則對蔣介石本人直接提意見。徐復觀認為，蔣介石應對「國家」的失敗負責，因為他在領導上有錯誤，而這些錯誤的來源之一則是他個人的性格。徐謂蔣的失敗是因為「堅強的意志」，其實是指蔣過於強勢，過於自信，不能虛心聽取意見，不能遵守「憲法」。因此，徐希望蔣介石能把個人的主觀意志，「解消於政治的客觀法式之中，使國家政治的運行，一循此客觀法式前進」，這樣既可減輕「個人宵旰的憂勤」，還可「培養國家千百年的基礎」。〔註71〕

雷震在《謹獻對於國防制度之意見》一文中指出，「憲法是一切權力的來源」，一切制度必須根據「憲法」來建立，國防制度自然不能例外。他列舉出「憲法」的相關規定，批評當局的國防制度多處違憲。第一，「國防組織法」草案尚未經「立法院」通過，「國防會議」就已經成立，「政府顯然是違背憲法」；第二，「總統」擔任「國防會議」主席，且有核准決議之權，而「行政院長」不過是組成人員之一，將使「行政院」變為「聽命和奉行的機關」，而「國防會議」成為「太上的行政院」，違反了「憲法」關於內閣責任制的規定；

〔註67〕雷震 1956 年 10 月 17 日日記，雷集，38：323。

〔註68〕《自由中國》半月刊，每月 1 日、16 日出版，所以該期雜誌本在 11 月 1 日出版。但這一期（第 15 卷第 9 期）是「祝壽專號」，為配合蔣介石生日，故將出版日期提前一天至蔣介石生日當天出版。

〔註69〕社論，壽總統蔣公〔J〕，自由中國，1956，15（9）。

〔註70〕胡適，述艾森豪威爾總統的兩個故事給蔣總統祝壽〔J〕，自由中國，1956，15（9）。

〔註71〕徐復觀，我所瞭解的蔣總統的一面〔J〕，自由中國，1956，15（9）。

第三，「國防會議」的任務侵犯了「行政院」的職權，「這種政治可能走上軍人政治的道路」；第四，「國防組織法」草案規定，「國防會議」下設「國家安全局」等部門，「行政院」對其不能管理，則「立法院」自然無權過問，將使內閣制變質，「立法院」名存實亡，「憲法」成爲空殼；第五；國民黨在軍中設立黨部，「使軍隊脫離了國家而成爲一黨之軍隊」，違反了「憲法」規定及議會政治、政黨政治的原則。〔註72〕

　　歸納起來，該期雜誌的主要觀點主要有以下幾點：（1）確立民主制度，實行憲政；（2）扶植有力的反對黨；（3）保障言論自由；（4）實行軍隊國家化；（5）保障司法獨立；（6）實現教育正常化；等等。〔註73〕

　　「祝壽專號」出版之後，引起了社會的強烈反響，銷路大增，再版達十一次之多，共發行三萬餘冊。人們，主要是知識分子，認爲《自由中國》能「言人之不敢言」，確爲民主自由之象徵；又能「言人之欲言」，確爲輿情之代表。〔註74〕社會的贊許和鼓勵，自然令作者和編輯倍感欣慰。於是，《自由中國》在「祝壽專號」的次期，又以《政府和輿論都應重視這一次的反應！》爲題發表社論，要求政府對各方人士所提出的意見，不要僅僅停留在「聽取」的階段，而必須對其作周詳的考慮，在審慎抉擇之後付諸實施。〔註75〕可惜，當局對他們的建言根本沒有聽取的意思，何來實施？相反，這些言論引起了當局的嚴重不滿和強烈反彈，與社會的如潮好評形成鮮明的反差。

　　「祝壽專號」出版後的一兩個月之內，幾乎所有官方控制的報刊都開始

〔註72〕雷震，謹獻對於國防制度之意見〔J〕，自由中國，1956，15（9）。《雷震全集》收錄了此文，但題目已改爲《我對當前國防制度之看法》。文後有「雷震按」：社論「係戴杜衡先生所寫，當然恭維了蔣中正幾句。後來戴杜衡看到蔣中正之倒行逆施，在《自由中國》社編輯委員會上表示懊悔，不該恭維蔣中正的，因爲值不得恭維⋯⋯這一期《自由中國》十分暢銷，出過十一版，銷了好幾萬本，蔣中正則恨之切齒。蓋我們都是針對他的缺點而直言進諫，他是聽不進去的，他要聽的是阿諛歌頌之詞。」（雷集，15：22）

〔註73〕參見林淇瀁，意識形態・媒介與權力：《自由中國》與五〇年代臺灣政治變遷之研究〔D〕，臺北：政治大學新聞學研究所博士論文，2003：174。

〔註74〕馬之驌，雷震與蔣介石〔M〕，臺北：自立晚報社，1993：232。

〔註75〕社論，政府和輿論都應重視這一次的反應！〔J〕，自由中國，1956，15（10）。該期雜誌還發表了雷震的署名文章《我們的態度》，表明《自由中國》一向秉持「對人無成見，對事有是非」的工作態度，再次強調言論自由的重要性和新聞輿論的社會責任，稱「一國政治和社會之有無進步，端視一國之有無健全輿論以爲斷」，並對當時臺灣輿論界死氣沉沉的情況提出了批評。

了對《自由中國》的「圍剿」。首先是「青年救國團」辦的《幼獅月刊》以「揭穿共匪戰術、防止思想走私」為題發表社論；接著「國防部總政治部」辦的《國魂月刊》及《青年戰士報》同時轉載這一社論；《國魂月刊》除轉載外，還有兩篇社論，矛頭直指《自由中國》，一為《清除毒素思想》，二為《事實俱在，不容詭辯》。這些文章，內容大同小異，大概可以歸納為三點：（1）誣指《自由中國》為「共匪」思想走私；（2）爭取自由民主就是破壞團結反共；（3）追求言論自由就是「不愛國、不革命、不反共」。〔註76〕國民黨一發動「圍剿」行動，一些靠津貼生存的報刊，莫不跟風，一時間形成強大的輿論攻勢，令《自由中國》幾乎招架不住。

當局的「圍剿」不止於此。12 月，由蔣經國控制的「國防部總政治部」以「周國光」的名義，發出了「極機密」的「特種指示」——《向毒素思想總攻擊！》。此文將《自由中國》定性為「企圖不良，別有用心，假借民主自由的招牌，發出反對主義、反對政府、反對本黨的歪曲濫調，以達到顛倒是非、混淆聽聞，遂行其某種政治野心的不正當目的」，並要求黨內和軍中的刊物對其加以「駁斥批判」，向《自由中國》發起圍剿行動。不過，極具諷刺意味的是，該文要求實施此項行動時，暫時不要針對《自由中國》雜誌及其主編，而是「集中力量攻擊毒素思想」，再次暴露了威權政體做賊心虛的一面。〔註77〕緊接著，該部又印發了同名的、長達 61 頁的小冊子，再次針對「祝壽專號」的言論進行駁斥、誣衊和謾罵。〔註78〕此外，作為國民黨黨報之一的《中華日報》還發表《蛇口裏的玫瑰》一文，不僅借伊索寓言的故事暗指《自由中國》給蔣介石的「祝壽專號」是「蛇口裏的玫瑰」，「無比的腥臭，也無比的惡毒」，甚至還舉出費城民眾砸報館的實例，鼓動民眾「直截了當，給這些文氓一點教訓，反能收制衡之效」。〔註79〕

面對這種情況，雷震和同事們無法保持沉默。他們在次年 1 月 16 日的《自由中國》上發表社論《我們的答辯》，對上述「指控」進行回擊，指責它們是

〔註76〕馬之驌，雷震與蔣介石〔M〕，臺北：自立晚報社，1993：232。

〔註77〕周國光，特種指示（特字第 99 號）：向毒素思想總攻擊！〔A〕，見：雷震：雷震回憶錄——「我的母親」續編〔M〕，香港：七十年代雜誌社，1978：109～111。

〔註78〕雷震回憶錄中錄有此小冊子全文，見：雷震：雷震回憶錄——「我的母親」續編〔M〕，香港：七十年代雜誌社，1978：112～145。

〔註79〕老兵，蛇口裏的玫瑰〔N〕，中華日報（臺北），1956，12（24），轉引自馬之驌，雷震與蔣介石〔M〕，臺北：自立晚報社，1993：234～235。

「含有某種計劃性的圍攻」，「超越了自由討論應守的範圍」，是「一種最爲可怖的構陷與誣衊」，並再次表明《自由中國》追求自由民主的立場與態度。馬之驌認爲該文「遣詞造句，小心謹慎，有如垂死之哀鳴」。〔註80〕此論雖有誇張之處，卻也表明了某種事實：面對鋪天蓋地的謾罵和誣衊，《自由中國》不願火上澆油，激化矛盾。

不過，從此以後，雷震和同事們也就「豁出去了」，〔註81〕每期都有對執政黨和政府的批評文字。自然的，他們就再也沒有好日子過了。除遭到多家報刊經常性的「圍剿」外，國民黨的黨報《中央日報》不再刊登《自由中國》的出版廣告，印刷業務也遭到特務的時時干擾，迫使雷震屢屢重找印刷廠。此外，當局還試圖採取多種方式對雷震進行警告威脅，分化《自由中國》內部論述群，並派出特務監視《自由中國》社的進出人員。〔註82〕

2、反蔣連任

國民黨敗退臺灣之後，繼續沿用所謂「中華民國憲法」。按照「憲法」規定，「總統」任期六年，可以連任一次。蔣介石的第二任「總統」任期將於1960年屆滿。1958年，早在蔣介石第二任期任滿兩年前，就有許多人關心他是否會三連任的問題；到1959年，這個問題則成爲一個經常性的政治話題。〔註83〕對此，贊成者有之，反對者亦有之。

對於這個問題，蔣介石本人的態度相當曖昧。1958年年底，蔣介石在一次會議中表示反對修改「憲法」。蔣的這個說法相當含混，因爲反對修憲不等於反對連任，這是兩回事，不過外界都將之視爲尊重憲法，不再連任的宣告。〔註84〕但是，《自由中國》卻對之保持高度的警惕。幾天後，該刊發表社論《欣幸中的疑慮》，一方面「對蔣總統維護憲法的熱忱，表示最高的敬意」，一方面對社會各界，尤其是政府、媒體和「國大代表」的反應感到疑慮，認爲蔣介石有必要對任期之事加以澄清。〔註85〕

〔註80〕馬之驌，雷震與蔣介石〔M〕，臺北：自立晚報社，1993：236。
〔註81〕馬之驌語，見上引書第238頁。
〔註82〕同上：180～181。
〔註83〕參見薛化元，《自由中國》與民主憲政——1950年代臺灣思想史的一個考察〔M〕，臺北：稻鄉出版社，1996：300～303。
〔註84〕林淇瀁，意識形態・媒介與權力：《自由中國》與五○年代臺灣政治變遷之研究〔D〕，臺北：政治大學新聞學研究所博士論文，2003：207～208。
〔註85〕社論，欣幸中的疑慮——關於蔣總統反對修憲的聲明〔J〕，自由中國，1959，

　　次年 5 月 18 日，蔣介石在國民黨八屆二中全會「總理紀念周」上發表談話，表示他反對修憲，同時卻對是否連任，認為只要一不使敵人感到稱心，二不使大陸億萬同胞感到失望，三不使海內外軍民感到惶惑，而且「反共復國」重任的完成有妥善安排，他決不為個人的出處考慮。他認為幾十萬軍人是他帶的，他有責任把他們帶回去。〔註 86〕

　　這樣的表示，意思其實已經很清楚了，但胡適、蔣雲田等人卻仍然相信蔣介石不會三連任。〔註 87〕雷震則對之持懷疑態度。5 月 30 日，雷震拜訪戴杜衡，希望他撰寫社論，反對蔣介石三連任。〔註 88〕6 月 1 日，《自由中國》發表了一篇來自香港的通訊，將香港地區贊成和反對蔣介石連任的問題都加以報導。〔註 89〕從文中可以看出，反對派的實力更勝一籌，因此可以反映《自由中國》對這一問題的立場。〔註 90〕緊接著，該刊發表社論《蔣總統不會作錯了決定吧？》，表達該刊既反對修憲，也反蔣介石三連任的立場，要求蔣介石基於「憲法的遵行」和「憲政根基的培養」兩個重點，「在總統任期上，以身作則，留下一個優良的憲政傳統──不連任三屆的範例」。〔註 91〕

　　可惜，蔣介石不是華盛頓。就在《自由中國》的通訊發表前後，對蔣介石表示「勸進」文章、聲明越來越多，形成了一股所謂的「連任運動」。〔註 92〕其中，具有憲法學者身份的「國大代表」張知本發表《修改憲法問題》的長文，主張增訂臨時條款，以使蔣介石得以三連任，而不受「憲法」限制。〔註 93〕緊

20（1）。該社論對社會各界的反應表現出如下疑慮：1、中央社的消息沒有提及憲法相關條款及第三任「總統」問題；2、對於蔣介石的聲明，政府與執政黨的報紙均未發表評論，也沒有轉載海外的讚美之詞；3、民辦報紙對蔣的聲明倍加讚揚，卻避談第三任「總統」問題；4、仍有部分「國大」代表主張修憲；5、各界盛傳蔣仍將連任，可能通過其他方式完成。

〔註 86〕薛化元，《自由中國》與民主憲政──1950 年代臺灣思想史的一個考察〔M〕，臺北：稻鄉出版社，1996：160。

〔註 87〕雷震 1959 年 5 月 19 日日記，雷集，40：91～92。

〔註 88〕雷震 1959 年 5 月 30 日日記，同上：99～100。

〔註 89〕方望思，海外對總統三任問題的反應〔J〕，自由中國，1959，20（11）。

〔註 90〕參見，林淇瀁，意識形態・媒介與權力：《自由中國》與五○年代臺灣政治變遷之研究〔D〕，臺北：政治大學新聞學研究所博士論文，2003：209～210。

〔註 91〕社論，蔣總統不會作錯了決定吧？〔J〕，自由中國，1959，20（12）。

〔註 92〕薛化元，《自由中國》與民主憲政──1950 年代臺灣思想史的一個考察〔M〕，臺北：稻鄉出版社，1996：161。

〔註 93〕林淇瀁，意識形態・媒介與權力：《自由中國》與五○年代臺灣政治變遷之研究〔D〕，臺北：政治大學新聞學研究所博士論文，2003：211。

接著，《中央日報》刊出陶希聖的公開講話，謂「修改臨時條款不是修改憲法」。〔註94〕由此可見，國民黨計劃通過修改臨時條款使蔣介石連任的意圖已相當明顯。

針對陶希聖的講話，《自由中國》馬上發表了一篇社論《好一個舞文弄法的謬論》，嚴厲駁斥了陶希聖的說法。社論指出，臨時條款是「憲法」的一部分，所以「增加臨時條款，或修改臨時條款，也即是修改憲法」。〔註95〕同時該刊還發表了《論臨時條款與修憲》一文，認爲「一、國民大會無權於憲法條文之外，另設憲法單行條文。二、臨時條款之設亦爲修憲」，〔註96〕不僅呼應了社論的觀點，還從法理上否認了臨時條款的合法性。

據說，該期社論發表後，在當時發揮了一些影響力，迫使當局不得不從其他方面爲蔣介石連任尋找依據。〔註97〕但是，《自由中國》並未因此停止對「連任運動」的抨擊。半個月後，該刊發表了署名「看雲樓主」的文章《曹丕怎樣在群臣勸進下稱帝的？》，講述了曹丕和袁世凱在「奴臣鼠輩」們的勸進下稱帝的故事。〔註98〕文章雖未提及蔣介石三連任的問題，但其借古諷今的意味，人們一看便知。將「英名領袖」蔣介石比作歷史上臭名昭著的曹丕和袁世凱，國民黨如何咽得下這口氣？但是它又不能公開還手，所以打算「來暗的」，雷震面臨相當危險的境地。據雷震日記記載，《曹丕》一文發表後，夏道平來信勸他「不必再登此類文章，恐他們要暗殺」，並說這話是王世杰傳

〔註94〕范泓稱，陶希聖的三公子陶恒曾對他講，其父當時之所以這樣說，實屬無奈，因爲他是《中央日報》社之董事長。這一期間，陶希聖回到家中時總是悶悶不樂。（范泓，風雨前行——雷震的一生〔M〕，桂林：廣西師範大學出版社，2004：205，注103）

〔註95〕社論，好一個舞文弄法的謬論！——所謂「修改臨時條款並不是修改憲法本身」〔J〕，自由中國，1959，21（2）。

〔註96〕宋功仁，論臨時條款與修憲〔J〕，同上。

〔註97〕雷震1959年7月18日日記：「阮毅成說我們臨時條款社論發生了效力，黨部憲法研究小組，決定以不適用，改爲決議，即在戡亂期間，憲法第四十七條停止適用，可免三任後又發生問題了。」（雷集，40：132～133）如果此說屬實，則國民黨當局不僅在考慮讓蔣介石三連任，還打算讓其做「終身總統」。

〔註98〕看雲樓主，曹丕怎樣在群臣勸進下稱帝的？〔J〕，自由中國，1959，21（3）。此文之前，《自由中國》已經發表過一篇同樣的文章——《籌安會的醜劇》（1959年，第21卷第1期，作者顧達德）；此文之後，也有一篇《洪憲帝制期間各方申討之文獻》（1960年，第22卷第4期，作者葛文侯）借袁（世凱）諷蔣的意圖相當明顯。

來的，「他知他們做法，故有此勸告，且以楊杏佛為戒」。〔註99〕

　　雷震雖然沒有被暗殺，但威權政府決不會因為幾個知識分子的反對而放棄它的決定。當局先通過「大法官釋憲」，解決了在臺「國大代表」數量不符法定人數的問題。〔註100〕接著以修改臨時條款的方式，使蔣介石的任期不受「憲法」限制，並提高「國大代表」的待遇以收買人心。在此期間，《自由中國》從未中斷對蔣介石尋求連任的系列行動的批判，先後刊發了《修憲已沒有「合法途徑」了》、《重申我們反對修憲的意見》、《敬向蔣總統作一最後忠告》、《豈容「御用」大法官濫用解釋權？》、《我們對毀憲策動者的警告》、《一個要求・一條大道——盼國民黨當局慎重考慮問題》〔註101〕等三十餘篇文章。其中，在「國大」即將「選舉總統」之前出版的兩期雜誌上就有20篇文章與此相關，超過了同期發表文章總數（37篇）的一半。〔註102〕

　　但是，無論《自由中國》發表多少篇文章，都不可能阻擋蔣介石連任「總統」。1960年3月21日，蔣介石再次以「高票」當選「總統」。對於這個結果，《自由中國》只好接受，發表社論《蔣總統如何向歷史交代？》，向蔣「鄭重地

〔註99〕　雷震1959年8月12日日記，雷集，40：143～144。又，雷震1959年10月26日日記：「陳敦甫太太來告，警備司令部某高級人員告訴陳太太說，臺灣要不把雷某去掉，他們——指當局——不能擡頭。他們擬叫已經處決而執行（原文如此，可能漏掉一「未」字——筆者注）的犯人咬我一口，又恐搞得不好，又想設法把我搞掉。不管怎樣，搞了再說，橫直我的敵人太多……晚間把此事告訴陳訪先，他說現在不會，局面不好時，可能這樣幹。」（雷集，40：181～182）

〔註100〕　根據「憲法」規定，「憲法」之修改，須「由國民大會代表總額五分之一提議，三分之二之出席，及出席代表四分之三之決議，得修改之」或「由立法院立法委員四分之一之提議，四分之三之出席，及出席委員四分之三之決議，擬定憲法修正案，提請國民大會復決。此項憲法修正案應於國民大會開會前半年公告之。」由於相當數量的「國大代表」及「立法委員」沒有隨國民黨政府遷臺，所以要達到這個要求是不可能的。不料，「大法官會議」竟於1960年2月12日作出了「憲法所稱國民代表大會代表總額，在當前情形，應以依法選出，而能召集集會之國民大會代表人數，為計算標準」的「憲法解釋」。

〔註101〕　傅正，修憲已沒有「合法途徑」了〔J〕，社論，重申我們反對修憲的意見〔J〕，社論，敬向蔣總統作一最後忠告〔J〕，社論，豈容「御用」大法官濫用解釋權？〔J〕，左舜生、張君勱等，我們對毀憲策動者的警告〔J〕，王嵐僧，一個要求・一條大道——盼國民黨當局慎重考慮問題〔J〕，自由中國，1959，21（5）、（12）；1960，22（3）、（5）、（5）、（6）。

〔註102〕　這兩期是1960年3月1日出版的第22卷第5期和3月16日出版的第6期。3月12日，國民黨提名蔣介石為總統候選人；3月21日，「國大」投票選舉「總統副總統」。

表示慶祝之意」。然而，它又於心不甘，同時向蔣介石提出忠告，希望他在第三任任期內「爲建國樹模楷，爲復國作準備」，並「以事實示天下以『無私』，以事實示天下以『無僞』」。〔註103〕知識分子對抗威權體制的努力再次以失敗告終。

薛化元在對《自由中國》作內容分析時，將「總統三連任問題」與「臨時條款」、「國大修憲」三個問題歸爲一類，共計70篇，占總數（1297篇）的5.4％。在這70篇文章中，有56篇（80％）發表於從1958年11月5日（第19卷第9期）至1960年4月16日（第22卷第8期）這段時期出版的36期雜誌上，〔註104〕密度之大，既遠遠超出了同一時期對其他問題的關注，也遠遠超出了其他時期對任何問題的關注。之所以出現這種情況，是因爲這段時期恰好是蔣介石尋求三連任的時期。針對蔣介石和國民黨的違憲行爲，《自由中國》不惜連篇累牘的爲文反對。無論當局的態度如何強硬，《自由中國》始終不願放棄自己的立場。

《自由中國》如此堅持不懈地反對蔣介石連任，筆者認爲這與雷震的憲政理念密切相關。雷震早年在日本學習憲法，接受憲政思想，成爲一個憲政主義者。回國後雷震擔任過國民政府法制局的編審和中央大學法學部教授，並在舊政協和「制憲國大」上擔任秘書長或副秘書長職務，負責與各黨派協商憲政架構問題，全程參與「憲法」的制訂過程，並由此成爲「憲法」的堅定維護者。國民黨遷臺後，多數「制憲」參與者留在了大陸，張君勱等人則滯留海外，在臺灣有權威的、而且敢於批評當局的見證人差不多只有雷震。〔註105〕他雖然知道當時的「憲法」存在某些缺陷，但他仍然對其持肯定態度。因此，他對國民黨當局置「憲法」於不顧，明目張膽地違憲、毀憲痛心疾首。對於這種行爲，雷震別無他法，只能利用他的言論陣地——《自由中國》，表達他的擔憂和憤怒。而當局之所以還讓他和他的雜誌說話，沒有像在前述的兩次事件中那樣採取嚴厲手段予以對付，筆者認爲至少有兩個原因可以解釋：第一，「憲政」是國民黨宣稱的政治原則和目標，雷震「舉著紅旗反紅旗」，當局不至於像反對自由主義那樣公開反對；第二，這次事件與蔣介石直接相

〔註103〕社論，蔣總統如何向歷史交代？〔J〕，自由中國，1960，22（7）。

〔註104〕參見薛化元，《自由中國》與民主憲政——1950年代臺灣思想史的一個考察〔M〕，臺北：稻鄉出版社，1996：179～191。其分類項目見該書第487～492頁。

〔註105〕何卓恩，「修憲」與「護憲」：1950年代前後雷震的「憲政」思想〔J〕，臺灣研究集刊，2007，1。

關,加之連任確實違憲,蔣介石自知理虧,他爲了自己的面子,不好干預太多,這跟他最開始的曖昧表態是同一個道理。

第三節 從「體制內」到「體制外」:雷震與國民黨 分道揚鑣

自由主義的理念和不畏強權的個性,使雷震在面對當局的打壓時,越戰越勇,即使是被國民黨開除黨籍也不改初衷。本節試圖將雷震的政治思想融入他與國民黨「分手」的過程,分析雷震在臺灣威權體制下扮演的政治角色。

一、對國民黨改造的異議

遷臺之初,雷震對蔣介石寄予厚望,認爲只有蔣介石能夠領導國民黨進行改革,並實現「反攻大陸」的「大業」,〔註106〕當時,雷震與蔣介石的關係極爲密切,無論私下還是公開場合,只要有人批評蔣介石的不足,雷震會當即提出解釋或答辯,以至「CC系」的中心人物劉百閔,送給雷震「新CC」的綽號,意爲他對蔣介石「效忠」的程度不亞於「CC」分子。〔註107〕雷震主導下的《自由中國》也沒有對蔣介石爲文批評,而爲了不影響「大局」,雷震還經常修改批評政府的文章,〔註108〕甚至以「擁蔣」爲由退回殷海光批評蔣介石的文章。〔註109〕這樣做,顯然是對編輯委員會和主編職權的干預,暴露出雷震對編輯制度的考慮不周,由此遭至一些非議。副主編王聿修事後曾對經理馬之驌發牢騷說雷震什麼都要管,稿子來了他還不知道,就被雷震拿去看了,因此很不高興。〔註110〕

儘管如此,並不代表雷震對蔣介石沒有意見。事實上,對於蔣介石和國民黨當局的很多做法,雷震一直都有意見。早在遷臺以前,雷震就提出要對

〔註106〕雷震1949年12月31日日記:今年在臺灣渡歲,令人甚難過,希望努力明年可克復國土,在南京過年。(雷集,31:397)雷震眞是異想天開。

〔註107〕馬之驌,雷震與蔣介石〔M〕,臺北:自立晚報社,1993:25～28。作者認爲,雷震之所以如此,是因爲他在「舊政協」擔任秘書長之後,與蔣介石建立了濃厚的感情。

〔註108〕許冠三,儆寰先生辭世十一年祭〔A〕,見:雷集,2:251～254。

〔註109〕雷震1950年6月21日日記:殷海光送一文章,針對蔣總統談話,予不贊成登載,因今日不能毀他,反共全靠他。(雷集,32:130)

〔註110〕馬之驌,雷震與蔣介石〔M〕,臺北:自立晚報社,1993:104～105。

國民黨進行改造，〔註111〕但蔣介石對其不感興趣。遷臺以後，國民黨開始實施改造，但改造方向卻與雷震的理想背道而馳。蔣介石認爲國民黨在大陸的失敗，主要原因是黨內派系林立、思想不統一，因此想將國民黨改造成集權型的政黨。雷震則認爲國民黨原來的組織形態「既未能學蘇聯之鐵幕，亦未能扶助他黨主張民主自由」，〔註112〕故主張國民黨的組織與作風，須採取民主政黨的方式。〔註113〕針對過去黨政並立在中央和地方經常造成黨政之間的不協調和衝突，雷震主張黨只管組織和宣傳，平日不過問政府的決策。但是其他參與改造設計的人多認爲過去的辦法雖有問題，卻是積習已久，無法輕易改變。隨後蔣介石看到最初的改造方案，見總則中「本黨爲民主政黨」一句，又在「民主」之前加上「革命」二字。廈門防衛戰中，蔣介石親臨視察，發表公開談話，更強調今後革命一切聽命於黨，黨有主義和領袖，政治和軍事都應由黨指揮。〔註114〕

范泓認爲，對於國民黨改造意見的不同，成爲日後雷震與蔣介石及國民黨關係破裂的一個前兆，〔註115〕張忠棟則認爲這是雷震和國民黨關係開始發生變化，乃至最後有十年牢獄之災的兩點導火索之一。〔註116〕當時，國民黨內關於如何改造有甲、乙兩種方案。甲案主張將國民黨改名，備選名稱有中國民主革命黨、中國革命民主黨、中國國民新黨等；乙案主張不改名，改變「內容」。雷震則主張不改名，但「六屆中委」要總辭職，以示對大陸失敗負全責；當局不能光喊「三民主義」，要做到政治民主與經濟平等；國民黨要吸收新人參加；等等。〔註117〕隨後，雷震在《自由中國》上發表了《以暴易暴乎？》一文，強調打敗共產黨不能只靠武力，不能一味重視組織統制，還要實現經濟平等，保障人民不虞匱乏的自由；不可用獨裁專政的方式，而必須

〔註111〕參見雷震，我對國民黨五全大會的建言〔A〕，見雷集，14：45～55。
〔註112〕雷震1950年1月8日日記，雷集，32：10～11。
〔註113〕雷震1950年1月11日日記，同上：13～14。
〔註114〕張忠棟，雷震和國民黨分手的開始〔A〕，見：張忠棟，胡適·雷震·殷海光——自由主義人物畫像〔M〕，臺北：自立晚報社，1990：72～89。
〔註115〕范泓，風雨前行——雷震的一生〔M〕，桂林：廣西師範大學出版社，2004：141。
〔註116〕張忠棟，雷震和國民黨分手的開始〔A〕，見：張忠棟，胡適·雷震·殷海光——自由主義人物畫像〔M〕，臺北：自立晚報社，1990：72～89。另一條導火索是《自由中國》的文字開始觸犯政治權勢」。
〔註117〕雷震1950年1月8日日記，雷集，32：10～11。

用民主自由的方法。〔註118〕此文隨即引發黨內批評。〔註119〕

關於改造委員的人選，雷震積極發表自己的意見。從改造一開始，雷震就主張要吸收新人參加。〔註120〕改造委員名單公佈前夕，雷震更是打電話給谷正綱，「建議總裁注意人選」。〔註121〕但是，幾天後公佈的名單卻讓雷震很失望，「竟一夜不能入眠」。〔註122〕兩天後，蔣雲田來問改造委員產生經過及其政治傾向，並詢今後中心何在。雷震則直言相告：今後重心在蔣經國。〔註123〕可見，雷震已經隱約感覺到蔣介石傳位於子的意圖。

對於國民黨堅持的所謂「三民主義」，雷震也極力反對。某日，雷震參加設計委員會會議，討論蔣介石交議的「三民主義理論體系」一事。雷震認為它完全是「一篇如過去黨八股式之文章」，「令人閱之作嘔」，故當即表示反對。雷震認為，不用再做這種理論體系工作，而要針對現實提出問題，並主張「凡不合於現代思潮之理論則棄而不用」。〔註124〕

雷震的主張最為當局反感者，在於他主張「軍隊國家化」。他認為，軍隊不能設立黨部，軍人不必入黨。因為在民主和政黨政治之下，如果國民黨可以在軍中設立黨部，其他黨派也可以滲入軍隊，這樣一來勢必大亂，所以必須使軍隊脫離國民黨黨部。此外，還要改善軍隊的政工工作，由文人擔任政工，由政治機構主持軍隊政治教育。〔註125〕對於蔣介石和國民黨來說，實行「軍隊國家化」幾乎等於讓他們自動放棄政權，自然遭到了他們的強烈反對，但雷震卻始終不肯放棄他的主張。〔註126〕

〔註118〕雷震，以暴易暴乎？〔J〕，自由中國，1950，2（4）。
〔註119〕此文收錄於《雷震全集》，文後有「雷震按：本書不僅國民黨頭目們看到後心中很不高興，時在香港的老友蔡叔厚來信勸我要小心。他說，國民黨頭目們無此雅量，不會容納這種意見。結果我坐牢十年。」（雷集，19：106）
〔註120〕雷震1950年1月30日日記，雷集：32：30。
〔註121〕雷震1950年7月23日日記，同上：150。
〔註122〕雷震1950年7月26日、27日日記，同上：153～154。名單公佈6天之後出版的《自由中國》上還發表了由他執筆的社論《為國民黨改造進一言》，認為黨務改造「成敗之關鍵，要在能否吸收新的分子加入以為斷。惟能吸收新分子，造成新生力量，發生新陳代謝作用，以為革命之中堅，則改造始有前途」。
〔註123〕雷震1950年7月28日日記，同上：154～155。
〔註124〕雷震1950年12月16日日記，雷集，32：234～235。
〔註125〕雷震1950年1月13日日記，同上：15。雷震在當天日記中還寫到：「根據連日開會經驗，吾黨自有兩種思想與見解在流露著，一者是自由與民主之思想，一者就是統制思想……」很顯然，雷震是主張前者的。
〔註126〕雷震在國民黨黨務改造會議上提出軍隊國家化時，贊成者還有蕭自誠和張其

　　1951 年年初，蔣介石約見雷震，準備派他和洪蘭友前往香港。當時，在香港有大批的流亡人士，包括軍人、政客、知識分子、資本家等，其中部分人已經開始籌組所謂的「第三勢力」。雷震一直主張，國民黨應該團結這些人，組成一個聯合陣線。但是，國民黨卻對這些人心存顧忌，表示「只能慰問，來臺則不歡迎」。〔註127〕在這種情況下，蔣介石點名要雷震出任自己的慰問使者前往香港，〔註128〕乃因雷在大陸就和民主人士多有交往，擔任舊政協秘書長時更有「各黨各派」之美譽。但蔣的目的只是派雷安撫人心，做一點表面文章，並不想建立什麼聯合陣線，與雷震的想法相去甚遠。〔註129〕赴港之前，蔣介石約見雷震，雷將其所擬的書面意見呈交蔣，逐條解釋，並謂必須先確定方針才能進行。蔣介石則大打太極，只說先去慰問，雷的書面意見則可交改造委員會小組討論，使雷震大爲失望。〔註130〕直到去港前兩日，雷震還對此耿耿於懷。〔註131〕

　　此次赴港，前後共三十天，雷震至少完成了三件任務：一、對流亡人士的慰問。以「總統府」和「行政院」開列的名單爲主，雷震與各方人士進行接觸和溝通，至少有三百人次；二、調查「第三勢力」的情況。這是國民黨最關心的一件事情，其重點在他們的經費來源是否全由美國讚助？有什麼人參加？在國民黨的高幹中何人已參加等。三、「營救」港澳各界反共人士，成立「駐港委員會」。但是，在香港時，青年黨領袖左舜生等人向雷震對國民黨

昀。以後他每次舊調重談，附和者越來越少，最後無人理會。

〔註127〕當時，雷震要到香港拜訪的人員很複雜。流亡港澳的國民黨某些高級幹部，已與美國拉上關係，正在積極籌組「第三勢力」，對這種人只能慰問，來臺則不歡迎；民、青兩黨的領袖人物，雖然公開反共擁蔣，但在政治上總想分一杯羹，所以只能敷衍，不能對他們作出承諾；至於反共的知識分子，社會青年積極想來臺灣，但又懷疑他們是「匪諜」；另外還有一些政治人物，過去在大陸受蔣所惡者，已被決定不准來臺。（馬之驌，雷震與蔣介石〔M〕，臺北：自立晚報社，1993：37）又，雷震 1951 年 1 月 24 日記記載，赴港之前，「總統府」給他提供了一份「赴港辦法」，其中列出了「不准入境者」若干人，其中有很多是雷震的老朋友，他感到很難過。（雷集，33：15）

〔註128〕這是雷震第二次赴港考察。因爲《香港時報》問題，雷震曾於 1950 年 10 月赴港兩周。在港期間，雷震於各界人士接觸，向他們說明了臺灣的各項工作，並聽取了各方對時局的意見。返臺後，雷震曾有報告與建議交與蔣介石。報告與建議全文請見《雷集全集》第 27 卷：《給蔣氏父子的建議與抗議》。

〔註129〕參見范泓，風雨前行——雷震的一生〔M〕，桂林：廣西師範大學出版社，2004：147～148。

〔註130〕雷震 1951 年 1 月 16 日日記，雷集，33：10～11。

〔註131〕雷震 1951 年 1 月 29 日日記，同上：21～22。

提了一些意見，謂他們願意到臺灣來協助政府，但國民黨必須「廢除學校之
三民主義課程及軍隊黨部二事」。他們認爲，「三民主義是國民黨的主義」，不
該列在學校的課程中，同時認爲軍隊應屬國家所有，國民黨不該黨化軍隊，
應立即撤銷軍隊黨部。〔註 132〕雷震認爲如實地彙報這些意見也是他的職責所
在，於是回臺後將這些意見也寫在了其書面報告之中。但是，考慮到國民黨
的接受能力，雷震並未將在香港的所見所聞全盤托出。〔註 133〕即使這樣，雷
震的報告提交改造委員會討論時，仍然應者寥寥。對於雷震關於「聯合陣線」
的意見，「聞者甚感驚奇」；而對改造路線，尤其是報告中所提廢除學校之三
民主義課程及軍隊黨部二事，「大家均不甚重視」。這些都讓雷震覺得「殊爲
可怕」。〔註 134〕

　　然而，事情並未到此爲止。報告提交之後，雷震見政府遲遲不採取行動，
覺得香港之行有落空之可能，於是與洪蘭友商量之後，由他起草一份意見呈
交蔣介石與陳誠。〔註 135〕可他不知道，他的報告〔註 136〕已經引起了當局的極
度反感。兩天後，雷震遇見蔣經國，後者批評前者報告中關於撤銷軍隊黨部
的意見是「最反動的思想」，還有「你們這批人，本黨不知吃了多少虧，今日
你們仍不覺悟，想來危害本黨」云云。其態度之惡劣，令做長輩的雷震「非
常難過」。〔註 137〕蔣經國之所以如此囂張，完全是因爲蔣介石當時已對雷震大
爲不滿。半個月後，蔣介石在軍隊黨部改造委員就職典禮上致詞，對雷、洪
二人轉述港方人士關於廢除軍隊黨部的建議「予以痛切申斥」，並責罵他們的
行爲「與匪諜及漢奸無異，爲一種寡廉鮮恥之行爲」。遭到蔣介石如此責罵，
雷震心情之沮喪、失望可想而知。雷震認爲，他不過是按照蔣介石的要求，
將意見如實彙報而已，沒想到卻遭責罵，「以後有意見也不敢講了」。〔註 138〕

〔註 132〕馬之驌，雷震與蔣介石〔M〕，臺北：自立晚報社，1993：49～51。

〔註 133〕雷震 1951 年 3 月 29 日記「下午六時至改造會，由予及蘭友詳細報告，有
　　　　許多話仍不能完全説出。在香港時他人對臺灣及改造會不滿意者，須分別解
　　　　釋，此次仍不能將香港所見所聞全盤托出。此項工作之苦，可想而知，惟在
　　　　改造會時，則盡量説出。」（雷集，33：59）

〔註 134〕雷震 1951 年 3 月 23 日記，雷集，33：66～67。

〔註 135〕雷震 1951 年 3 月 27 日記，雷集，33：67。

〔註 136〕雷震和洪蘭友先後提交三份報告給蔣介石和陳誠，並有建議給蔣介石，另有
　　　　分別給行政院和改造委員會的報告和建議。詳見雷集，27：23～71。

〔註 137〕雷震 1951 年 3 月 29 日記，同上：70。

〔註 138〕雷震 1951 年 4 月 16 日記，同上：81。

馬之驌認爲，雷震的報告太眞實、太坦白了，把一些「逆耳忠言」統統報告了出來，而蔣介石的胸襟又很狹隘，所以才會惱羞成怒。〔註139〕不過，從另一個方面看，撤銷軍隊黨部、廢除學校三民主義之教育也是雷震的一貫主張。所以筆者懷疑，雷震將這些意見報上去，或許帶有幾分「借刀殺人」的意圖在裏面。〔註140〕

此事之後，雷震的苦悶心情常常在日記中流露，其中有「國家至此，個人又復何言？終日心緒不寧，所憂者今後如何回大陸，回大陸如何使政治走向軌道，而且實行民主政治？個人榮辱事小，國家前途事大」之語。〔註141〕從這時起，雷、蔣二人之間的關係開始破裂，尤其是當蔣經國作爲權力核心中的重要人物浮出水面後，這位留學蘇聯十八年、深諳鬥爭哲學的少公子「無論文鬥、武鬥、快鬥、慢鬥、輕鬥、重鬥，樣樣精通」，與雷震這種具有民主憲政理念的國民黨內部自由派人士實在是水火不容。〔註142〕

二、批判威權的代價

遷臺初期的雷震，同時具有「體制內」和「體制外」兩種身份，前者主要指他擔任「國策顧問」等官方職務，後者則指他主持《自由中國》雜誌。不過，辦刊初期的《自由中國》尚帶有幾分官方的色彩。

辦雜誌就會得罪人，尤其是在威權體制下辦政論雜誌。當《自由中國》的一些言論開始引起國民黨內某些人的不滿，並有人提醒雷震「恐遭仇恨」時，雷震在日記中表明決心：「其實予今日絕不管他人如何看法，只要對目前有利，而於國家、於民族均有益之意見，無論遭何方忌諱，絕不顧一切

〔註139〕馬之驌，雷震與蔣介石〔M〕，臺北：自立晚報社，1993：57。

〔註140〕沈衛威在《無地自由——胡適傳》中提到雷震赴港考察一事時，謂海外「第三勢力」代表和青年黨頭目向雷震表示了對蔣介石的極大不滿，大罵蔣介石父子違反現行憲法的規定，在軍隊、憲兵和警察裏設立國民黨支部，指責蔣介石的這種行爲和過去的軍閥與大陸時代的國民黨一樣，企圖採用蘇聯「以黨治國」的方式，而不想依照現行憲法，實行民主政治，建設民主國家。並謂他們「極力慫恿雷震在《自由中國》上發文警告蔣家父子。」（沈衛威，無地自由——胡適傳〔M〕，合肥：安徽教育出版社，2005：388）是否眞有「慫恿」一事，筆者尚未看到相關材料，不敢斷定。

〔註141〕雷震1951年4月17日日記，同上：82。

〔註142〕范泓，風雨前行——雷震的一生〔M〕，桂林：廣西師範大學出版社，2004：152～153。

也。」〔註143〕這種為了追求真理而不懼犧牲的精神，向來都是中國知識分子的優良傳統。

隨著《自由中國》對臺灣威權政治的批評越來越頻繁、越來越激烈，雷震與國民黨當局的關係自然就越來越差、越來越遠了。1951年，因社論《政府不可誘民入罪》導致第一次言論風波之後，雷震受到了黨內警告處分，因此他不願出席改造委員會的任何會議。夏道平勸他應該照常出席會議，雷震這樣回答：「黨部方面既以決議我違反黨紀，那我在改造會有何權威可以發言，除非改造會撤銷，我將不出席也。這是關係人格問題，不可隨便勉強。」〔註144〕

隨後，雷震在《自由中國》上發表了他的一篇文章——《輿論與民主政治（一）》，再次引起蔣介石的震怒，而那時距第一次言論風波的平息還不到半個月。這篇文章本來很長，分六個部分，分別討論輿論的涵義、作用、形成、與民主政治的關係等六個問題，計劃分四期在《自由中國》連載，但因蔣介石發怒，經杭立武勸告之後只登了一期。雷文開宗明義：「要想實行民主政治，並希望所實行之民主政治能夠一天一天的發達，社會因以獲致進步，人民於以臻至康樂，政府必須重視輿論，尊重輿論，維護輿論，和進一步扶植輿論，可以說，這是倡導民主政治的人們一致的意見。為要達成這個目的，……不論是政府當局，抑民間志士，都是應該向這個方向去努力的。我們可以堅定的說：凡是沒有輿論的國家，壓根兒就不會有民主政治。」此處的「輿論」，實際上是指「健全之輿論」，因為雷震在文中認為要形成「真正的輿論」，必須具有兩個前提條件：第一，必須在允許「自由討論」、富於「寬容精神」、而有秩序的社會裏面；第二，在特定社會裏面，關於種族、宗教、階級等等問題，不能存有絕對分裂的狀態，這個社會的成員們，必須具有某種程度的「共通性」，可為思想自由之交流。〔註145〕無獨有偶，同期《自由中國》的社論題目是「言論自由的認識及其基本條件」。社論一開始就表示「言論自由是一種天賦的基本人權」，接著對「在情況非常的時候，言論自由就不能受到限制」的論調進行反駁，並強調了言論自由的兩個基本條件，即自由的環境與就事論事。社論最後宣稱「有言論自由才有健全的輿論。有健全的

〔註143〕雷震1950年4月13日日記，雷集，32：83。
〔註144〕雷震1951年11月15日日記，雷集，33：177。
〔註145〕雷震，輿論與民主政治〔J〕，自由中國，1951，5（7）。

興論才有健全的政治。」〔註146〕社論與雷文可謂相互呼應，一起向當局壓制言論和興論的行爲進行抗議。〔註147〕

文章刊出五天之後，杭立武告訴雷震，蔣介石閱後「十分震怒」，並勸告雷震，《興論與民主政治》「不要再刊登下去了，以免再引起麻煩，而有嚴重後果，……並云今日在臺灣即使犧牲雷儆寰一人，於事無補，言之聲淚俱下，十分沉痛」。雷震則向杭立武一再說明，如果他這樣的文章不能登，「今後刊物將如何辦？」，後者回答，旁人或可以寫，但雷震不能寫，因爲當局用有色眼鏡看問題，認爲雷震在「反對政府」。當晚，《自由中國》社開編輯會，便決定以後「多寫國際文章」。〔註148〕從杭立武告訴雷震的話就可以知道，蔣介石已經對雷震失去了基本的信任。而雷震也開始有意識地與蔣介石保持距離。1952 年元旦，雷震沒有參加改造會及「總統府」團拜，便是他主動疏遠蔣介石的一次具體行動。〔註149〕

在短暫的收斂之後，《自由中國》又開始不斷地對臺灣威權體制展開抨擊，言辭愈加激烈，引起了蔣介石的極度不滿，不僅免去了他的一切職務，還開除了他的黨籍。

1952 年 5 月，徐復觀的文章《「計劃教育」質疑》，指出計劃教育的三大錯誤，引起「某巨公」大怒，要求臺灣省教育廳長陳雪屏作出答覆。〔註150〕9 月，社論《對於我們教育的展望》引起軍方不滿，政治部下令禁止官兵閱讀《自由中國》，並派人將過刊撕毀，這是官方第一次以明顯的行動查禁《自由中國》，標誌著官方開始公開地限制《自由中國》，而官方與《自由中國》的摩擦也正式擺上臺面；10 月 16 日，徐復觀的《青年反共救國團的健全發展的商榷》發表後，「救國團」團長蔣經國勃然大怒並對此耿耿於懷，不久即公開誣衊雷震和徐復觀「有幫助共產黨之嫌」，蔣介石也跟著放言「《自由中國》社內部有共產黨」，蔣氏父子對雷震的戒心進一步加大。〔註151〕

〔註146〕社論，言論自由的認識及其基本條件〔J〕，自由中國，1951，5（7）。
〔註147〕參見林淇瀁，意識形態・媒介與權力：《自由中國》與五〇年代臺灣政治變遷之研究〔D〕，臺北：政治大學新聞學研究所博士論文，2003：110。
〔註148〕雷震 1951 年 10 月 16 日日記，雷集，33：171。
〔註149〕范泓，風雨前行——雷震的一生〔M〕，桂林：廣西師範大學出版社，2004：161。
〔註150〕張忠棟，離開權力核心的雷震〔A〕，見：張忠棟，胡適・雷震・殷海光——自由主義人物畫像〔M〕，臺北：自立晚報社，1990：99～124。
〔註151〕參見薛化元，《自由中國》與民主憲政——1950 年代臺灣思想史的一個考察

　　儘管如此,雷震並未退縮,反而更進一步。11 月 1 日,《自由中國》刊載了《再期望於國民黨者》的社論和雷震的文章《監察院之將來(一)》。〔註152〕社論要求國民黨必須落實其在七全大會上的宣言,而不是說說而已;雷文在談到民主社會要尊重少數意見之時,舉出「國歌」的例子,認為將國民黨黨歌作為「國歌」,是對少數(非國民黨員)的不尊重。保安司令部將此事向國民黨中央檢舉,要求審查。中央委員會第四組〔註153〕即致函雷震,對此提出嚴重警告。審查意見認為「吾黨」可以解釋為「吾人」,並無排他性;雷震的文章,在挑撥反黨情緒;而黨員有意見應在內部講,公開發表極為不妥。蔣介石看到審查意見,「赫然震怒」,下令免去雷震「國策顧問」之職。〔註154〕王世杰知道此事後,提出讓雷震辭職,「以免外面不好看」。雷震則對此持強硬態度,「認為兩文無錯誤,由他免職可也」。王一再勸說,仍然無濟於事。〔註155〕1953 年 3 月 25 日,雷震接到「總統府」人事室通知,他的「國策顧問」一職被正式免除。〔註156〕對於此事,雷震認為第四組「無理取鬧」,蔣介石「無容人之量」,〔註157〕並在徵詢編委會意見後親筆致信第四組組長沈昌煥,表現出雷震追求言論自由和獨立人格的自由主義精神。信中這樣寫到:

> 《自由中國》年來刊載文章,極其小心謹慎,凡於國事無補或
> 事實不正確者,從不登載。我們的批評也是可憐的很,我們不辦刊
> 物則已,如辦刊物,對自由中國政治上一件大事,如七全大會之召

　　　〔M〕,臺北:稻鄉出版社,1996:104～106。此段提及的三篇文章均與教育
　　　有關。《自由中國》對威權體制的批判,主題之一便是對黨化教育的批判,其
　　　中包括反對計劃教育、反對在學校進行三民主義教育、反對「青年救國團」
　　　進入學校等。詳見薛化元《〈自由中國〉與民主憲政》第 5 章第 2 節。

〔註152〕社論,再期望於國民黨者——讀了七全大會宣言以後〔J〕;雷震,監察院之
　　　將來(一)〔J〕,自由中國,1952,7(9)。

〔註153〕此「中央委員會第四組」可能是原「改造委員會第四組」在改造完成後的名
　　　稱。

〔註154〕參見張忠棟,離開權力核心的雷震〔A〕,見:張忠棟,胡適·雷震·殷海光
　　　——自由主義人物畫像〔M〕,臺北:自立晚報社,1990:99～124。

〔註155〕雷震 1953 年 3 月 19 日日記,雷集,35:46～47。根據日記記載,王世杰先
　　　是派人給雷震打電話,後來碰到雷夫人宋英女士,又「再三囑其勸我寫幾個
　　　字交與他」。

〔註156〕雷震 1953 年 3 月 25 日日記,雷集,35:50～51。

〔註157〕雷震 1953 年 3 月 24 日日記,同上:50。

集，而不爲文置評，則失去刊物之立場，如批評而不拿出良心主張，一味歌功頌德，不僅對國事無補，亦有失獨立之人格。七卷九期的社論，實在說不上是嚴厲的批評。〔註158〕

自《自由中國》的言論轉向以來，雷震與國民黨當局以及蔣介石個人的關係日益惡化。先是被免去「國策顧問」一職後，接著陸續被免除了「中央銀行」監事和「國民大會」籌備委員等職，最後被限制出境，被開除黨籍。1954年，雷震受美國政府新聞處邀請，準備赴美考察，但當局卻遲遲不予批准。雖經雷震多方努力，甚至胡適親自寫信給蔣介石和張群等人作擔保，當局依然不放行，使雷震的赴美之行化爲泡影。該年年底，《自由中國》刊登三位學生家長批評「黨化教育」的投書〔註159〕，蔣介石以「不守黨紀，影響國民黨名譽」爲由，註銷了雷震的國民黨黨籍。得知此消息後，殷海光和洪蘭友分別致信或登門拜訪，向雷震表示祝賀和鼓勵。〔註160〕而在此前後，國民黨當局就已經強化了對言論的控制，同時頻頻對黨內自由派知識分子進行整肅，遷臺初期爲顯示「開明」形象而給予要職的吳國楨、王世杰和孫立人先後捲入，或被逼走或被免職或被軟禁。〔註161〕而早在1952年年底，回臺講學的知識界領袖胡適就已經遭到了抨擊。凡此種種都顯示出，臺灣的政治空氣不再對自由派人士有利，雷震的處境必會更加危險。〔註162〕

三、從分裂走向對抗

被開除出黨之後，雷震除擔任「國大」代表外，與國民黨當局已經沒有任何關係；而「國大」代表對於雷震來說，沒有一點官方色彩。此時，《自由中國》也成長爲一份眞正的民間刊物，當局早在1953年的春天就停止了對它

〔註158〕雷震致沈昌煥，1953年3月23日，載雷集，30：151～152。
〔註159〕臺灣所稱「投書」，即爲「讀者來信」。
〔註160〕范泓，風雨前行——雷震的一生〔M〕，桂林：廣西師範大學出版社，2004：168。
〔註161〕1953年4月初，吳國楨差點被特務暗殺，吳請辭臺灣省主席，於4月中旬被批准，詳見本書第四章第三節；1953年11月17日，王世杰因「陳納德民航隊欠款」一案向蔣介石辭職，蔣不同意其辭職，以免職作爲處理；1955年，蔣氏父子爲除掉孫立人，羅織罪名，以他與前部屬郭廷亮預謀發動兵變爲由，解除了他「總統府參軍長」的職務，並軟禁於臺中。
〔註162〕參見薛化元，《自由中國》與民主憲政——1950年代臺灣思想史的一個考察〔M〕，臺北：稻鄉出版社，1996：107～113。

的補助，運轉費用全靠雷震依靠私人關係籌集。﹝註163﹞而隨著國民黨對言論和媒體的控制進一步加強，作為民間政論刊物代表的《自由中國》對國民黨的批判日益激烈。因此，我們可以說，《自由中國》是被國民黨「逼上梁山」的。如果國民黨當局能稍微多點容人的雅量，能聽得進一部分雷震和《自由中國》的逆耳之言，兩者之間的矛盾也許不會激化到如此地步。

在《自由中國》對臺灣威權當局展開批判的同時，當局也對雷震和《自由中國》進行「批判」。1955年年初，蔣介石在某次會議上公開罵雷震是「混帳王八蛋」，甚至有與會者稱其為「美國武官處的間諜」。﹝註164﹞陳誠也公開指責雷震等人是「文化流氓，文化敗類，製造矛盾，為匪張目，假借民主自由之名，投機政客，惡意攻擊政府。」﹝註165﹞即使遭到如此誣衊，雷震依然不改他的初衷，試圖通過對當局的批評促進政治的改善。面對陶百川「不該批評總統」的質疑，雷震答曰：「欲改革今日政治，必須使他能夠改，不然一切無辦法。我並非不知利害，為國家前途，必須他老人家有覺悟才有辦法。」由此可見，雷震依然將希望寄託在蔣介石一人身上，並不打算與當局對著幹，更沒有取而代之的計劃。在筆者看來，這時的雷震，依然沒有成為一個完全的自由主義者。

1955年9月16日，「孫元錦自殺事件」再次引起《自由中國》社與保安司令部的直接衝突，後者下令警察機關通知臺北市所有書攤不得發售當天出版的《自由中國》雜誌。後因多種因素之促成，加之涉案人員已被法辦，雷震作出了最大的讓步，同意改版，將雜誌推遲兩天發行。﹝註166﹞

「祝壽專號」出版之後，當局不僅對《自由中國》的言論展開圍剿，還派出特務嚴密監視。只要《自由中國》一發稿，就有特務到印刷廠要求看稿，甚至經常拿出去照相。以致印刷廠老闆感到害怕，不敢承印雜誌，直接威脅到《自由中國》的出版，迫使雷震屢屢重找印刷廠，甚至想過要自己開辦印

﹝註163﹞ 范泓，風雨前行——雷震的一生〔M〕，桂林：廣西師範大學出版社，2004：138。

﹝註164﹞ 雷震1955年1月3日日記，雷集，38：4～5。

﹝註165﹞ 雷震1955年1月12日日記，同上：12～13。

﹝註166﹞ 孫元錦是臺北毛絨廠經理，因不堪保安司令部的威逼而自殺。《自由中國》關注此案之後，當局採取了一種較為審慎的低調態度，一方面不准發行，一方面請人游說，並將涉案的保安司令部某組長拘捕法辦。關於此案及《自由中國》捲入此案詳情，請參見范泓，風雨前行——雷震的一生〔M〕，桂林：廣西師範大學出版社，2004：170～174。

刷廠，只是因經費等原因未予實施。雷震多次致信「行政院新聞局」局長沈錡，抗議《自由中國》印刷受干擾。沈錡回信，附上兩家印刷廠老闆對拒印《自由中國》的書面《答覆記錄》，稱「除印刷上之原因外，本廠停印該刊並無其他原因，更無受外力壓迫之事實。」〔註167〕當然，這不過是找藉口罷了。面對威權政府的「詢問」，又有哪個老闆敢說出實情呢？爲了《自由中國》的印刷問題，胡適也多次向黃少谷寫信，請他幫助解決。〔註168〕據林淇瀁統計，《自由中國》出刊11年，換了6次印刷廠。〔註169〕

　　儘管遭遇到這麼嚴重的困難，雷震依然無所畏懼。1957年8月1日，《自由中國》開始推出「今日的問題」系列社論，對國民黨在臺灣的威權統治展開了全方位的批判。《今日的問題》系列社論，總計15篇，在其開篇——《是什麼，就說什麼》中就表明了《自由中國》的立場和原則：

> 　　自從大陸淪陷、撤退臺灣以來，臺灣在一個巨大的藉口之下，有計劃地置於一個單一的意志和單一的勢力嚴格支配之下。這一計劃，逐年推進。到今天，臺灣社會幾乎在每一方面都已被置於嚴格的管制之下。
>
> 　　一個被嚴格控制的社會，是表面整齊壯觀而內面生機窒息萎縮的社會……這七八年來，臺灣在思想言論方面居然已弄成以官方爲「眞理的標準」之局面。官方對於民間思想言論之衡量，是以自己頒定的範疇和尺寸爲甄別的標準。凡屬合於這個標準的思想言論，便被看作是「正確的」；否則是「歪曲的」，或「有問題的」。這類思想就會受到封鎖、打擊。〔註170〕

　　這是對威權體制的無情揭露和控訴。問題是，揭露、控訴之後怎麼辦？《自由中國》的態度很明確：「近代的自由思想者是本著剛健的精神積極奮鬥才開出民主自由的花朵」，「今日之勢，不作自由人，就得爲奴隸」。這樣的態度，雖然沒有「不自由，毋寧死」那般慷慨激昂，但卻比之多了幾分積極成

〔註167〕雷震致沈錡，1957年3月14日，雷集，30：342～345。

〔註168〕《雷震全集》之《雷震秘藏書信選》錄有兩封胡適致黃少谷要求解決《自由中國》印刷問題的信件。見雷集，30：405～406。

〔註169〕林淇瀁，意識形態・媒介與權力：《自由中國》與五○年代臺灣政治變遷之研究〔D〕，臺北：政治大學新聞學研究所博士論文，2003：182。

〔註170〕社論，今日的問題（一）是什麼就說什麼（代緒論）〔J〕，自由中國，1957，17（3）。

分。自由和人權雖然是「天賦的」，但卻經常被統治者所剝奪。為了重新取得
被剝奪的自由，每一個不甘淪為奴隸的人都應該積極奮鬥。

在接下來的 14 篇社論中，《自由中國》依次對「反攻大陸」問題、軍事
問題、財政問題、經濟問題、美援運用問題、政府機構規模過大的問題、「中
央政制」、地方政制、「立法院」問題、新聞自由問題、「青年反共救國團」問
題、教育問題、政治心理與作風問題、反對黨問題進行了闡述，批評了當局
在這些問題上的不當和失誤之處，並表明了自己的觀點，提出了具體的建議。
這些文章，很自然地再次觸怒了國民黨當局，其中某些文章成為雷震日後被
捕的證據和判決理由。〔註 171〕

1959 年 5 月 18 日，有人在國民黨全會的檢討會上大罵《自由中國》，並
建議中央通令全黨黨員不要看，從經濟上拖垮《自由中國》。但有人認為，不
同意《自由中國》的，可以寫文章批駁，但不可以不看。〔註 172〕

對於蔣介石謀求三連任的企圖，雷震和《自由中國》不厭其煩地表示反
對，但依然以失敗告終。在選舉蔣介石為第三任「總統」的那次「國大」會
議上，雷震作為「國大代表」，僅出席大會兩次，未參與對修訂「臨時條款」
及選舉「正副總統」的投票，再次以他的實際行動表達了自己反對修憲、反
對蔣介石連任的立場。〔註 173〕

本章小結

雷震主持的《自由中國》，集結了一大批中國現代知識分子。他們繼承「五
四」運動的民主旗幟，在臺灣傳播自由、民主和憲政的思想，對國民黨建立
的「黨國威權體制」進行堅持不懈的批判，成為臺灣政論雜誌的一面旗幟。

《自由中國》出版發行十一年，雷震身兼社長、發行人、編輯委員、撰
稿人等多重身份於一身，〔註 174〕並常常向人約稿，親自參與校對，被稱為《自

〔註 171〕林淇瀁在其博士論文裏曾對這些社論列表進行了詳細分析，有興趣者請參閱林
　　　　淇瀁，意識形態‧媒介與權力：《自由中國》與五○年代臺灣政治變遷之研究
　　　　〔D〕，臺北：政治大學新聞學研究所博士論文，2003：表 5－1（P187～191）。
〔註 172〕雷震 1959 年 5 月 18 日日記，雷集，40：90。
〔註 173〕范泓，風雨前行──雷震的一生〔M〕，桂林：廣西師範大學出版社，2004：
　　　　196。
〔註 174〕《自由中國》創刊時，胡適掛名發行人，但實際負責人卻是雷震。1953 年 2
　　　　月，胡適正式辭去發行人職務後，雷震仍然是實際的發行人。

由中國》的「火車頭」。作爲《自由中國》的負責人，雷震做了很多具體細微的工作，更承擔了外人無法想像的各種壓力。這些壓力，主要來自威權當局的威脅，還有一些來自朋友的誤會和不解。面對這些壓力，雷震雖偶爾感到傷心、失望和不安，但卻從未因此放棄自己的信仰、原則和立場。

　　從雷震的個案我們可以看出，知識分子與威權體制在本質上是不相容的。近代以來的中國知識分子一方面繼承了古代士大夫「以天下爲己任」的政治傳統，對政治和公共事務發表意見成爲他們的責任與義務；另一方面，他們受到西方民主政治及其思想的影響，因此對國民黨在臺灣建立的威權體制深感不滿。當這種不滿借助言論表達出來的時候，威權體制自然將其視爲對自己的威脅和挑戰，兩者之間的衝突便不可避免。然而，與極權體制不一樣的是，威權體制對知識分子的不同政見採取了一種相對寬容的態度。言辭犀利的《自由中國》能在臺灣威權體制下存在達近十一年之久即是明證。第二，在與威權體制交鋒的過程中，知識分子將他們的自由思想和民主觀念傳播到全社會，對社會各界尤其是知識青年起到了很好的啓蒙作用。第三，知識分子在這一過程中表現出來的勇氣和精神，對社會影響很大。他們對自由民主的信仰，對威權體制的不屈服，更是激勵了日後參與民主運動的知識分子和其他政治積極分子。

第三章　民主力量的成長：「中國民主黨」組黨運動

　　近代以來，中國知識分子紛紛走出書齋，組織政黨，投身政治。他們參與政黨活動的目的主要有二，一是分享乃至掌握政治權力，二是改良政治，實行民主。可是，直到 1949 年，中國知識分子也沒能完全實現這兩個目標。1949 年後，國民黨在臺灣建立的「黨國威權體制」，實行「黨禁」，人民的組黨自由遭到完全剝奪。知識分子認識到，如果沒有一個強有力的反對黨，臺灣將永遠處於國民黨的獨裁統治之下，人民的人身自由和民主權利隨時都可能遭到侵犯。但是，在威權體制下，要將這一思想付諸行動，具有極大的危險性，因而對知識分子來說是一次不小的考驗。

第一節　反對黨：臺灣知識分子的民主理想

一、《自由中國》的論述

　　反對黨問題一直是臺灣知識分子關心的主要問題之一。早在《自由中國》創刊前後，雷震和許孝炎等人就計劃成立「自由中國大同盟」，推行「自由中國運動」。[註1]1949 年年底，「中華民國」常駐聯合國代表蔣廷黻等人打算組織「中國自由黨」，擬請胡適擔任黨魁。雷震則主張待蔣介石復職後，先由胡

〔註 1〕雷震 1949 年 3 月 25 日、11 月 28 日、11 月 30 日日記，雷集，31：166〜167、371〜372、372〜373。

適、蔣廷黻等人成立「中國自由黨」，然後網羅各黨各派民主人士成立「自由中國同盟」，以胡適爲領袖，宣佈支持蔣介石。〔註2〕而所謂的「中國自由黨組織綱要草案」也在次年年初的《自由中國》刊出。〔註3〕但是，無論是計劃中的「中國自由黨」，還是現實中的民社黨、青年黨，均以「反共、擁蔣」爲宗旨，所以不是「反對黨」；「自由中國同盟」則連政黨都不是，不過是一個政治團體的聯合而已。後來的實際情況是，「自由中國運動」一直沒有取得實質性的進展，所謂的「中國自由黨」也一直停留在口頭上，最後不了了之。

此後的十年間，《自由中國》不斷論及反對黨，以此爲主題的文章便達97篇之多。〔註4〕研究者一般認爲，《自由中國》對反對黨的論述，可以分爲兩個層面。其中，魏誠認爲，《自由中國》在理念上一直堅持，中國政治最大的問題是缺乏強有力的反對黨，但在現實上，各個階段的討論重點都不同，狹義的反對黨運動要到1959年以後才逐漸成形。〔註5〕而薛化元則認爲，《自由中國》對反對黨的組成方式及其功能的看法，可以分爲兩個不同的層面，其一是期望從大陸遷臺的民主自由人士出面組織，由胡適領導反對黨，這種主張很早就出現了；其二是由地方選舉所引出的反對黨主張，這要等到大約1960年地方選舉的進行，才成爲《自由中國》對反對黨的意見。〔註6〕綜合兩者的研究，筆者認爲，《自由中國》的反對黨主張可以分爲理念和實踐兩個層面。在理念上，《自由中國》一直堅持它的反對黨主張。而在實踐上，《自由中國》早期雖刊文論述反對黨的重要性，但出於實際政治的需要，它並不主張立即成立一個與國民黨相抗衡的反對黨：更準確的說，它主張的不是「反對黨」，而是「在野黨」；〔註7〕一直到1960年地方選舉前後，《自由中國》才鼓吹成

〔註2〕 雷震1949年12月3日、27日日記，同上：375～376、393～394。

〔註3〕 專載，中國自由黨組織綱要草案〔J〕；中國自由黨組織綱要草案（續完）〔J〕，自由中國，1950，2（1）、2（2）。

〔註4〕 見本書第二章之表一。

〔註5〕 魏誠，民國四十、五十年代臺灣政論雜誌的發展：自由中國半月刊內容演變與政治主張〔D〕，臺北：政治大學新聞研究所碩士論文，1984：110。

〔註6〕 薛化元，《自由中國》與民主憲政——1950年代臺灣思想史的一個考察〔M〕，臺北：稻鄉出版社，1996：348～349。薛化元的這一結論，實針對《自由中國》對實際政治的態度，而不包含該刊對反對黨理念層面的論述。

〔註7〕 一般而言，在實行資本主義民主的國家（地區）中，在野黨和反對黨都是指沒有執掌政權的政黨（政黨聯盟），與執政黨相對。其中，反對黨包含在在野黨的範疇之內。反對黨以接替政權爲目標，而其他非反對黨的在野黨則不一定如此，它的目的主要是參與政府，或監督政府。但是，嚴格意義上的反對

立一個眞正的反對黨，並因此成爲籌備中的「中國民主黨」的「機關刊物」。由於《自由中國》對組黨運動的重要貢獻，研究者一般將「『中國民主黨』組黨運動」稱爲「自由中國（組黨）事件」。〔註 8〕蘇瑞鏘則將「中國民主黨」組黨運動分爲三個階段，認爲從 1950 年開始，「中國民主黨」的組黨運動就開始進入醞釀階段。〔註 9〕

　　1950 年 4 月 1 日，雷震發表的《反對黨之自由及如何確保》一文，是《自由中國》第一篇關於反對黨的文章。文章引述陳獨秀晚年特別強調的「反對黨之自由」並加以闡述，並強調從經濟制度上加以保證。雷震此文雖然沒有明確表示多黨輪替執政，但已經談到反對黨的存在有利於人民在選舉時作出選擇。〔註 10〕四年後，《自由中國》才在社論《行憲與民主》第一次明確提到政黨輪替執政，〔註 11〕儘管它表示在野的黨派在短期內不必取代執政黨的地位。〔註 12〕

黨只出現在以英國爲代表的議會內閣制國家。在實行議會內閣制的國家中，執政黨是指在議會（如果是兩院制，則主要是下院）選舉中獲得多數席位而可以組織內閣的政黨，而反對黨則是指沒有取得多數而不能參與內閣的政黨。反對黨與執政黨在議會中競爭，謀求民衆的支持。前者批評政府（內閣）的政策，或提出可供選擇的方案來影響政府的決策。在英國，反對黨是議會下院僅次於執政黨的第二大黨，它的領袖由英王（女王）任命，因而又被稱爲「英王（女王）陛下的反對黨」、「忠誠的反對黨」。所謂「忠誠的反對黨」，意指反對黨忠誠於英國王室，也可以認爲反對黨只反對政府的政策，而不反對王室，不反對國家的根本政治制度。英國的反對黨組織「影子內閣」，隨時準備接替執政黨的執政地位。基於英國的政治實踐，反對黨被視爲隨時準備接掌國家事務的政黨。在實行總統制的國家中，執政黨是指在總統選舉中取得總統職位的政黨。但由於總統所屬的黨派不一定是議會中的多數黨（在實行兩院制的國家中，如美國，各院的多數席位也往往由不同的政黨取得），所以一般不採用「反對黨」的概念。

〔註 8〕如，蘇正沛，支配與反抗——「自由中國」事件與「美麗島」事件之比較〔D〕，高雄：中山大學中山學術研究所碩士論文，2006。

〔註 9〕蘇瑞鏘將「中國民主黨」組黨運動分爲醞釀、籌組和餘波等三個階段，其中醞釀階段約從 1950 年起，到 1960 年 5 月 18 日組黨人士正式提議組織反對黨，此階段又可分爲初期（啓蒙期）、中期（轉折期）與晚期（鼓吹期）；籌組階段從 1960 年 5 月 18 日到同年 9 月 4 日「雷震案」爆發；此後到翌年一月地方選舉結束，「中國民主黨」胎死腹中爲餘波階段。（蘇瑞鏘，「中國民主黨」組黨運動之研究〔D〕，臺北：臺灣師範大學歷史研究所碩士論文，1995：9～10）

〔註 10〕雷震，反對黨之自由及如何確保〔J〕，自由中國，1950，2（7）。詳見下文相關論述。

〔註 11〕薛化元，《自由中國》與民主憲政——1950 年代臺灣思想史的一個考察〔M〕，臺北：稻鄉出版社，1996：353。

　　很長一段時間內，雖然雷震曾在理論上表示反對黨的存在不能僅僅依靠政府的承認和寬容——他還注意到經濟社會化的重要性，但他並未主張反對人士的鬥爭。無論雷震，還是《自由中國》的其他作者，一直期望國民黨能夠扶植一個強有力的反對黨。〔註 13〕這個反對黨，雷震主張可由國民黨分化而成，或由民、青兩黨與其他民主人士聯合而成，或以新的黨派出現。〔註 14〕願望是美好的，不過這個願望對於民、青兩黨來說，未免太沉重；對蔣介石和國民黨來說，則無異於與虎謀皮。1955 年初，官方人士明確告知《自由中國》，「中國」與國民黨是一而二、二而一的，國民黨只允許「友黨」存在，不准有「反對黨」。〔註 15〕其實，任何一個生活在臺灣威權體制下的正常人都應該明白，蔣介石絕不會允許出現反對黨分享國民黨的政權。而當傅正主張由在野黨和以臺籍人士為主的無黨派人士組成反對黨時，〔註 16〕更是觸動了國民黨的底線。對於這一點，雷震倒是很清楚的。〔註 17〕

　　1957 年 2 月 1 日，《自由中國》刊登了牟力非《略論反對黨問題的癥結》一文，對於前述要求國民黨扶植反對黨的看法提出了根本性的質疑。他認為，如果將反對黨的出現寄希望於國民黨當局或蔣介石，那麼反對黨的前途「實在令人不敢樂觀；起碼使人感覺呼籲成立反對黨的要求，含有很多『求助』的成分——求助於執政黨底『施捨』。由此，作者呼籲：「在野黨欲求作為健

〔註 12〕社論，行憲與民主〔J〕，自由中國，1954，10（6）。社論指出，在野的黨派在短期內雖不必取代執政黨的地位，但可以使執政黨有所警惕，而不敢在施政上有所疏怠。

〔註 13〕1957 年的「祝壽專號」上，就有多篇文章談到這一點。比如，社論主張國民黨扶植反對黨或在國民黨內出現反對派，王師曾希望國民黨有容忍他黨活動的雅量，魏正明希望「政府拿出最大的魄力和最大的容忍來扶植一個有力的反對黨」。詳見《自由中國》「祝壽專號」（第 15 卷第 9 期，1956 年 10 月 31 日）相關文章。

〔註 14〕雷震，我們五年來工作的重點〔J〕，自由中國，1954，11（10）。

〔註 15〕雷震 1955 年 1 月 10 日日記：「據王聿修云張厲生告以四點：一、中國與國民黨是一而二，二而一。二、對國民黨有好感者，請你參加國民黨而共同工作。三、國民黨要友黨即尾巴，不准有反對黨。四、三民主義不准批評，應絕對尊奉。」（雷集，38：10～11）

〔註 16〕傅正，對本屆地方選舉的檢討〔J〕。自由中國，1957，16（9）。

〔註 17〕如，雷震 1958 年 8 月 2 日日記：「自治研究會立案，政府未准，且對他們很注意。就是反對黨之先聲。惟此組織地方色彩太重，將來可能流血。我過去勸胡先生出來領導者，就這一方面說，可以消滅臺灣和內地人之隔閡，且可減少流血。」所謂地方色彩太重，就是指參加的臺籍人士太多。（雷集，39：345～346）

康的反對黨，首須摒棄『求助』觀念，從健全自身以獲得廣大民眾的支持爲始。」〔註18〕這篇文章非常清楚的表示，反對黨的出現不應該期待國民黨的扶植，而在於民主人士的奮鬥和民眾的支持，從而成爲《自由中國》反對黨思想的一個分水嶺。〔註19〕

緊接著，《自由中國》開始刊載朱伴耘「七論反對黨」的系列文章，不斷鼓吹成立反對黨。〔註20〕作者心目中的反對黨是一個以民社黨及青年黨爲主幹並聯合其他民主人士組成的政黨，這個新黨不再僅僅充當「諍友」的角色，而是志在「取在朝黨地位而代之」的反對黨。〔註21〕雷震等人則一直希望胡適能出面領導成立反對黨，或由張君勱與其合作，合力組成反對黨。〔註22〕但這種企求胡適出面的要求，卻遭胡適拒絕。〔註23〕即使如此，雷震等人仍然對此抱有幻想，因爲他們認爲「今日除胡先生出來外，不會有團結國民黨以外的力量」。〔註24〕然而胡適始終沒有答應。〔註25〕

在國民黨一黨獨裁的威權體制下，即使是胡適出面，或其與張君勱合作，

〔註18〕牟力非，略論反對黨問題的癥結〔J〕，自由中國，1957，16（3）。

〔註19〕薛化元，臺灣自由主義思想發展的歷史考察（1949～1960）：以反對黨問題爲中心〔J〕，思與言，1996，34（3）。

〔註20〕朱伴耘「七論反對黨」系列文章以《反對黨！反對黨！反對黨！》開篇，繼以《再論反對黨》、《三論反對黨》，一直到《七論反對黨——代結論》結束，先後刊於《自由中國》第16卷第7期（1957年4月1日）、第17卷第6期（1957年9月16日）、第18卷第4期（1958年2月16日）、第18卷第9期（1958年5月1日）、第19卷第5期（1958年9月1日）、第20卷第10期（1959年5月16日）、第23卷第5期（1960年9月1日）。這些文章後來結集成冊，在臺灣出版（朱養民，七論反對黨〔M〕，臺北：前衛出版社，1992）。

〔註21〕朱伴耘，反對黨！反對黨！反對黨！〔J〕，自由中國，1957，16（7）。

〔註22〕儘管如此，雷震對這個反對黨並沒有十足的信心。據雷震1957年4月21日日記記載，他致信王紀五時說明「今日中國政治，如無有力的反對黨，不僅民主政治沒有希望，根本上無改進之可能。我們希望張君勱與胡先生合作，合力組成反對黨，則中國政治或有光明之前途，不過反對黨的希望亦不甚大。」（雷集，39：74～75）

〔註23〕雷震1957年9月12日日記，雷集，39：161；胡適致雷震，1957年8月29日，雷集，30：359～362。

〔註24〕雷震1957年10月28日日記，雷集，39：181～182。

〔註25〕傅正與薛化元認爲，將反對黨成立的希望寄託在胡適身上，是反對黨一拖再拖不能組成的關鍵之一。筆者卻不這樣認爲，因爲國民黨的專制獨裁才是反對黨不能成立的關鍵原因。即使是胡適同意出面，蔣介石也不會任其成立；而胡適不出面，雷震聯合臺籍人士組黨，結果是「雷震」案爆發，新黨胎死腹中。

還是民社黨和青年黨聯合，都不可能成功的組織一個反對黨。為什麼？因為沒有組黨的客觀條件：第一，國民黨不會同意，並會堅決阻止，而反對派沒有任何實力能與之對抗；第二，即使國民黨「良心發現」同意了，但由於國民黨擁有「中央民意代表」的絕對多數，而「中央民意機關」──主要是「立法院」──長期不改選，新黨要成為「強大的反對黨」，仍然是空中樓閣。針對第一種情況，《自由中國》雖不再期望於國民黨的扶植，但它對國民黨反對和阻撓的決心卻缺乏瞭解；針對第二種情況，《自由中國》開始討論相關對策。1957 年年底，系列社論「今日的問題」之十──《今日的立法院》，提出以「離鄉投票」的方式，由各省籍的人民分區選出「立法委員」，以進行「立法院」的全面改選。〔註 26〕而朱伴耘的《五論反對黨》，則主張增加「臺籍同胞」和「海外僑胞」的席次，全面改選「中央民意代表」。〔註 27〕從理論上說，如果全面改選真的啟動，則新黨有可能成為強有力的反對黨，甚至可能取得執政黨的地位。〔註 28〕

雷震和《自由中國》如此關注反對黨問題，主要是因為他們認為反對黨是解決當時臺灣一切問題的關鍵所在。這種思想，在 1958 年 2 月 16 日發表的社論《反對黨問題》中，便表露無疑。〔註 29〕而將反對黨問題放在系列社論「今日的問題」的最後一篇，本身就暗含有這個意思。同時，該社論還強調兩點：第一，反對黨縱不必實際掌握政權，卻必須爭取掌握政權的可能性；第二，一個強大的反對黨的存在必須經過它本身的艱苦奮鬥，而不能出於任何方面的恩賜。從希望得到國民黨的扶持，到拒絕國民黨的扶持，〔註 30〕表明雷震和《自由中國》的態度發生了根本性的變化。

即便如此，雷震和《自由中國》心目中的反對黨，一直是「中央」層次的反對黨，因為他們對臺籍人士參與組黨抱有戒心。這種戒心，主要來自對國民黨鎮壓的擔憂。國民黨作為一個「外來政權」，它在臺灣的統治缺乏民意基礎，所以它對臺籍人士的政治活動尤其敏感。直到 1960 年，隨著雷震參與

〔註 26〕社論，今日的立法院〔J〕，自由中國，1957，17（11）。
〔註 27〕朱伴耘，五論反對黨〔J〕，自由中國，1958，19（5）。
〔註 28〕薛化元，《自由中國》與民主憲政──1950 年代臺灣思想史的一個考察〔M〕，臺北：稻鄉出版社，1996：360。
〔註 29〕社論，反對黨問題（「今日的問題」之十五）〔J〕，自由中國，1958，18（4）。
〔註 30〕原文為：我們決不希望執政黨來「扶持」反對黨，一個強大的反對黨之存在，必須經由它本身之苦鬥，而不能出於任何方面的恩賜。

臺籍民主人士對選舉的檢討並逐漸演變成一場反對黨運動，《自由中國》才開始改變態度，為臺籍人士的組黨運動搖旗吶喊。這一點將在本章第二節展開論述。

綜觀《自由中國》關於反對黨的論述，可以發現它所主張的反對黨是典型的菁英政黨，這個看法始終未變。無論反對黨如何形成，由國民黨分黨也罷，由民、青兩黨聯合其他勢力也罷，甚至以臺籍人士為主組織新黨也罷，《自由中國》心目中的反對黨是由知識分子組成的菁英政黨，而不是有普通民眾參與的大眾政黨。除此以外，《自由中國》的觀點均有較大變化。其中最重要的變化有如下四點：第一，由不掌握政權的「長期在野黨」轉向掌握政權的「反對黨」；〔註31〕第二，由希望國民黨的扶植，轉向拒絕國民黨的扶植，主張依靠自身的奮鬥；第三，由理念層次轉向實踐層次，並與地方選舉相結合；由此導致第四，由大陸來臺民主人士組成的、「中央層次」的反對黨，轉向以臺籍人士為主組成的、「地方層次」的反對黨。

二、雷震的主張

在上述研究的基礎上，筆者結合研究雷震思想的已有成果，重點分析雷震寫於遷臺後被捕前關於反對黨的文字，向讀者呈現雷震政黨思想的全貌。

（一）「反對黨之自由」

《反對黨之自由及如何確保》一文，探討了民主政制下「反對黨派之自由，及如何確保此一自由」的問題，充分表達了雷震在《自由中國》前期對反對黨的思考。〔註32〕文章認為，「民主政治制度的真諦，就在允許反對黨存在這一點」。為了論證這個觀點，雷震在文章一開始就引用了陳獨秀晚年關於民主政治的理解和胡適的評論。陳獨秀晚年認為，「反對黨派之自由」是民主政治中特別重要的內容。胡適則評論這個觀點「抓住了民主政治的生死關頭」，胡認為反對黨能否存在是近代民主政治與獨裁政治的基本區別。

〔註31〕顏淑芳在其碩士論文中，將《自由中國》政黨思想的特色總結為菁英政黨、非競爭型政黨和長期在野黨三點，筆者僅同意其第一點。第二點和第三點除有重複（長期在野黨自然就是非競爭型政黨）之外，均沒點出《自由中國》政黨思想的變化。參見顏淑芳，自由中國半月刊，的政黨思想〔D〕，臺北：中國文化大學政治研究所碩士論文，1989：73～78。

〔註32〕雷震，反對黨之自由及如何確保〔J〕，自由中國，1950，2（7）。

那麼，「反對黨的自由」具體指什麼呢？雷震認爲，反對黨的自由是指「政府黨」要「允許反對黨有組織、言論和出版的自由，而與政府黨享受平等的權利，獲有同樣工作的機會」。雷震認爲，只有允許「反對黨之自由」的政治制度，才是「眞正的、貨眞價實的民主政制」。同時，雷震將反對黨理解爲「少數黨派」：民主政治制度，政府黨不僅是要承認少數黨派的存在，且要顧及少數黨派的利益，更進一步還要講究保護少數黨派的權益。

爲了論證「民主政治必須是多黨政治」的觀點，雷震舉出了三條理由：第一，民主政治採取多數決定原則，只是一種功利的辦法，並不表明多數的意見優於少數的意見。而多數決定的原則卻容易導致多數的專制，使少數的利益遭到侵犯，其心理容易產生不平衡，可能會付諸陰謀搗亂活動。如果承認「反對黨之自由」，則可以使人沒有恐懼，政治安定，不會發生革命政變情事，同時政府也不用使用大批秘密警察來防止陰謀和暴動。第二，多黨的存在使人民在選舉時有選擇的可能，使其參政權得到充分行使，從而增加對政治事務的興趣。這樣既可以達到人民監督政府的目的，防止政府的腐敗，促進政府的進步，又可以增加政府的權威，使政策更容易推行。第三，多黨之間可以互相監督，相得益彰。雷震認爲，政黨之間的關係就像三權之間的關係，需要相互制衡才不會陷於腐敗而崩潰。

雷震的上述觀點，其實都是現代政治常識，並沒有多少新穎之處。不過，在威權體制下，要說出這些常識也需要一定的勇氣才行。那麼，如何才能確保「反對黨之自由」呢？一般人習慣於從政治上分析，認爲反對黨的存在，必須有政治上或法律上的保證。雷震卻獨闢蹊徑，認爲這個問題的解決，僅僅依靠「政府黨」的承認是沒有多大用處的，而必須從經濟制度上著眼。雷震認爲，「個人要有自由，必須首先免於匱乏。假使一個人朝夕奔走衣食，他縱有自由，也是不能善用其自由」，因此，「要使國民一般具有獨立的人格，自主的氣節，必須要從經濟方面培植著手，使經濟制度可以養成這樣的品格並使其發展」。而這個問題的關鍵所在，「全視私有財產制度之是否保持，及保持的程度如何，與限制私人經濟活動範圍之廣狹以爲定。一個人如要獨善其身，必須在經濟上他有可以獨善其身的生活之道。」從這個結論出發，雷震主張經濟平等和政治民主並重，不能爲任何一方而犧牲另一方：「在經濟上沒有不虞匱乏的自由，而政治上的自由畢竟視爲少數人所享受，如政治上沒

有民主，則經濟社會化〔註33〕徒造成獨裁者的專制罷了。」推而廣之，「反對黨之自由」也需要實行「經濟社會化」。雷震最後寫到：

> 對於在維護自由與民主的原則下的經濟社會化問題，……我大體的意見，有兩個原則：第一、政府對於生產事業，應給人民相當自由，減少國營範圍。第二、生產事業機構內部，勞資間不僅要協調，並要有民主與合作的精神。換句話講，政府對於一國的生產事業，應有一套詳密的計劃，預先公佈於大眾，俾人民參加企業有所依據。生產事業除重工業及公用事業得用國營外，應獎勵人民投資經營，啟發民間企業精神，國家予以必要之指示，協助與保護，俾生產得以充分發展，國家完全應於監督之地位，而不採取直接間接過分之干預。為使負擔平均起見，對於利潤優厚之事業，應採用高稅率對策，以為社會福利之用。在生產事業內部組織，應採行民主制度合作制度，使勞資雙方均可參加生產之進行與利潤之分配。

　　既強調私人生產，又主張政府適度干預，雷震的經濟思想帶有凱恩斯經濟學的明顯特徵。作者雖然不是唯物主義者，但他對經濟與政治之間的關係，還是看得很深的。不過，除了政府的承認與經濟制度之外，雷震此時遠沒有想到要通過鬥爭獲得反對黨的生存空間。而此時的雷震還在做著蔣介石的「國策顧問」。

（二）給當局的意見與建議

　　作為一個知識菁英主導的政論雜誌，《自由中國》善於以「公開信」等方式，向當局提出各種意見或建議。擔任過幾年「國策顧問」的雷震，自然不會輕易放過「顧問」的機會，經常親自執筆寫作這類稿件。

　　1952年4月，《自由中國》發表了雷震《貢獻給立法院幾點意見》一文。文中談到，政治鬥爭在民主政治中是很正常的事情，而議會為這種鬥爭提供了場所。但是，臺灣的「立法院」裏，國民黨占絕對優勢，民、青兩黨不能作為鬥爭的對象。由於「人類為鬥爭的動物」，所以不能公開在議會裏進行鬥爭的結果就是國民黨內部「內鬨」盛行，國民黨也因此付出了沉重的代價。為了解決這個問題，雷震建議「國民黨應該培植，更進一步扶助有力量的『反對黨』（Opposition）出現，使鬥爭有對象，而目標可鮮明，以議會為鬥爭場所，

〔註33〕雷震在相同的意義上混用「經濟平等」和「經濟社會化」兩個概念。

由政策而公開競爭，如此可將過去之內閧，而變爲一致對外，國民黨本身亦必奮發圖強而日趨於有力量了。」

雷震指出，「民主政治是講『容忍』（tolerance）的政治，尤其要容許反對黨之存在。」同時，雷震將「容忍」追溯到「愛敵人」、「不殺無辜抵抗的敵人」等觀念，認爲這既是基督教文化的結晶，也是儒家文化的出發點，它與極權政治「對敵人的容忍，就是對自己的殘忍」的觀念是根本不同的。此外，雷震還以「人類本是容易犯錯誤的動物」這個命題來證明反對黨之必要。雷震認爲，「如有反對黨存在，終日以尋釁抵隙爲能事，時時以攻錯正非來威脅，儘管有多少是吹毛求疵，或惡意挑剔，但可提高政府及政府黨之警覺」。〔註34〕筆者以爲，此文能從人性和文化的高度來探討政治問題，充分顯示了雷震的思考深度和廣度。

國民黨「七全大會」召開之前，《自由中國》發表了雷震執筆的社論《對國民黨七全大會的期望》，給國民黨提了五點「期望」。其中第三點即是希望國民黨對民、青兩個「友黨」給予鼓勵和扶持。而所謂的「鼓勵」和「扶持」，雷震的意思是作爲執政黨的國民黨應該給予「友黨」平等的發展機會。「說得明白點，我黨可以做的事，也得許可他黨做；如認爲他黨不應做的事，我黨也不應該做……這非特是政治家所應有的風度，亦是做人的大道理……一個執政黨，有了有力的反對黨從旁督責，更可以策勵執政黨努力奮發。」緊接著，雷震又提出了他的第四點「期望」：希望國民黨「很快的成爲一個健全的現代民主國家的政黨」。雷震寫到，「民主國家的政黨，也和民主國家的政治一樣，是要以民主與法治爲主要的。我們很難想像，一個內部不講民主，不講法治的政黨，可以把國家的政治導向民主之路。」〔註35〕這裡，雷震不僅主張多黨民主，同時主張國民黨的黨內民主。由於這是作爲國民黨黨員和「國策顧問」的雷震代表《自由中國》給國民黨全會的建議，因此沒有詳細展開論述，語言平緩，對反對黨的角色定位也停留在「諍友」的層面。不過，如果我們將本文與雷震同期關於「軍隊國家化」的觀點聯繫起來，將會獲得更深的理解。〔註36〕

〔註34〕雷震，貢獻給立法院幾點意見（下）〔J〕，自由中國，1952，6（8）。

〔註35〕社論，對國民黨七全大會的期望〔J〕，自由中國，1952，7（7）。

〔註36〕雷震在主張軍隊國家化時談到，如果國民黨可以在軍中設立黨部，其他黨也可以這樣做，這樣勢必引起混亂。因此，他主張撤銷國民黨在軍中設立的黨部。同時，雷震還主張廢除學校的三民主義教育。

　　兩年後，已被免除「國策顧問」職務的雷震，在另外一篇社論裏再次表達了上述觀點。他認為國民黨的「統治欲」凍結了它的活力，而「今後唯一起死回生的大道，就是實行黨內民主。」雷震認為，只有實行黨內民主，才能最大限度的發揮黨員的思想和能力。同時，他引用阿克頓的名言「權力使人敗壞，絕對的權力使人絕對敗壞」〔註37〕論證到：「任何長期執政的黨，沒有合法的反對，沒有真正的諍友，都不免於敗壞的。何況長期在危疑震撼之秋執政的黨？要執政的黨免於敗壞，而日新又新，必須允許強有力的合法反對黨之存在與發展。要做到這一點，必須執政黨有實行民主的誠意。」〔註38〕由此可見，雷震此時對反對黨的定位仍然是「監督制衡」，而不是「輪替執政」。1957年8月，雷震與張佛泉談及反對黨時還表示「（反對黨）目前絕對不能執政，只要有監督力量，批評政治，使其實行民主政治，實行法治。」〔註39〕

（三）論反對黨的重要性

　　雷震希望當局扶植反對黨的局面一直沒有出現。隨著雷震與當局的關係日益惡化，雷震和《自由中國》都對國民黨失去了信心，轉而將反對黨成立寄希望於民主人士的奮鬥和人民的支持。1958年，《自由中國》的系列社論「今日的問題」，以雷震執筆的《反對黨問題》結束。社論主要論述了如下幾個問題：

　　1、反對黨的必要性與緊迫性。社論一開頭，雷震就明確宣告：反對黨問題是解決一切問題的關鍵。接下來，雷震表示，民主政治是人們的普遍要求，但「沒有健全的政黨政治不會有健全的民主，沒有強大的反對黨也不會出現健全的政黨政治」。然而，為了「團結反共」，很多人，甚至是忠心服膺民主的人士也容忍了國民黨的一黨獨裁。可是，他們漸漸發現這種想法「完全錯了」，他們「為團結反共而容忍一黨政治，這個一黨政治卻正好成了一切進步的阻礙」。為了挽回這種日益嚴重而危急的局面，必須組織一個強有力的反對黨。

　　2、組織反對黨的可能性。雷震雖然反對那種認為組織反對黨的主客觀條

〔註37〕中文世界，阿克頓這句話被引用的頻率非常之高。他的原話如下：Power tends to corruption, absolute power corrupts absolutely，這句話的正確譯法應該是：權力導致腐敗，絕對權力絕對導致腐敗。參見李澤厚，應是「絕對權力絕對導致腐敗」〔J〕，讀書，2001，（6）。

〔註38〕社論，這是國民黨反省的時候〔J〕，自由中國，1954，10（10）。

〔註39〕雷震1957年8月2日日記，雷集，39：141。

件「均嫌不足」的看法，但他也承認在當時的條件下，建立一個強大的反對黨確實是「艱苦萬分」。儘管如此，雷震還是表示「艱苦與不可能二者，畢竟是兩回事」，並極其樂觀地認爲「新黨至少可以合法的成立並合法的存在」、「反對黨成立之條件，事實上已經到了瓜熟蒂落、水到渠成的程度」。至於爲什麼沒有出現一個強大的反對黨，雷震將原因歸結爲民、青兩黨的失敗和知識分子的精神不振。

3、反對黨的輪廓。雷震想像中的反對黨，具有如下特徵：第一，不是革命政黨，而是一個忠誠於國家、忠誠於憲法的政治團體，是一般先進民主國家所謂的「忠誠的反對黨」；第二，不一定要標榜一個什麼主義，但決不是沒有自己的主張；第三，它在組織上採取「政團同盟」的方式，將獨立人士和在野黨甚至是執政黨的黨員囊括進來，同時，它不採取黨魁制，以實現最大限度的民主；第四，反對黨的迫切任務是監督政府，並不急於取得政權，但必須爭取「取得政權的可能性」，〔註40〕這便表示雷震和《自由中國》對反對黨的定位已經發生了重大改變。〔註41〕

這篇社論，既表現出中國知識分子對政治問題的樂觀與「天眞」，也充分暴露出存在於他們中間的、根深蒂固的「偏見」：他們將這個任務視爲知識分子的光榮使命，將工人和農民等社會階層排除在外。這種「偏見」早已成爲中國知識分子政治傳統中的一部分。

關於組織反對黨的「緊迫性」，雷震在參與「中國民主黨」組黨運動之後以「我們爲什麼迫切需要一個強有力的反對黨」爲題進行了充分闡述。〔註42〕

爲了論證自己的觀點，雷震從「人民主權」的原則出發。民主政治本是人民當家作主的政治，但在廣土眾民的現代民族國家裏面，人民是無法直接參與實際政治的，所以需要選舉出代表，由他們代表人民行使權力。〔註43〕由是觀之，「『選舉代表』爲民主制度中最重要的一環，而『選舉』一事則爲

〔註40〕社論，反對黨問題（「今日的問題」之十五）〔J〕，自由中國，1958，18（4）。

〔註41〕此前，朱伴耘在《反對黨！反對黨！反對黨！》一文中已提出類似觀點，但不能完全代表《自由中國》的觀點；而這次是由雷震執筆，以社論的形式發表，足以代表《自由中國》的態度。

〔註42〕雷震，我們爲什麼迫切需要一個強有力的反對黨〔J〕，自由中國，1960，22（10）。

〔註43〕人民直接行使權力並非完全不可行，如創制、復決等，就提供了這種機會。但直到今天，乃至將來，這些直接民主的形式都只能充當代議政治的補充，而不能取而代之。

實行民主政治上最基本的條件」。雷震認為，中國古代也有一些「民主政治」
或「民本政治」一類的思想，但由於沒有發明選舉這種方法，所以無法實現；
而英美等國家之所以能推行民主政治，就在於它們實行了優良的（普遍、平
等、直接、秘密的）選舉制度。接著，雷震將討論重點轉到當時的臺灣政治，
尤其批評了地方選舉中出現的各種問題，如「一人競選」、「陪選」等。之所
以出現這些問題，雷震認為最主要原因是「沒有一個強有力的反對黨存在，
可以和執政黨一決雌雄，可以與國民黨對壘抗爭」。沒有「黨爭」，國民黨勝
之不武。

　　為了改變這種情況，雷震號召「趕快的組織一個強有力的反對黨，負起
推動民主政治的艱巨責任」。只有趕緊成立一個反對黨，才能打破國民黨獨霸
選舉的局面。至於這個新黨的組成人物，雷震的觀點已經發生了很大的變化，
他的眼光不再局限於大陸來臺的知識菁英，而是擴大到包括大陸人、臺灣人
和海外僑胞在內的所有人，只要他們真正相信民主政治，相信言論自由和新
聞自由便可。這個政黨的目的，雷震早已埋下伏筆：「政黨組織的目的，不論
革命政黨也罷，民主政黨也罷，在於『推翻』現有的而已經喪失人心的政府
而奪取政權。」而且，雷震對所謂的「革命民主」——蔣介石對國民黨的定
性——是很不以為然的。

　　那麼，這個新黨能否組成呢？雷震在文中對此表現出一定的信心。他的
信心，來自「憲法」對人民享有結社自由的規定。據此，他認為人們有組織
反對黨的權利。甚至，雷震還進一步申述，為保證新黨的成長，為使中國的
政治能步入民主軌道，國民黨至少要做到如下三點：第一，退出軍隊、警察、
學校和司法機關；第二，其經費不能由國庫開支；第三，「變相的國民黨的機
構，如社會服務站，青年救國團，文化工作隊，和學校的課外活動組等等之
類的組織，一律撤銷」。然而，雷震對國民黨的信心不是很足，所以他這樣寫
到：

　　　國民黨如果執迷不悟，自私自利，不肯接受這個平等的條件而
　　必須霸佔到底，則中國的民主政治，在目前是沒有希望的了。那麼，
　　只有等待著再革命吧！再流血吧！我們目前的民主政治的運動可能
　　會失敗的。即令是失敗了，不久的將來我們一定會成功的。因為民
　　眾是站在我們這一邊的。

雷震沒想到，國民黨不但沒有接受「這個平等的條件」，就連「憲法」規

定的權利，國民黨也沒有讓他實現。該文發表四個半月後，他就被國民黨的特務逮捕了。

第二節　雷震與「中國民主黨」組黨運動

一、組黨運動始末

對於「中國民主黨」的組黨運動，學界研究不多，以此為主題的僅有幾篇論文或學位論文。〔註44〕其中，蘇瑞鏘的碩士論文是目前關於這個主題最全面、最權威的著作。〔註45〕筆者在主要參考此文的基礎上，結合相關歷史材料和研究成果，對「中國民主黨」組黨運動的過程進行了整理，茲略述如下。〔註46〕

1957年，臺灣進行第三屆地方選舉，這次選舉為雷震等大陸籍人士和臺籍政治人士提供了正式接觸和合作的機會。選前十天，臺籍政治人物在臺中舉行座談會，建議政府公正地辦理選務。選舉過程中，國民黨為保證本黨黨員順利當選，採取了諸多舞弊手法，引起很多人不滿。

4月21日，臺灣舉行第三屆縣市長及省議員選舉，李萬居、吳三連等當選省議員。5月18日，在李萬居的聯繫下，黨外人士在臺北召開了一場選舉檢討會。會上，與會者紛紛抨擊國民黨在選舉中的舞弊做法。雷震參加了這次會議，並發表了演講。會議通過決議，籌組「中國地方自治研究會」，這被很多組黨人士視為反對黨的先聲。組黨人士兩次向當局提出成立申請，均遭拒絕，引發更多不滿。許世賢等人因參加該會被國民黨開除黨籍。

此後一段時期，《自由中國》持續刊文批評國民黨的選舉舞弊，呼籲自由公正的選舉，並繼續鼓吹成立反對黨的必要性和緊迫性。雷震四處找人探尋對於反對黨的意見，臺籍人士如楊金虎也首次在《自由中國》上撰文鼓吹反對黨。〔註47〕1958年5月27日，胡適在《自由中國》社發表演講《從爭取言

〔註44〕參見本書導論之研究綜述部分。
〔註45〕蘇瑞鏘，「中國民主黨」組黨運動之研究〔D〕，臺北：臺灣師範大學歷史研究所碩士論文，1995。
〔註46〕參見蘇瑞鏘，「中國民主黨」組黨運動之研究〔D〕，臺北：臺灣師範大學歷史研究所碩士論文，1995：40～58、92～95、136～143、250～253；李筱峰，臺灣民主運動四十年〔M〕，臺北：自立晚報，1987：70～82。
〔註47〕楊金虎，倡導護憲運動〔J〕，自由中國，1958，18（2）。

論自由談到反對黨》，一改他多年的「分黨論」，提出「讓教育界、青年、知識分子出來組織一個不希望取得政權的『在野黨』」。〔註 48〕雖然是「不希望取得政權」的「在野黨」，但胡適的表態仍然讓《自由中國》和組黨人士大爲興奮，普遍對組黨運動的客觀情勢持比較樂觀的態度。

1959 年年初，「陳懷琪事件」使《自由中國》與國民黨當局的關係進一步惡化，〔註 49〕《自由中國》也更加努力地鼓吹反對黨。這一年，組黨核心人物之一的青年黨黨員、臺灣省議員李萬居在對政府的質詢中對政府扶持民、青兩黨的傳聞表示質疑，並謂「我們這個國家如果要做到名實相符的民主國家，應說准許人民自由組黨」。〔註 50〕在這一年，組黨人士的態度更加積極，認爲反對黨「是幹的問題，不是政府批准的問題」。〔註 51〕

1959 年至 1960 年初，因反對蔣介石三連任，《自由中國》對當局展開了猛烈抨擊，激起當局的強烈反彈。1960 年 3 月初，蔣介石三連任成功後，雷震和《自由中國》將注意力轉向了即將舉行的第四屆地方選舉。《自由中國》一方面以社論公開呼籲選民將票投給在野黨和無黨派候選人，〔註 52〕雷震也公開幫他們助選；另一方面則刊登很多要求公平選舉的文章。選前一個月，李萬居、吳三連、高玉樹等人召開了一次選舉座談會。雷震和青年黨領袖夏濤聲、民社黨領袖蔣雲田等都出席了這次會議。然而，在選舉結束之後，依然有很多人士對

〔註 48〕胡適，從爭取言論自由談到反對黨〔J〕，自由中國，1958，18（11）。

〔註 49〕1959 年 1 月 16 日，《自由中國》第 20 卷第 2 期刊登了署名「陳懷琪」的讀者投書《革命軍人爲何要以「狗」自居？》，敘述了作者在「三民主義講習班」受訓時，訓導主任要他們向戴笠學習，作「領袖的走狗」，並指對「祝壽專號」進行圍剿的人是亂咬人的「狗」。投書刊出後，《自由中國》收到陳懷琪的來信，稱投書並非他自己所寫，而是有人冒充，並附上一封更正函，要求下期發表。經雷震等人比對，字迹與原信字迹完全一致，因此懷疑有人在背後操縱。後來，《自由中國》雖然發表了「更正聲明」，但並未使用陳懷琪的「更正函」。後來，陳懷琪在各大報紙刊登廣告──《陳懷琪警告自由中國雜誌啓事》。數日後，雷震接到法院傳票，要他到臺北地方法院應訊，雷震按時前往。雷震認爲，原信確係陳懷琪本人所寫，只是在軍中政治部的壓力之下，出於無奈才出面否認此事並控告他的。後來，此事在胡適和王雲五等人的努力下，大事化小，小事化了。詳見范泓，風雨前行──雷震的一生〔M〕，桂林：廣西師範大學出版社，2004：188～193。

〔註 50〕臺灣省議會公報（第 2 卷第 23 期）〔R〕，1960，4（12）。轉引自蘇瑞鏘，「中國民主黨」組黨運動之研究〔D〕，臺北：臺灣師範大學歷史研究所碩士論文，1995：53。

〔註 51〕雷震 1959 年 2 月 5 日日記，雷集，40：21～22。

〔註 52〕社論，請投在野黨和無黨無派候選人一票！〔J〕，自由中國，1960，22（8）。

這次選舉的不公表示相當不滿，因而有關反對黨的聲浪大增，組黨人士的接觸也更為頻繁。4 月底，雷震和李萬居、夏濤聲等人在聚會中談到這次選舉的舞弊，並計劃約集無黨派的候選人舉行會議，並討論組織反對黨的可能性。

在 1960 年，除蔣介石三連任和選舉不公等事件外，促使組黨人士開始行動的還有發生在韓國和土耳其的政變。李承晚當選韓國總統後，通過修憲取消了對首任總統連任的限制，並採取多種手段打擊反對黨，破壞選舉的公正。在 1960 年舉行的總統選舉中，李承晚宣佈「特別戒嚴」，威脅選民，控制選舉。〔註53〕4 月 1 日，《自由中國》發表社論指出，韓國執政黨候選人（李承晚）堅持四連任是導致選舉不公的根本原因，並對「反對黨民主黨所表現的精神和風度」大加讚賞。〔註54〕4 月 19 日，韓國爆發人民起義，李承晚的獨裁政權被推翻。不久，土耳其發生學生示威和軍事政變，威權政體被推翻。〔註55〕臺灣的組黨人士雖沒有發動政變的野心和能力，但發生在韓國和土耳其的這兩起事件，無疑令他們倍受鼓舞，《自由中國》也連續發表多篇社論，希望當局能從這兩起事件中汲取教訓，實行多黨民主。〔註56〕

1960 年 5 月 18 日，組黨人士在臺北民社黨總部召開「在野黨及無黨無派人士本屆地方選舉檢討會」，與會者共 72 人。會議一開始，即推出雷震、吳三連、李萬居、楊金虎、許世賢、高玉樹和王地等七人為主席團主席。會上，與會者紛紛指責選舉的不公，並討論了組黨事宜。最後，會議通過四點決議，前三點均與選舉有關，第四點則與反對黨有關：

> 第四、即日組織地方選舉改進座談會。在座出席人員均為當然會員，各地得設分會。為了實行方便起見，由主席團推出約略三十人，擔任促進選舉改進工作。至於另組新的強大的反對黨問題，由座談會與民、青兩黨協商進行。〔註57〕

〔註53〕 參見郭定平，韓國政治轉型研究〔M〕，北京：中國社會科學出版社，2000：41～44。

〔註54〕 社論，韓國的流血選舉與反對派的榜樣〔J〕，自由中國，1960，22（7）。

〔註55〕 參見肖憲等，沉痾猛藥——土耳其的凱末爾改革〔M〕，南京：南京大學出版社，2001：174～176。

〔註56〕 社論，韓國人民的憤怒驚醒了美國政府！〔J〕；「反共」不是黑暗統治的護符！〔J〕；韓政演變的光明啟示——人類理性時代的展開〔J〕；土耳其政變的教訓——兼論反對黨的正面價值〔J〕，自由中國，1960，22（9）、（10）、（11）、（12）。

〔註57〕 在野黨及無黨無派人士舉行本屆地方選舉檢討會紀錄摘要〔J〕，自由中國，1960，22（11）。收入雷集，14：181～204。

這次座談會標誌著「中國民主黨」實際籌組的開始。不過需要注意的是，此時組黨人士尚未決定「中國民主黨」的名稱。在此前後，《自由中國》連續刊發多篇文章，爲組黨運動「造勢」。〔註58〕除《我們爲什麼迫切需要一個強有力的反對黨？》外，雷震還執筆撰寫了社論《與陳兼院長論反對黨》，對陳誠加在反對黨上面的三項限制予以反駁，並表示「行將成立的政黨，它一定是一個合法的反對黨……它是公開的，而不是秘密的；它是民主的，而不是集權的；它是和平的，而不是暴力的」。〔註59〕

6月11日，組黨人士在高玉樹的寓所召開第二次「選舉改進座談會」（以下簡稱「選改會」）主席團會議，胡適應邀參加，並鼓勵組黨人士要有信心苦幹到底。〔註60〕6月15日，「地方選舉改進座談會」對外發表聲明，決定立即籌組一個新的政黨，「務使一黨專政之局，永遠絕迹於中國」。〔註61〕

6月19日，選改會在《自由中國》社召開第三次主席團會議，確定委員46人，召集人15人。雷震表示此次會議名義上爲座談會，實際上爲新黨籌備會。6月25日，「選改會」召開第一次委員會議，推出召集人若干，並推選雷震、李萬居和高玉樹爲發言人。翌日，第一次召集人會議召開，決定了各委員會召集人人選、發言人人選以及與民、青兩黨協商的人選。至此，籌組反對黨的領導階層已大致確定。

7月19日至8月13日，「選改會」先後在臺中、嘉義、高雄及中壢四地舉行分區的巡迴座談會，試圖深入群衆、進行群衆動員。其中，高雄和中壢的會議遭到特務干預，引起衝突。

8月16日，雷震在《自由中國》上發表《駁斥黨報官報的謬論和誣衊》，對《中央日報》、《新生報》、《中華日報》等黨報官報上發表的有關詆毀、誣

〔註58〕僅在「五·一八」會議之後的三個半月內，《自由中國》就發表了有關反對黨的文章19篇。參見薛化元對《自由中國》的分類詳目（《自由中國》與民主憲政——1950年代臺灣思想史的一個考察〔M〕，臺北：稻鄉出版社，1996：454～455）。

〔註59〕社論，與陳兼院長論反對黨〔J〕，自由中國，1960，23（1）。1960年6月3日，「行政院長」陳誠在記者招待會上表示，臺灣人民有集會結社的自由，政府希望有一個強有力的反對黨出現。但是他又說，如果是落伍政客與地痞流氓，爲了私利組織反對黨；如果反對黨的目標不正確；如果反對黨違背國策，違背反共抗俄，均不許成立。雷震此文對此一一進行了駁斥。

〔註60〕參見蘇瑞鏘，「中國民主黨」組黨運動之研究〔D〕，臺北：臺灣師範大學歷史研究所碩士論文，1995：136～137；及170頁注二。

〔註61〕選舉改進座談會的聲明〔J〕，自由中國，1960，22（12）。

巇組黨運動的文章進行了反駁。其中在談到「政黨的承認問題」時表示：

> 國民黨如果不打算承認新黨，新黨也並不要求它承認，同時新黨也將不會承認國民黨的……執政黨與在野黨，政治的地位儘管不同，法律上的地位完全平等，彼此間無所謂承認問題。

> 新黨能否組成，要看當時的情勢如何……如無組黨的客觀環境，僅憑組黨諸君之熱心與努力，則新黨仍是不易產生。現在的客觀環境是產生強大新黨的適當時機，誰也阻擋不住的。〔註62〕

8月27日，「選改會」發表一份「緊急聲明」，列舉當局對組黨活動的干擾、分化與破壞，並宣佈「我們現在對於新黨的政綱、政策、黨名及黨章等都已有了初步的定案，預定在九月底以前即可宣告成立，我們敢斷定這不是任何干擾所能阻止的」。〔註63〕

8月28日，「選改會」召開召集人會議，討論了新黨的政綱、政策、黨章等事項，並決定：即日與民、青兩黨進行協商；新黨定名爲「中國民主黨」。

9月1日，《自由中國》發表殷海光執筆的社論《大江東流擋不住》，力陳新黨誕生的種種利益，並且批評了當局對社會的嚴密控制。最後，社論樂觀地認爲自由、民主、人權的潮流就像大江東流一樣，是誰也擋不住的。〔註64〕

9月4日，雷震、傅正、馬之驌及劉子英等四人被臺灣警備司令部逮捕，「雷震案」爆發。選改會計劃在臺北召開的基隆分區座談會，因此而流產。

「雷震案」的爆發，導致《自由中國》停刊，並直接影響到「中國民主黨」的籌組。但是，組黨人士仍想在強大的政治壓力下奮力一搏，他們一方面處理「雷震案」的審判問題，一方面繼續「中國民主黨」的籌備工作。9月11日，「選改會」召開第五次召集人會議，通過三點決議：第一，撤銷「選改會」，成立「中國民主黨籌備委員會」，由李萬居和高玉樹負責；第二，對警總逮捕雷震和傅正二人提出抗議；第三，宣佈組黨工作不因「雷震案」而退縮。但是，這些行動都不能挽救「中國民主黨」的命運。在國民黨當局的打壓、分化、懷柔之下，「中國民主黨」組黨運動最後以失敗而告終。〔註65〕

〔註62〕雷震，駁斥黨報官報的謬論和誣衊〔J〕，自由中國，1960，23（4）。

〔註63〕雷震、李萬居、高玉樹，選舉改進座談會緊急聲明〔J〕，自由中國，1960，23（5）。

〔註64〕社論，大江東流擋不住〔J〕，自由中國，1960，23（5）。

〔註65〕「中國民主黨」組黨運動最終失敗，直接原因顯然是威權當局的鎮壓，而其根本原因則是當時的社會經濟條件不足以產生一個強大的反對黨。彭懷恩在

　　同樣，國民黨也沒有因爲遭到海內外的一致抗議就對雷震網開一面。1960年 10 月 8 日，軍事法庭以「知匪不報」、「爲匪宣傳」兩項罪名判處雷震十年有期徒刑。直到四十二年後，民進黨政府才爲「雷案」平反。根據當時的檔案可以看出，「雷案」是威權體制對知識分子的一次構陷，是一次徹頭徹尾的政治事件，而不是所謂的「法律事件」。〔註66〕

二、對雷震參與組黨運動的評價

　　在「中國民主黨」的組黨運動過程中，雷震扮演了啓蒙者、參與者和領導者的重要角色，發揮了不可替代的作用。

　　第一，雷震主持的《自由中國》半月刊，自創刊以來就一直宣揚自由民主和政黨政治的理念，並提倡組織一個反對黨，對臺灣社會起到了較好的啓蒙作用。1957 年第三屆地方選舉後，《自由中國》呼籲反對黨的文字不斷增加，觀點和措辭愈加激烈，「中國民主黨」開始籌組後，《自由中國》更是成爲新黨的機關刊物。而雷震本人也不斷發表言論，呼籲成立一個強有力的反對黨，闡明成立新黨的必要性和緊迫性，並爲新黨與當局展開論戰，其努力和主要觀點已如上述。

　　第二，雷震在民主人士之間積極奔走，爲反對黨的成立而不辭辛勞。他經常邀請民、青兩黨人士和國民黨中志趣相同的若干人士在家中交換意見；〔註67〕他不斷敦促胡適出面組黨，在遭到胡適拒絕後仍不改初衷；而他促成張君勱與胡適合作的努力也得到了張君勱的回應，〔註68〕只是由於胡適一直不肯

　　　《臺灣政黨體系的分析》一書中寫到：「回顧五〇、六〇年代臺灣反對運動的
　　　顛僕，主要是因爲整個政治體系缺乏支撐民主棟梁的下層結構。當時的臺灣
　　　仍屬於典型農業社會，工業基礎脆弱，國民所得偏低，一般人民追求的只是
　　　生活的溫飽，無暇思及民主問題。加上中產階級爲數仍少，且多爲大陸遷臺
　　　的公教人員構成，本質上就傾向支持權威統治。本土政治菁英又爲日益沒落
　　　的士紳階級組成，土地改革後，他們已失去了權力的基礎，加上缺乏從事商
　　　業競爭的技術與知識，很容易就被社會變遷的潮流所淘汰。」（彭懷恩，臺灣
　　　政黨體系的分析（1950～1986）〔M〕，臺北：洞察出版社，1989：70）
〔註66〕參見許瑞浩，從官方檔案看統治當局處理「雷震案」的態度與決策——以國
　　　防部檔案爲中心〔A〕，陳世宏等，雷震案史料彙編：黃傑警總日記選輯〔G〕，
　　　臺北：國史館，2003：史料介紹；范泓《風雨前行——雷震的一生》第五部
　　　分「政治構陷（1960～1970）」
〔註67〕徐復觀，「死而後已」的民主鬥士——敬悼雷儆寰（震）先生〔A〕，見雷集，
　　　2：203～211。
〔註68〕同上。

出面而化爲泡影。

第三，雷震全程參與了「中國民主黨」的前期籌備工作，並成爲組黨運動的領袖。而當有人要雷震出任新黨的黨魁時，他明確表示反對，並堅持改黨魁制爲委員會制，〔註 69〕充分顯示了他的民主意識與民主作風。此外，雷震還因參與「中國民主黨」的組黨運動而被捕入獄十年，爲組黨運動付出了巨大的代價。

對雷震參與組黨的動機，有人表示了質疑。蘇瑞鏘曾引用邱毅仁和張忠棟的不同觀點提出這個問題，筆者在此稍加評論。邱毅仁在接受記者採訪時說：

> 當年雷震與本土在野人士的結合，大致脈絡應是，雷震在國民黨內失勢，也缺乏地方根基，須要結合具有獨立政經資源的本土反對力量，尋求個人政治的復出；而本土政治人物則須要得到雷震所能提供的政治舞臺，取得參與中央級政治活動的機會。此一結合的根基其實相當脆弱。〔註 70〕

對於這類質疑，張忠棟以雷震多次辭謝當局的重要職務爲例予以反駁，〔註 71〕筆者同樣不能表示同意。因爲，雷震在仕途上本來有更大的發展前途，如果他想「復出」，他主持下的《自由中國》當初就不會毫不客氣的批評國民黨當局，甚至在被開除黨籍後還跟當局「對著幹」，反對蔣介石取得三連任；如果他爲權位考慮，他也不會堅持將「中國民主黨」的領導體制由黨魁制改爲委員會制。

筆者以爲，只有從「知識分子」的概念出發，我們才能理解雷震的組黨行爲。知識分子是「意識形態的動物」，是「闡釋並守護世界意義的人」。〔註 72〕科塞說知識分子是「爲理念而生的人，不是靠理念吃飯的人」；〔註 73〕希

〔註 69〕蘇瑞鏘，「中國民主黨」組黨運動之研究〔D〕，臺北：臺灣師範大學歷史研究所碩士論文，1995：144～145。

〔註 70〕郭文彬，邱毅仁「獨排眾議」——認雷震乃基於利害與本土反對派結合〔N〕，臺北：自由時報，1990，9（17）。轉引自蘇瑞鏘，「中國民主黨」組黨運動之研究〔D〕，臺北：臺灣師範大學歷史研究所碩士論文，1995：121。

〔註 71〕張忠棟，自由主義者的艱苦寂寞〔A〕，見：張忠棟，胡適・雷震・殷海光——自由主義人物畫像〔M〕，臺北：自立晚報社，1990：自序。

〔註 72〕參見尤西林，闡釋並守護世界意義的人——人文知識分子的起源與使命〔M〕，西安：陝西人民出版社，2006。

〔註 73〕〔美〕劉易斯・科塞，理念人——一項社會學的考察〔M〕，北京：中央編譯

爾斯說知識分子的功能是「深入地培植社會中心價值體系，闡釋和發展替代性的潛在價值；引導民眾依從廣泛的象徵符號，並給他們提供參與中心價值體系的手段」；〔註74〕蕭功秦說「知識分子由於觀念的執著而比其他階層的人更具有一種道德激情，更具體地說，知識分子具有一種超越感，他總是追求一種更爲完滿的社會理想，這種理想在現實生活中也許並不能實現，但他總是以這種他所認定的理想境界爲尺度，來衡量自己所處的社會現實。這就是說，知識分子往往有一種終極關懷，有一種基於追求美好的目標而採取的道德立場」；〔註75〕……作爲一個服膺自由主義和憲政主義的知識分子，雷震對民主政治的信仰與追求，並試圖在當下實現這種理想，才是他參與組黨運動的眞實動機，也是《自由中國》堅持對威權體制進行批判的根本原因。〔註76〕

　　據傅正回憶，「五一八」會議之後，「由於《自由中國》半月刊編輯委員會有不同意見，〔註77〕而蔣雲田又有十分情緒性反應，〔註78〕使得雷先生受到相當困擾。因此，雷先生就問我的意見。我坦白表示，現在參加的人多數沒有用很嚴肅的態度思考，尤其沒有犧牲的決心，本來不十分理想。但《自由中國》鼓吹反對黨十年多，而我們自己也一向主張臺灣必須有一個強大反對黨，現在既有這樣一個機會，我們爲什麼不盡力一試？中國知識分子的最大毛病，就是只能坐而言，不能起而行，難道我們也應該這樣？這就是後來雷先生說我的激將法刺激了他」。〔註79〕「明知山有虎，偏向虎山行」，雷震不是不知道組黨可能帶來的嚴重後果，但他爲了自己所信仰的民主政治，毅

出版社，2001：前言第 2 頁。

〔註74〕〔美〕希爾斯，知識分子與當權者〔M〕，臺北：桂冠圖書股份有限公司，2004：6～7。

〔註75〕蕭功秦，20 世紀中國觀念人的崛起〔A〕，見：蕭功秦，知識分子與觀念人〔M〕，天津：天津人民出版社，2002：16～29。

〔註76〕值得一提的是，筆者在臺灣就論文主題進行訪談時，某位老師（爲尊重受訪人意見，筆者在此隱去其姓名）對本土政治人物與雷震合作的動機有同邱毅仁先生近似的看法，但他對雷震的動機卻不表示懷疑。因臺籍人士的組黨行爲不屬本書研究範圍，加之資料闕如，故不予評論。

〔註77〕當時編委會中有人擔心參與組黨會毀了《自由中國》這個雜誌，結果不幸被他們言中。

〔註78〕指雷震沒有參加蔣雲田舉行的歡迎費正清訪臺的茶會而生氣。另外，民社黨內部有人因蔣雲田參與組黨而向該黨中央監察委員會檢舉，認爲他違反黨紀，使他後來退出了組黨運動。

〔註79〕雷震 1960 年 5 月 20 日日記〔傅正注〕，雷集，40：311～313。

然選擇了組黨這一條路。

第三節 「中國民主黨」組黨運動與臺灣政治轉型

一、民主運動與民主力量的成長

統治集團的根本目的是繼續維持它的統治。如果沒有民主力量的挑戰，任何威權政府都樂於維持原有的威權體制，甚至可能對社會實行更加嚴密的控制。總之，威權政府不希望威權體制發生任何可能動搖其統治地位的改變。因此，任何一個國家或地區的威權體制要實現民主化的政治轉型，都不能離開民主力量的成長這個重要條件。根據發生學的觀點，政治轉型是威權體制中的各種政治行爲者，尤其是政治菁英集團相互鬥爭與妥協的結果。〔註 80〕如果我們將威權體制下的政治力量簡化爲威權勢力、民主力量和中間力量三個部分，則可將政治轉型視爲威權勢力與民主力量二者之間相互鬥爭與妥協的結果。而持中間立場或政治冷漠的「中間力量」，因爲沒有直接參與這個過程，可以不予考慮。

但是，不同的威權體制會面臨不同的民主力量的挑戰。民主力量可能來自「體制外」，如各種形式的反對派；可能來自「體制內」，如統治集團中的民主派或溫和派；甚至可能來自外國政府或國際組織的直接干預。但是，對於在「第三波」中實現民主化的國家或地區來說，民主力量主要是來自「體制外」的各種反對派。在這些民主力量的挑戰和推動下，威權政府不得不作出某種選擇，要麼主動改革，實現「和平轉型」，如印度、土耳其和臺灣地區等；要麼頑抗到底，直到被反對派推翻，如葡萄牙、阿根廷和菲律賓等；要麼與反對派進行談判，採取某種形式的一致行動，如韓國、蒙古和烏拉圭等。這三種方式，被亨廷頓分別稱爲變革（transformation）、置換（replacement）和移轉（transplacement）。〔註 81〕

〔註80〕 參見本書導論相關論述。

〔註81〕 亨廷頓認爲，當執政的菁英領頭實現民主時，就出現「變革」；當反對派團體領頭實現民主時，而且威權政權垮臺或被推翻時，就出現「置換」；當政府和反對派採取聯合的行動而實現時，便出現所謂的「移轉」。〔美〕塞繆爾・亨廷頓，第三波——20世紀後期民主化浪潮〔M〕，上海：上海三聯書店，1998：141～142。

在所有實現「第三波」民主化的國家和地區中，臺灣無疑是實現「和平轉型」的典型。從上世紀七十年代開始，臺灣地區領導人蔣經國就採取了一系列的開明措施。1972 年，開始獨掌大權的蔣經國起用臺籍人士謝東閔，讓其擔任臺灣省主席，並通過各種渠道拔擢了一大批臺籍人士，使「中央」和省政府機關的省籍比例發生了根本性的變化，逐步實現了人事布局的「本土化」。從 1972 年到 1987 年，臺灣舉行了四次「立法委員」和兩次「國大代表」、「監察委員」的增額選舉，選出的絕大多數都是臺籍人士。同時，蔣經國一改原來主持特務系統時的強硬作風，多次強調民主政治的重要性，實行所謂的「政治革新」，比如開放「中央民代」的增額選舉，擴大民意機構中非國民黨員的比例，整治特務系統等。通過這一系列的開明措施，臺灣民眾享有的自由度逐漸加大，國民黨的威權體制也發生了某種程度的轉變，以至於有學者用「柔性威權體制（Soft Authoritarianism）」這一術語來區別蔣介石主政時的「剛性威權體制（Hard Authoritarianism）」。〔註 82〕在蔣經國當政後期，他採取了更加開放的態度，直接推動了臺灣的政治轉型。

但是，這並非歷史的全部。回顧臺灣政治轉型的全過程，除了統治當局和蔣經國的改革措施外，我們還看到了風起雲湧的反對運動。這些反對運動的形式多種多樣，有《自由中國》、《大學》雜誌這類媒體對威權體制的批判與抗議；有以爭取政治權力為目的的組黨運動，如「中國民主黨」、「民主進步黨」的組黨運動等；還有以爭取權益或要求政府改變政策為目的的婦女運動，環境運動，原住民運動，等等。這些反對運動既催生了一個市民社會，本身又是這個市民社會的一部分。如果說沒有市民社會就沒有臺灣的民主轉型，〔註 83〕則同樣可以說，沒有反對運動就沒有臺灣的民主轉型。

在各種形式的反對運動中，有一些運動對威權體制構成了最直接的威脅，因而對臺灣政治轉型的貢獻很大。這些運動以民主為旗幟和依歸，我們可以將其稱為「民主運動」。因為它們在政治上都反對國民黨的威權統治，所以又被稱為「政治反對運動」。臺灣光復後，一共發生了四波民主運動：一是

〔註 82〕Edwin A. Winkler, Institutionalization and Participation on Taiwan: From Hard to Soft Authoritarianism. *The China Quarterly*, No.99（Sep., 1984），pp.481～499。

〔註 83〕Yun Fan, Taiwan:No society, No democracy, In: Muthiah Alagappa ed., *Civil Society and Political Change in Asia*, Stanford: Stanford University Press, 2004：164～190。

戰後初期「二二八」事件中的政治改革要求；二是一九五○年代《自由中國》雜誌及其與臺灣本土政治人物結合醞釀而出的「中國民主黨」組黨運動；三是一九六○年代初期《文星》雜誌的啓蒙，及一九七○年代初期《大學》雜誌知識分子所掀起的政治改革運動；四是一九七○年代初期開始懷胎、成長的黨外運動，以至民主進步黨的建黨。〔註84〕

通過這一波又一波的民主運動，臺灣的民主力量越來越強，威權當局對其進行壓制的成本逐漸超過容忍的成本，〔註85〕因而不得不採取「政治革新」以至「全面革新」的政策。在威權勢力與民主力量的鬥爭與妥協下，〔註86〕臺灣最終實現了從威權體制向民主體制的政治轉型。

二、「中國民主黨」組黨運動的意義

「中國民主黨」組黨運動雖以失敗而告終，但它拉開了臺灣組黨運動的序幕，對日後臺灣的民主運動起到了很好的示範作用，並因此影響到臺灣威權體制向民主體制的轉型。

在政治主張方面，它提出的反對黨主張，比「二二八」事件中的政治改革要求〔註87〕要深刻得多。其中，《自由中國》雜誌扮演了極其重要的角色，它的自由民主言論，既催生了「中國民主黨」組黨運動，又爲日後的民主運動提供了思想資源。《自由中國》所宣揚的自由、民主、憲政思想，深深影響了臺灣一代知識分子，引導著下一代青年加入政治反對運動。許多七八十年代反對運動的領袖人物，如張俊宏、康寧祥、林正傑等人都曾深受《自由中國》的影響。〔註88〕《自由中國》提出的政治主張，成爲臺灣日後民主運動的重要主張，甚至直到現在，這些主張也沒有過時。政治轉型後的臺灣，開始進入民主鞏固的階段，如果它要成爲一個成熟的民主社會，就無法繞開《自

〔註84〕李筱峰，臺灣民主運動四十年〔M〕，臺北：自立晚報，1987：16～17。
〔註85〕達爾在《多頭政體》中提出了一個著名的「原理」：壓制反對派的代價超出寬容的代價越多，競爭性政體的機會就越大。參見〔美〕羅伯特·達爾，多頭政體——參與和反對〔M〕，北京：商務印書館，2003：25～27。
〔註86〕這個過程，孫代堯稱之爲國民黨與反對勢力的「策略互動」。參見孫代堯，臺灣威權體制及其轉型研究〔M〕，北京：中國社會科學出版社，2003：216～223。
〔註87〕參見本書第一章第三節。
〔註88〕黃煌智，反對運動對政治文化轉型影響之研究：以臺灣1950～1990爲例〔J〕，政治學報（臺灣），2005，（4）。

由中國》在幾十年前提出的那些政治議題。

　　在政治運動方面，它開創了「辦刊＋組黨」的民主運動模式，為以後的民主運動起到了很好的示範作用。在《自由中國》的影響下，臺灣先後出現了《文星》、《大學》、《臺灣政論》、《八十年代》、《美麗島》等政論雜誌。這些雜誌與《自由中國》一樣，宣揚自由民主的理念，對國民黨的威權統治展開批判，要求政治改革。而每一本雜誌幾乎都伴隨著一場政治運動：《大學》雜誌分裂後，其成員張俊宏、許信良轉入實際政治活動，與地方政治人物結合；《臺灣政論》遭停刊後，其主辦者黃信介、康寧祥、張俊宏等人組成「臺灣黨外人士助選團」，到各地巡迴助選；《美麗島》雜誌更是以政團的形式活動，以至引發「美麗島事件」，其激進派領導人黃信介、施明德、陳菊、呂秀蓮等人紛紛入獄，而代表議會路線的溫和派領導人康寧祥成為黨外運動的領導人。康寧祥結合溫和形象的反對菁英、「美麗島」審判的律師和政治犯的家屬，投入 1980 年的「大選」，多人當選「立法委員」或「監察委員」。經過多次選舉和各派勢力的融合，「民主進步黨」終於在 1986 年得以成立，成為臺灣政治體制中第一個反對黨，國民黨一黨獨裁的威權體制終於被打破。從這些民主運動中我們可以看到，「中國民主黨」組黨運動中黨外人士通過選舉逐漸凝聚的過程，對它們具有相當的啟示作用。〔註89〕

　　在政治傳承方面，雷震等《自由中國》的知識分子繼承了「五四」運動的精神，並將這種精神傳到臺灣，因而起到了承上啟下的作用。雷震等人不畏強權，追求民主的勇氣和精神鼓舞了許許多多的青年知識分子，成為民主人士學習的榜樣。而「中國民主黨」組黨運動的參與者傅正、何春木、黃玉嬌等人，日後也參加了「民主進步黨」的籌組。此外，「中國民主黨」的參與者郭雨新、許世賢、吳三連、余登發等人，分別在宜蘭、嘉義、臺南和高雄等地，開創出綿延不絕的反對勢力。〔註90〕

　　「中國民主黨」組黨運動發生時，臺灣當局的「政治革新」還遠未開始，

〔註89〕參見呂怡蓉，《自由中國》雜誌與臺灣黨外運動發展之研究〔D〕，第六章：「《自由中國》對黨外運動的影響」，臺北：臺灣師範大學政治學研究所碩士論文，2006；蘇正沛，支配與反抗──「自由中國」事件與「美麗島」事件之比較〔D〕，第四章：「民主化的契因（兩事件的比較）」，高雄：中山大學中山學術研究所碩士論文，2006。

〔註90〕蘇瑞鏘，戰後臺灣組黨運動的濫觴──「中國民主黨」組黨運動〔M〕，臺北：稻鄉出版社，2005：250～251。

但從上面的分析我們可以看出，它對臺灣民主運動的影響是極其深遠的。而它對臺灣政治轉型的重要意義，則是通過它對民主運動的這種影響力來體現的。

本章小結

在臺灣要實行民主政治，就要建立一個強有力的反對黨，逐漸成爲在台知識分子的共識。但是，在威權體制下，將這一理想付諸實施，不是一件容易的事情。《自由中國》的主持者雷震，一直主張臺灣有組織反對黨的自由，並多次爲文闡述這一觀點。隨著他與當局的關係不斷惡化，尤其是 1960 年地方選舉後他參加本土政治人物對選舉的檢討，促使他從清談轉向行動，開始投身「中國民主黨」的組黨運動，並成爲運動的主要領導人。因此，雷震成爲統治當局的「眼中釘，肉中刺」，急欲除之而後快。就在「中國民主黨」即將宣佈成立前不久，雷震被當局以莫須有的罪名逮捕入獄，判處十年徒刑。《自由中國》旋即停刊，「中國民主黨」因此胎死腹中。

儘管如此，雷震主持的《自由中國》在臺灣播下了自由民主的種子，影響了無數的臺灣民眾；雷震參與並領導的「中國民主黨」組黨運動，開創了「辦刊＋組黨」的運動模式，爲後來的民主運動樹立了典範，促進了政治轉型在臺灣的實現；雷震的精神更是鼓舞了眾多的後來者，雷震因此成爲臺灣民主進程中的一座燈塔。

作爲一個服膺自由主義和憲政主義的知識分子，雷震對民主政治的信仰與追求，並試圖在當下實現這種理想，是他參與組黨運動的眞實動機，也是《自由中國》堅持對威權體制進行批判的根本原因。而威權體制的本質決定了它不能容忍包括知識分子在內的任何人染指政權，與其分享權力。知識分子與臺灣威權體制的第一輪較量，以後者的勝利、前者的失敗而告終。「莫謂書生空議論，頭顱擲處血斑斑」，〔註91〕雷震以自己的行動再次證明了中國知識分子具有的政治傳統，充分體現了中國知識分子的濟世情懷和公共精神。

〔註91〕鄧拓，歌唱太湖（七律）：東林講學鄉迷山，事事關心天地間。莫謂書生空議論，頭顱擲處血斑斑。

第四章　臺灣威權體制下的知識分子之比較

個案研究雖然有以小見大的優點，但也存在失於片面的不足。爲了彌補這個不足，筆者計劃選取幾位知識分子與雷震作一比較研究，以便更全面地瞭解臺灣威權體制下的知識分子。

第一節　雷震、胡適、殷海光與吳國楨之比較

臺灣威權體制下的知識分子很多，比較研究的對象選擇自然不是一個隨便的問題。仔細考慮之後，筆者決定選取胡適、殷海光和吳國楨〔註1〕三人作

〔註1〕吳國楨（1903～1984），字峙之，又字維周，湖北建始人。1914年入天津南開中學求學，1917年轉入北京清華學校留美預備班，1921年赴美留學，1926年以論文《中國古代政治理論》（*Ancient Chinese Political Theories*, Shanghai: The Commercial Press, 1928）獲普林斯頓大學政治學系哲學博士學位。博士畢業後，吳國楨回國，不久即加入中國國民黨，歷任外交部江蘇交涉員公署秘書兼交際科科長、漢口市煙酒事務局局長、土地局局長、財政局局長、湖北省財政廳廳長、財政部江西榷運局局長、漢口市市長、重慶市市長、外交部政務次長、上海市市長等職。1949年3月，吳辭去上海市長一職，舉家遷往臺灣。1949年12月，吳國楨出任臺灣省政府主席兼保安司令，次年3月兼「行政院」政務委員，8月又任國民黨中央評議委員。1952年10月，吳國楨在國民黨「七大」上當選爲中央執行委員會委員、常委會委員。主政臺灣期間，吳國楨政績突出，但因其迷戀民主政治，與蔣氏父子發生衝突，遂於1953年4月辭去「臺灣省政府」主席一職，旋即請假赴美。1954年，「吳國楨事件」爆發，吳氏被國民黨解除政務委員和中常委等職，並被開除黨籍。吳國楨與臺灣當局決裂後，先是住在芝加哥附近的埃文斯頓（Evanston），靠撰稿和演講爲生。1965年遷居佐治亞州的薩凡納（Savannah），並應聘爲州立阿姆斯特朗大學（Armstrong State College）東方歷史和哲學教授，直至1974年退休。1982年，吳國楨出版英文著作《先聖遺緒》（*The Chinese Heritage*，又譯《中

爲比較研究的對象。之所以選取他們而不是其他人，主要是考慮到比較研究的可行性：第一，大陸學界關於胡適和殷海光已有較多的研究，資料翔實；對吳國楨的研究雖然相對較少，但已有關於吳國楨的傳記和口述史問世，並有少量研究論文發表，爲比較研究提供了重要參考。第二，胡適、殷海光、吳國楨和雷震都是臺灣威權體制下的著名知識分子，都在二十世紀五十年代的臺灣政治生活中扮演過重要角色；他們都與雷震熟識，胡適、殷海光曾與雷震共事於《自由中國》，而吳國楨執掌臺灣省政府期間也處理過《自由中國》的事情。這樣我們在做比較研究的時候就可以排除時代背景和政治環境的影響。當然，被排除的僅是宏觀的背景，而微觀的環境仍然是需要注意的問題。第三，雷、胡、殷、吳等四人還具有很多的相似點和不同點，〔註2〕比較研究的價值很大。

表三：雷震、胡適、殷海光與吳國楨的基本情況

人物 項目	雷震	胡適	殷海光	吳國楨
年齡（1949年）	52歲	58歲	30歲	46歲
教育背景	日本京都帝國大學政治系畢業；研究院肄業	美國哥倫比亞大學哲學博士	西南聯大哲學系；清華大學哲學研究所畢業	美國普林斯頓大學政治學博士
大陸經歷	舊政協秘書長；「制憲國大」代表兼副秘書長	北京大學教授；北京大學校長；駐美大使	《中央日報》主筆	湖北財政廳長；漢口市長；重慶市長；上海市長

國的傳統》，北京：東方出版社，2000）。1984年6月6日，吳國楨去世，享年81歲。吳氏的重要著作還有：《永定巷》（*The Lane of Eternal Stability*, New York: Crown, 1962）和《美國爲什麼不能很好地理解亞洲事務》（*Why is America not Better Informed on Asia Affairs*, Savannah, GA: 1968）等。（參見馬軍，吳國楨簡歷〔A〕，見：〔美〕裴斐、韋慕庭，從上海市長到「臺灣省主席」（1946～1953年）——吳國楨口述回憶〔M〕，上海：上海人民出版社，1999）

〔註2〕「世界上沒有兩片完全相同的樹葉」，人與人也是這樣。因此，所謂的「相同」或「不同」，其實是根據區別的程度來決定的。區別越寬泛則相同點越多，區別越細微則不同點越多。而所謂「相似」，其實本身就帶有「同中有異，異中有同」的涵義。以雷震、胡適、殷海光和吳國楨四人的思想爲例，他們都可以歸入到「開明派」或「自由派」而不是「保守派」之列。但是，如果再稍作區分，我們就可以看出其中的不同。

項目＼人物	雷震	胡適	殷海光	吳國楨
臺灣經歷	「國策顧問」；《自由中國》負責人；「中國民主黨」籌備委員	赴美從事「國民外交」；掛名《自由中國》發行人；「中央研究院」院長	《中央日報》主筆；臺灣大學教授；《自由中國》編委	臺灣省政府主席；「行政院」政務委員；國民黨中央評議委員；中央執行委員會常委
晚年遭遇	被誣入獄十年；出獄後病逝	遭當局「圍剿」；院長任內心臟病突發去世	被剝奪教職，受當局監視；在貧病交加中去世	與當局鬧翻，辭職赴美；「吳國楨事件」；病逝

資料來源：自繪

　　從表三我們可以看出：1、四人年齡不同。1949 年國民黨敗退臺灣時，雷震 52 歲，胡適 58 歲，殷海光 30 歲，吳國楨 46 歲。年齡雖然不是本書考察的重點，但仍然是需要我們注意的地方，尤其是對相隔一輩的胡適與殷海光進行比較的時候需要注意，因為年齡對一個人考慮問題的方式有較大的影響。2、四人教育背景相似。從學歷（學位）上看，四人都受過研究生教育：胡適與吳國楨是博士，〔註3〕雷震和殷海光有研究生的經歷，不過雷震在研究所只讀了一年；從專業上看，他們都從事人文社會科學基礎理論的學習和研究：胡適和殷海光主攻哲學，雷震攻憲法，吳國楨攻政治；從留學經歷來看，胡適和吳國楨都是留美博士，雷震留學日本，殷海光雖然沒有留學經歷，但也在當時國內最好的大學求學。3、四人經歷（角色）不同。1949 年以前，雷震主要擔任幕僚的角色，胡適身兼學者與官員兩種身份，殷海光是國民黨黨報主筆，吳國楨是行政官員；1949 年後，雷震與殷海光逐漸與國民黨分手，充當批評者與反對者的角色，胡適與吳國楨的角色沒發生大的變化。不過，四人均對現實政治持一種批判的態度，雷震因此被誣入獄十年，殷海光被當局剝奪教職並受到特務監視，吳國楨最終與當局鬧翻而辭職赴美，就連胡適也不獲當局信任，遭當局及各方「圍剿」。從這一點看，四人的最終遭遇又有某種程度的一致性。

　　從下文的分析我們還可以看出，雷震、胡適、殷海光與吳國楨的思想不

─────────────

〔註 3〕　胡適的博士學位係日後補授。

同，個性不同，為人處事的方式不同，扮演的角色也不相同。其中，他們的
角色扮演是本書最需要注意的地方。

　　下面就讓我們開始詳細的討論，分析他們究竟有哪些方面的「同」與「不
同」。因論述的需要，本書先從吳國楨寫起。

第二節　「學者型官員」吳國楨

一、主政臺灣省

　　1949 年 3 月，吳國楨辭去上海市長一職，舉家遷往臺灣。遷臺之後，除
蔣介石給他一個總裁辦公室設計委員的虛銜外，吳沒有擔任任何職務。此時，
雷震也擔任了同樣的「職務」。由於美國對臺灣採取「袖手政策」，國民黨在
臺灣的統治不穩。蔣介石為了準備退路，於 1949 年 7 月訪問菲律賓，吳國楨
等人陪同。8 月初，蔣介石訪問韓國，與李承晚舉行會談。因吳國楨與李承晚
是普林斯頓大學的校友，蔣介石指名要他陪同出訪。〔註 4〕

　　敗退臺灣的國民黨統治當局，為了擺脫內外交困的局面，急欲重新獲得
美國的支持。這時，宋子文、胡適、顧維鈞等人在美國，為迎合《中美關係
白皮書》中所鼓勵的中國「民主個人主義」分子再顯身手，他們認為成立一
個主要由美國熟悉的留美學者所組成，同時又掌握實權的「內閣」，是挽救國
民黨統治的唯一途徑。最後，這個責任落到了吳國楨的頭上，因為美國政府
只看好吳。就連大名鼎鼎的胡適，也不能獲得這份信任——美國國務卿艾奇
遜認為他已被蔣介石收買了。〔註 5〕

　　1949 年 11 月，蔣介石派「國防部次長」鄭介民赴美爭取援助。鄭與美國
國務院顧問白吉爾將軍會談時，白吉爾告訴他：

　　　　一、關於防禦臺灣，吾人有以下之擬議：……吾人認為陳誠將軍
　　　之行政尚未成功，吳國楨先生在重慶市及上海市之成就甚佳，美方認

〔註 4〕　許有成、徐曉彬，宦海沉浮——吳國楨〔M〕，蘭州：蘭州大學出版社，1997：
　　　　85～98。此書為海內外第一本關於吳國楨的傳記（美籍華裔作家江南生前曾
　　　　訪問吳國楨，寫了《吳國楨八十憶往》一文，並開始寫作《吳國楨傳》。不料
　　　　書稿未成，江南即遭暗殺），下文關於吳國楨的主要經歷，若無特殊說明，皆
　　　　出自該書。
〔註 5〕　許有成、徐曉彬，宦海沉浮——吳國楨〔M〕，蘭州：蘭州大學出版社，1997：
　　　　100。

爲彼爲主持臺政之理想人選。因彼於上海時對糧食之分配、工人就
業、工業之復興，以及維護紀律而不用暴力，行政效率皆有良好之表
現……若吳氏主持臺政，應給予彼完全之權力，以任用良好之幹部。

　　二、以上建議若能獲得委員長之批准及支持，美政府可以進行
以下各事：……〔註6〕

　　白吉爾所謂的「以下各事」即美國政府可以對臺灣提供的各項援助。他
的意思很明顯：吳國楨擔任臺灣省政府主席是美國政府援助臺灣的前提條
件。〔註7〕吳國楨之所以受到美國政府如此信任，不僅因爲他是留美博士，與
美國政要相互熟悉，更因爲他在重慶市長和上海市長任上的良好政績。這一
點，美國輿論界都對他有很高的評價，甚至稱其爲「民主先生」──可見吳
國楨的民主作風給美國記者留下的深刻印象。

　　美國政府對國民黨的人事安排指手劃腳，令蔣介石感到不滿。但生存畢
竟是最重要的，經過再三考慮，蔣決定讓吳國楨擔任臺灣省政府主席。1949
年12月15日，蔣介石向國民黨中央常務委員會通報，宣佈改組臺灣省政府，
是爲了爭取美援，所以請吳國楨擔任省政府主席，因爲美國政界和新聞界都
對他有好感。經蔣說明後，吳國楨的任命獲得了中常會的一致通過。

　　踏實勤政、不謀私利，處事硬朗、辦事不拖泥帶水，見解深遠、敢作敢
爲，光明正大、廉潔有爲，這是國民黨政界、中外知識界和輿論界對吳國楨
帶共性的評價。〔註8〕主政臺灣省時期，吳國楨再次顯示他在政治上的卓越才
能。本書僅以其改善財政的努力爲例予以說明。

　　1949年底，國民黨尚有軍隊60餘萬，每月軍費開支2600萬銀元，加上
其他開支，每月需銀元3000萬元，〔註9〕而美國政府答應給予的援助遲遲沒

〔註6〕　鄒海清主編，吳國楨──《吳國楨博士及其父兄》續集〔M〕，北京：新世紀
　　　　出版社，1997：209～210。

〔註7〕　參見〔美〕裴斐、韋慕庭，從上海市長到「臺灣省主席」（1946～1953年）─
　　　　─吳國楨口述回憶〔M〕，上海：上海人民出版社，1999：95～99。

〔註8〕　雷運庚，廉潔爲官　自白天下〔A〕，見：鄒海清主編，吳國楨──《吳國楨
　　　　博士及其父兄》續集〔M〕，北京：新世紀出版社，1997：378～381。

〔註9〕　許有成、徐曉彬，宦海沉浮──吳國楨〔M〕，蘭州：蘭州大學出版社，1997：
　　　　103。而據吳國楨回憶，從1950年1月份開始，蔣介石「每月需要有4200萬
　　　　新臺幣發給他的軍隊，而不是以前向陳誠要的1500萬」。見：〔美〕裴斐、韋
　　　　慕庭，從上海市長到「臺灣省主席」（1946～1953年）──吳國楨口述回憶
　　　　〔M〕，上海：上海人民出版社，1999：116。

有到位，收入來源全靠臺灣一省的稅賦。因此，財政問題是臺灣省政府的頭等大事。吳國楨走馬上任之後，即任命理財能手任顯群擔任財政廳長。任顯群是吳國楨的老搭檔，吳任上海市長期間，就邀請他擔任上海市糧食調配委員會主任委員，在關鍵時刻協助吳保證了上海市民的糧食基本供應。

為保證財政收入來源和合理支出，吳國楨與蔣介石「約法三章」：省政府負擔中央的軍費，但要點名發餉，杜絕吃空餉、糧多兵少的流弊；其次，要嚴懲走私，防止商人逃稅，尤其不准軍隊依仗特權，參與走私。蔣介石見吳國楨有魄力籌措偌大的軍費額，自然滿口答應吳國楨的條件。

當時，國民黨海軍利用其特權和海上行動的便利，大搞走私活動，為所欲為，吳國楨上任不久即與之展開了一場較量。1950 年 1 月的一天，蔣介石召開三軍高級將領開會，研討給養問題，吳國楨作為軍費的主要承擔者臺灣省政府的主席，自然應邀參加。當輪到他發言時，他要求三軍將領約束自己的部下，不要參與走私，並將矛頭直指海軍。海軍總司令桂永清對此很是氣憤，於是要求吳國楨拿出證據。吳從皮包中拿出事先準備好的證據呈蔣介石，蔣大怒，會後批示，參與走私的主犯從犯，包括海軍司令部的情報處長、某艦艦長等，一律槍決。三軍為之震動。經過此事後，吳國楨再也沒有碰到走私的麻煩了。〔註10〕

為了籌集資金，吳國楨和他的財政廳長想盡了各種辦法。第一，他們賣掉日本人留下的房子，並向佔用其他房屋的人收取費用，因為很多占房者是「有某種影響的人」，吳國楨因此得罪了很多人。第二，他們擬定了一個購買「愛國公債」的計劃，迫使有錢人購買債券。〔註11〕第三，為防止商人逃稅，財政廳設計了統一的「憑證制」，商家出售任何商品均須給顧客開收據，如果

〔註10〕許有成、徐曉彬，官海沉浮——吳國楨〔M〕，蘭州：蘭州大學出版社，1997：105～106。不過吳國楨的回憶與其有些出入：第一，他當時並未受邀與會，而是帶著海軍走私的證據去找蔣介石時，恰好碰到蔣召集三軍司令開會。經蔣同意，吳才進入會議室並作了發言。第二，參與走私的人並未被槍斃，而是經軍事審判後，被處以終身監禁。見：〔美〕裴斐、韋慕庭，從上海市長到「臺灣省主席」（1946～1953 年）——吳國楨口述回憶〔M〕，上海：上海人民出版社，1999：117～118。

〔註11〕具體做法如下：財政廳發行債券，並擬出一份有能力購買的購買者名單，然後派人同他們密談，如遭拒絕，就由財政廳長出面，最後由吳國楨出面。比如說，他們知道盛世才將軍在新疆任省主席時發了財，就把盛的名字列入購買者名單中。遭到拒絕後，吳國楨向報界公佈盛世才發財的事實，盛世才只得按吳國楨的要求購買債券。

顧客要不到收據，可以向財政局告發而獲獎勵。第四，發行「儲蓄券」，向臺灣全民借錢，籌集資金 7000 多萬元。〔註 12〕通過這些措施，加上美援日後陸續抵達，臺灣省以及整個國民黨政權才得以渡過財政危機，吳國楨也因此深受蔣介石的信賴與器重，先後兼任「行政院」政務委員、國民黨中央評議委員，並被選為中央執行委員會委員、常委會委員。

　　1950 年 8 月 7 日，吳國楨擔任臺灣省政府主席僅八個月，美國《時代》（Time）雜誌就發表了一篇特別文章，對吳讚揚備至，並將他的照片刊在封面上。以一個省政府的領導人作為封面人物，在《時代》雜誌歷史上尚屬首次。還有一次，溫斯頓・丘吉爾（Winston Churchill）的兒子倫道夫・丘吉爾（Randolph Churchill）為《經濟學家》（Economist）雜誌訪問臺灣，他回國後寫了一篇報導，裏面說：臺灣所有的領導人中，除了一個人——吳國楨外，其他的依然是老朽。〔註 13〕吳國楨能獲得國外媒體如此讚賞，可見他主政臺灣的政績之卓著。不過，所謂「禍兮，福之所倚；福兮，禍之所伏」，吳國楨「功高蓋主」，引起了蔣介石的注意甚至是嫉妒，於是開始削減吳的權力。〔註 14〕

二、民主作風

　　留美博士吳國楨，一直對民主政治情有獨鍾。他說：「人心到處都有，爭取人民的向心力，說難不難，就是實施民主政治。這樣，人才比較容易新陳代謝，也免得大家殺來殺去，頭破血流的。」〔註 15〕任命獲得通過的當天晚上，吳國楨即以新任省主席的身份，召開記者招待會，提出省政府的四點施政綱領：（一）徹底反共，密切配合軍事；（二）努力向民主途徑邁進；（三）推行民生主義，為人民謀福利；（四）實行地方自治，發揚法治精神，並宣佈

〔註 12〕〔美〕裴斐、韋慕庭，從上海市長到「臺灣省主席」（1946～1953 年）——吳國楨口述回憶〔M〕，上海：上海人民出版社，1999：124～129。後人在總結「吳國楨的為政之要」時，其中便有一點是「為政理財，嚴屬革除弊端，以興利富財」。段策君，吳國楨的為政之要〔A〕，見：鄔海清主編，吳國楨——《吳國楨博士及其父兄》續集〔M〕，北京：新世紀出版社，1997：374～377。

〔註 13〕〔美〕裴斐、韋慕庭，從上海市長到「臺灣省主席」（1946～1953 年）——吳國楨口述回憶〔M〕，上海：上海人民出版社，1999：140～141。

〔註 14〕參見上引書：141～146。

〔註 15〕鄔海清主編，吳國楨——《吳國楨博士及其父兄》續集〔M〕，北京：新世紀出版社，1997：220。

起用臺籍人士參加省政府的工作。四點綱領中，即有兩點（二、四）與民主相關。

吳國楨說到做到。一個星期後，吳國楨改組了臺灣省政府，5 名廳長中，臺籍 3 名，其中包括參加「二二八」起義的蔣渭川（民政廳長）和彭德（建設廳長）；25 名省府委員中，臺籍占到 17 名。讓吳國楨沒想到的是，人事安排遭到了各方責難。無奈之下，吳國楨只得派人接替蔣渭川和彭德的職務，風波始告平息。

但是，吳國楨並沒有因此改變在臺灣省推行地方自治的決心。在他看來，要獲得臺灣人民的信任和支持，唯一可行的辦法是讓他們參加政府。1950 年 3 月底，相關的法律和法規起草完畢，吳國楨將其呈報蔣介石批准。〔註16〕1950 年 6 月 7 日，「行政院」通過「臺灣省選舉法規」，同年 7 月開始選舉各縣、市議員，10 月選舉第一屆縣、市長，鄉長、區長、鎮長、村長、里長等亦同時由民眾選舉。〔註17〕據吳國楨回憶，選舉由民政廳負責，民政廳長和他親自巡視了投票站，還有幾千名臺灣人「被指定爲監票人負責計票」，所以那次選舉是「眞正自由的，沒有受到任何干擾」。〔註18〕爲了對付國民黨控制選舉的企圖，吳國楨還啓動了對民眾的培訓計劃，教他們如何管理「民主政府」，以及如何進行自由選舉。〔註19〕

自美國援臺開始，美方要求只能有「一個對手」，蔣介石清楚「一個對手」的含義，於是派吳國楨以政務委員兼臺灣省主席的名義組成「經濟安全委員會」，由吳擔任主席，並由吳指定有關人員組成。吳國楨主持每周召開一次例會，把所有臺灣的財經政策，甚至是「國府」省府的預算，都交由此會討論，從不個人說了算。〔註20〕

除財政問題外，最讓吳國楨頭疼的就是對警察和特務的管束。因爲這個問題的重要性，筆者在此不妨多費些筆墨，詳細述之。依照原國民政府的規定，省警備司令（保安司令）由省政府主席兼任。而蔣介石任命吳國楨爲臺

〔註16〕上引書：121～122。

〔註17〕高民政，臺灣政治縱覽〔M〕，北京：華文出版社，2000：262。

〔註18〕〔美〕裴斐、韋慕庭，從上海市長到「臺灣省主席」（1946～1953 年）──吳國楨口述回憶〔M〕，上海：上海人民出版社，1999：122～123。

〔註19〕同上：162。吳國楨接受採訪時回憶，這個培訓計劃也許是蔣介石和他最後決裂的主要原因。

〔註20〕郁海清主編，吳國楨──《吳國楨博士及其父兄》續集〔M〕，北京：新世紀出版社，1997：217～218。

灣省政府主席時，並未讓其兼任臺灣省保安司令，因爲遭到了臺灣軍政長官陳誠的反對，理由是吳「不是軍人」。當時，國民黨在臺灣實行戒嚴，逮捕平民時用的是保安司令的名義。吳國楨堅持自己必須擔任這項職務，否則他將對省內的逮捕行動一無所知，無法當好省主席。吳的想法得到了蔣介石的支持，但陳誠仍然反對。陳堅持，如果吳非要任保安司令，也只能是名義上的：就軍事而言，吳應將其完全交給副司令彭孟緝；但在逮捕平民問題上，吳隨時可以複審案件。吳國楨不想與陳誠爲敵，同意了陳誠的方案。1950 年 1 月 4 日，吳被任命爲臺灣省保安司令。〔註 21〕

沒想到，吳的同意，讓他喪失了調動彭孟緝及保安司令部隊其他人員的權力，〔註 22〕並因此與彭孟緝及其上司兼靠山蔣經國爆發多次衝突，〔註 23〕其中還有一次與雷震有關。吳國楨與雷震雖不是好友，但他接任臺灣省主席之後，從 1951 年起每年向雷震主持的《自由中國》資助兩萬元。〔註 24〕當年，《自由中國》就因社論《政府不可誘民入罪》而得罪了保安司令部及其實際負責人彭孟緝，彭打算採取行動逮捕《自由中國》的編輯。不過也許是心虛，平時捉人殺人不向吳國楨報告的彭孟緝，這次卻派人將計劃採取逮捕行動的公文送交吳國楨審核，被吳否決。雷震對此深爲感謝，認爲如果不是吳國楨尊重言論自由的話，他可能早就被抓進牢裏去了。〔註 25〕但是，彭孟緝並未因此善罷甘休，而是派出特務監視《自由中國》雜誌社。雷震憤而致電吳國楨和「行政院」秘書長黃少谷，「請其轉告彭孟緝不必如此，我絕不離開臺北」〔註 26〕。在吳、黃二人的干預下，彭才撤回特務監視。此後多次，吳國楨利用其保安司令的身份，釋放了多名被特務逮捕的議員、編輯和記者。

對於特務隨便抓人的做法，吳國楨大爲惱怒。爲此，他正式向當局建議：今後抓人必須有臺灣省政府警務處的逮捕證；如果案件要由軍事法庭審判，應允許被告辯護。建議之後，很久都沒有回音，吳國楨感到自己的「用處」

〔註 21〕 鄔海清主編，吳國楨——《吳國楨博士及其父兄》續集〔M〕，北京：新世紀出版社，1997：101～102。

〔註 22〕 據吳國楨回憶，他對自己的決定一直懊悔不已。同上：102。

〔註 23〕 參見〔美〕裴斐、韋慕庭，從上海市長到「臺灣省主席」（1946～1953 年）——吳國楨口述回憶〔M〕，上海：上海人民出版社，1999：146～168。

〔註 24〕 范泓，風雨前行——雷震的一生，桂林：廣西師範大學出版社，2004：138。

〔註 25〕 雷震，雷震回憶錄——「我的母親」續編〔M〕，香港：七十年代雜誌社，1978：82～83。

〔註 26〕 雷震 1951 年 6 月 11 日日記，雷集，33：111～112。

變得有限了，於是向蔣介石提出辭職。半個月後，蔣介石同意了吳的建議，並將辭呈退還給了他。但是，特務並未按規定辦事，蔣經國甚至要求警務處長陶一珊發給特務空白的逮捕證。吳於是訓斥了陶，並派他到美國學習「民主社會裏如何辦警」。陶回國後，吳又讓其辦一所培訓學校，對全省警察進行分批再教育，將其在美國學到的新思想交給他們。〔註27〕

三、諫蔣失敗

吳國楨醉心於美國式的民主，同時對蔣介石也是一片忠心。爲了實現他的民主理想，同時也從維護國民黨統治的角度出發，吳國楨竭力主張在臺灣實施「民主政治」，以救危亡。所以，只要一有機會，吳就對蔣介石苦心規勸，甚至連說笑話的機會也不放過。

也許是吳國楨高估了蔣介石對他的信任，有些事常與其據理力爭，有些逆耳「忠言」也是當面進諫。1950 年 10 月 31 日，蔣介石在桃源縣角板山歡度 63 歲生日，只准陳誠、吳國楨等極少數親信前往祝壽，吳竟當場向蔣鄭重進言：「國民黨黨費應不用國家經費，而向黨員籌募，且應鼓勵反對黨的成立，俾能奠定兩黨制度。」這種建議，蔣介石安能聽得進去？於是有人說：「吳國楨的性格，過於直率少曲，他想學魏徵，卻看錯了對象。」〔註28〕這種性格和主張反對黨的思想，與雷震是一樣的。

因爲特務問題，吳國楨對特務頭子蔣經國有很大的意見。蔣介石爲了讓蔣經國日後接班，命其重建並主管特務系統，並採取各種措施來收買人心。吳國楨看出了這一點，因此無論蔣介石允諾多高的官職，他都不爲所動。吳討厭蔣經國的特務行徑，且鄙其不學無術，遵照「道不同不相爲謀」的古人遺訓，不願與之合作。吳國楨說：「蔣經國的思想，跟我截然不同，無法合得來，我也無法遷就他，不如我辭職。」〔註29〕爲了換取吳國楨的支持，蔣經國試圖同他交好，〔註30〕蔣介石也用各種手段討好他。吳國楨的女兒在美國

〔註27〕〔美〕裴斐、韋慕庭，從上海市長到「臺灣省主席」（1946～1953 年）——吳國楨口述回憶〔M〕，上海：上海人民出版社，1999：152～161。

〔註28〕許有成、徐曉彬，宦海沉浮——吳國楨〔M〕，蘭州：蘭州大學出版社，1997：121。

〔註29〕鄔海清主編，吳國楨——《吳國楨博士及其父兄》續集〔M〕，北京：新世紀出版社，1997：230。

〔註30〕〔美〕裴斐、韋慕庭，從上海市長到「臺灣省主席」（1946～1953 年）——吳國楨口述回憶〔M〕，上海：上海人民出版社，1999：154～155。

結婚時，蔣夫人——宋美齡建議吳夫人赴美參加婚禮；吳夫人動身前，蔣家爲其舉行告別午餐；到美後，蔣介石派秘書給她送上一萬美元。此外，蔣介石還經常向吳國楨贈送各種私人禮品。〔註31〕1953 年 2 月，蔣介石讓「總統府」副秘書長黃伯度傳話，只要吳國楨願意與蔣經國合作，願當行政院長，可當行政院長，愛當主席兼院長，可當主席兼院長，由吳挑選。吳國楨不爲所動，一概謝絕。〔註32〕

而在此時，政治局勢早已發生了重大變化。朝鮮戰爭爆發後，美國協防臺灣，國民黨的統治地位得到鞏固，所以曾被美國所推許和器重的吳國楨等人，身價相對被貶低，因爲蔣介石已經達到了爭取美援的目的。於是，吳國楨決定激流勇退，辭官居家，但未獲准。後來，蔣介石給他一個月的「病假」。吳決定與夫人赴日月潭休養，並寫信給蔣介石，除非蔣接受辭職，否則不會回來。〔註33〕沒想到，吳在路上差點被特務暗算。爲了保命，吳國楨決定辭職赴美，不再回臺。而當局爲了牽制吳國楨，竟將其小兒子吳修潢扣爲人質，不予辦理赴美手續。〔註34〕

臨行前，張群爲吳國楨夫婦設宴餞行，並送其一副曾國藩手書的楹聯：「水寬山遠煙霞回，天澹雲閒今古同。」

第三節　「兩棲學者」胡適

學界對胡適的研究頗多，其中不乏對胡適晚年的研究。〔註35〕因學力、篇幅所限，筆者不能在此對 1949 年以後的胡適展開全面研究，僅選取與本書主題有關的幾個方面予以論述。此外，另有如下兩點需作說明：第一，筆者

〔註31〕　同上：156～158。關於那一萬美元，吳國楨回憶到：「我想了很久，如果退回去，也許會得罪人了，於是就接受了，但我從未向蔣置一謝詞。」
〔註32〕　鄔海清主編，吳國楨——《吳國楨博士及其父兄》續集〔M〕，北京：新世紀出版社，1997：232。
〔註33〕　〔美〕裴斐、韋慕庭，從上海市長到「臺灣省主席」（1946～1953 年）——吳國楨口述回憶〔M〕，上海：上海人民出版社，1999：167～168。
〔註34〕　詳見許有成、徐曉彬，宦海沉浮——吳國楨〔M〕，蘭州：蘭州大學出版社，1997：123～128；〔美〕裴斐、韋慕庭，從上海市長到「臺灣省主席」（1946～1953 年）——吳國楨口述回憶〔M〕，上海：上海人民出版社，1999：184～195。
〔註35〕　參見楊金榮，角色與命運：胡適晚年的自由主義困境〔M〕，北京：三聯書店，2003：第一章「重新認識一個完整的胡適」。

稱胡適爲「兩棲學者」，主要指他一生在學術與政治兩個領域之間徘徊，但其主要角色還是學者；〔註36〕其次指 1949 年之後他在美國和臺灣兩個地域之間奔波，時而在美，時而在臺。第二，儘管胡適曾有七年多的時間沒有生活在臺灣，但他在那一段時間做的很多事情與臺灣有關，而且他與臺灣當局的關係是他的言行的重要考慮因素，所以本書爲了論述的連貫性，也會有所涉及。

一、「諍友」胡適

胡適是近代中國自由主義的啓蒙大師，但他在政治上卻跟國民黨走得太近，以致他不願（或不敢）與之決裂，只願意做一個忠實的「諍友」。筆者僅從以下三點展開論述。

（一）胡適與《自由中國》

1949 年初，當國民黨在大陸的政權處於風雨飄搖之中，雷震等人計劃籌備一個刊物以挽救人心時，胡適是積極的參與者，他不但給刊物取名爲《自由中國》，還親筆寫下了它的宗旨。從宗旨看，胡適在總體上是支持國民黨的。

《自由中國》創刊時，編委會以胡適爲發行人和編委之一，並在封面上注明「發行人胡適」字樣。但此時胡適尚在美國，所以《自由中國》在省政府新聞處的註冊上，實際發行人是由雷震負責的。沒想到胡適不願做一個不負實際責任的「發行人」，多次表示要辭去這一職務。〔註37〕

1951 年，《自由中國》因社論《政府不可誘民入罪》引發第一次言論風波

〔註36〕 胡適曾這樣自詡：「哲學是我的職業，文學是我的娛樂，政治只是我的一種忍不住的新努力。」參見胡適，我的歧路（胡明主編，胡適精品集，第 4 集）〔M〕，北京：光明日報出版社，1998：63。

〔註37〕 雷震事後回憶到，關於發行人的問題，當初副總編輯王聿修堅決要用胡適的名字，他認爲如果不這樣做，雜誌辦不到三個月就會關門。雷震開始頗不以爲然，他天真地認爲國民黨經過大陸的失敗，不會跟過去一樣唯我獨尊，不容許人民說話了。他認爲「行憲」之後，國民黨「應該尊重人民的自由權利，以法律來治國，才能影響大陸的人心，才有復國的可能。」而且，他認爲，請胡適做發行人，應該先徵求他的同意。但是，由於時間緊迫，雷震只有按照他們的意思，以胡適爲發行人，由他寫信去徵求同意；沒想到胡適不同意此舉，責備雷震等人不該逃避責任，並由此引發了胡適一系列的「辭職」行動。雷震，雷震回憶錄——「我的母親」續編〔M〕，香港：七十年代雜誌社，1978：60～61。如果雷震此處不是爲自己開脫，則范泓說請胡適做發行人「正是雷震本人的意思」（范泓，風雨前行——雷震的一生〔M〕，桂林：廣西師範大學出版社，2004：136），便屬不確。

後，刊登胡適的抗議信而令局勢進一步惡化。〔註38〕胡適在信中寫到，「《自由中國》不能有言論自由，不能有用負責態度批評實際政治，這是臺灣政治的最大恥辱。」他在信中向雷震正式提出辭去「發行人」一職，以表示對《政府不可誘民入罪》的贊成和對當局干涉言論自由的抗議。胡適的信刊登在1951年9月1日出版的第5卷第5期《自由中國》雜誌上。因郵寄需要一些時日，胡適還沒等收到雷震寄來的雜誌，還不知道他的抗議信已經刊出，就給《自由中國》社的全體編委發出了第二封信。胡適說他在美國看到合眾社的消息，報導《自由中國》已被查禁，因此他要查證這項報導是否屬實：「如果不確，請你們通知合眾社，請他們更正，並請電告我。如果《自由中國》真有被禁售的事，那麼，我們更應該為此事向政府力爭，應該把一切證件讓國楨主席知道，讓辭修院長〔註39〕知道，讓蔣總統知道。」他還說：「自由中國不可沒有自由，不可沒有言論自由。總統與行政院長在這個國難時期，更應該切實鼓勵言論自由，使人民的苦痛、政府的毛病，都有上下周知的可能。此是大事，我辭職的事是小事。我要先弄明白這一點，究竟你們在臺北辦《自由中國》有沒有言論自由？你們是否能繼續發表像《政府不可誘民入罪》一類批評文章？」〔註40〕因為胡適的第一封信在《自由中國》刊出之後已經引起了太多的麻煩，加之陳誠已經致信胡適，《自由中國》也將信件公開發表，所以雷震沒有再刊登胡適的第二封來信。

　　1952年11月，胡適回臺講學時在《自由中國》創刊三週年紀念會上發表講話，再次提出辭職。他說：

　　　　言論自由是要自己爭取的。爭取自由，是應該負責的。我們在這個地方，話說錯了，要負說錯話的責任；違反了國家法令，要負違反國家法令在法律上的責任。要坐監的，就應該坐監；要罰款的，就應負罰款的責任。〔註41〕我住在國外來負發行人的責任，名義上是爭取言論自由，這未免有一點假。所以，我希望朋友當中能負起實際責任的人來負發行人的責任。我願意擔任負比較實際責任的編

〔註38〕詳見本書第二章第二節。
〔註39〕指「行政院長」陳誠——筆者注。
〔註40〕胡適致雷震等，1951年9月11日，雷集，30：166～168
〔註41〕據說此處還有一句話，「要砍頭的，就要去砍頭」，胡適沒有說出。雷震認為是他怕刺激政府，因為那時候當局殺人太多。參見雷震，雷震回憶錄——「我的母親」續編〔M〕，香港：七十年代雜誌社，1978：65。

輯委員，或海外通訊員、撰稿人，多寫一點文章……〔註42〕

由此可見，胡適堅持辭職的原因在於他堅持目的與手段的一致性。他認爲即使是爭取自由，也應該誠實，不能「作僞」。〔註43〕這也許是知識分子的觀念使然，不過，筆者卻以爲，在當時的環境下，這不算一個原則性的問題，胡適沒必要非辭職不可。〔註44〕因爲他知道，在當時的臺灣，爭取言論自由有多麼艱難。〔註45〕

由於胡適的堅持，《自由中國》自1953年2月1日第8卷第3期開始，「發行人兼主編」欄內，改爲「自由中國編輯委員會」，實際上雷震還是負責人。〔註46〕儘管如此，胡適還是《自由中國》的編輯和撰稿人，依然扮演著「保護傘」的角色。〔註47〕此後，當雷震和《自由中國》遇到麻煩時，胡適也經常出面交涉，爲其解圍。〔註48〕

由於胡適的特殊地位，臺灣當局對胡適的批評總是小心回應，不至於公開反駁。但是，當胡適回臺出任「中央研究院」院長時，一本叫《胡適與國運》的小冊子卻在市面上熱銷。該書以「學術研究」的名義，對胡適進行人

〔註42〕 胡適，《自由中國》雜誌三週年紀念會上致詞〔A〕，雷集，13：131～137。

〔註43〕 胡適1950年1月9日致雷震：「我最不高興的是你用我的姓名爲『發行人』。這是作僞，不是發起一個救國運動的好榜樣。」（萬麗鵑編注，萬山不許一溪奔——胡適雷震來往書信選集〔G〕，臺北：中央研究院近代史研究所，2001：9～10）

〔註44〕 《自由中國》負責文藝版的編委聶華苓在《雷震與胡適》一文中對胡適辭職深感不滿：「有人說《自由中國》和統治權力一有衝突，胡適就要擺脱《自由中國》了，以免受到牽連。既抗議了，又擺脱了，一箭雙雕。」（聶華苓，雷震與胡適〔A〕，見：章立凡主編，記憶：往事未付紅塵〔C〕，西安：陝西師範大學出版社，2004：57～64）

〔註45〕 這從胡適當初因《自由中國》的第一次言論風波所寫的抗議信就可以看出。而且，他在《自由中國》三週年紀念會的致詞中還講到：「在紐約有一家中國報紙，有一句短評說：『自由中國的言論自由，只有胡適之先生才享受一點，別人是沒有的。』這個話如出諸別人，不足爲奇，但出於同我們政府和黨有關係的朋友們辦的海外華文報紙，使我看了感到很不安。我很希望大家，無論在朝在野的，都要能瞭解：我們在民主、自由方面的努力增加一分，就是我們在自由世界的地位擡高一分……」（胡適，《自由中國》雜誌三週年紀念會上致詞〔A〕，雷集，13：131～137）

〔註46〕 雷震，雷震回憶錄——「我的母親」續編〔M〕，香港：七十年代雜誌社，1978：60～65。

〔註47〕 萬麗鵑編注，萬山不許一溪奔——胡適雷震來往書信選集〔G〕，臺北：中央研究院近代史研究所，2001：導言。

〔註48〕 詳見汪幸福，胡適與《自由中國》〔M〕，武漢：湖北人民出版社，2004。

身攻擊和惡意謾罵，指胡適有「領袖欲」，甚至將國民黨在大陸的失敗也算在胡適的帳上。此後，對胡適的「圍剿」從來就沒有停止過。〔註49〕這讓《自由中國》的「保護傘」胡適感到自身難保，於是經常規勸雷震和《自由中國》，要在威權體制下獲得更大的言論空間，必須注意發言的技巧和措辭。比如說，當《自由中國》因一篇指「反攻大陸」是不可能的社論〔註50〕遭到國民黨的圍剿時，胡適批評《自由中國》不該碰「反攻大陸」這塊「招牌」。又比如，胡適在1959年發表《容忍與自由》一文，指「容忍比自由還更重要」。〔註51〕胡適之所以有這樣的變化，除上面提到的原因外，還有兩個因素值得注意：第一，胡適是一個十分在意自己的名譽和聲望的人；第二，胡適已是年近古稀的老人，身體和精力都大不如從前。〔註52〕

　　儘管如此，我們仍然不能否認胡適自由主義啓蒙大師的地位，也不能否認他對《自由中國》的貢獻。〔註53〕臺灣學者萬麗鵑曾這樣評價：「胡適、雷

<hr>

〔註49〕參見楊金榮，角色與命運：胡適晚年的自由主義困境〔M〕，北京：三聯書店，2003：330～347。

〔註50〕社論，今日的問題（二）反攻大陸問題〔J〕，自由中國，1957，17（3）。

〔註51〕胡適，容忍與自由〔J〕，自由中國，1959，20（6）。胡適此文發表後，引起了臺灣知識界和思想界的討論，贊成與批評者均有之。胡適本人則在《自由中國》十週年紀念會上發表同名演講，進一步闡明並澄清自己的觀點。詳見楊金榮，角色與命運：胡適晚年的自由主義困境〔M〕，北京：三聯書店，2003：280～286。

〔註52〕陳儀深認爲，胡適晚年在論政方面的表現「大不如前」，至少有四點原因：第一，日本的侵略逼使他在民族主義的立場上，與國民黨和蔣介石站在一起，從而與統治階層建立了感情；第二，中共「赤化」大陸，清算胡適思想，使他成了「失根的蘭花」，飄落在臺灣，只好宣揚「反共的自由」；第三，諍友丁文江早逝，傅斯年也死於1950年，而晚年圍繞在他身邊的多是「愛護」他的朋友，勸他不要多說話；第四，他的自我期待，以及社會對他的期待，都是包括學術思想方面的導師，但他壯年以前的時光已耗費在演講、掌聲和政論之中；晚年的身心狀況已難以支撐他的學術研究，就更不要說論政了。參見陳儀深，知識分子參與政治的兩難——以胡適爲例的研究〔J〕，政治學報，1985，（13）。

〔註53〕章清認爲：「在現代中國思想界，胡適是自由主義思想最雄辯和最具影響力的代言人，終其一生，他堅持自由主義的理念並促其實現的誠意，是不容置疑的；他站在自由主義的立場，關懷中國社會與中國文化的前途，也確做到了終生不渝。當然，更令我們感興趣的是，部分是胡適個人獨特的影響力，部分也在於一批接受現代教育尤其是留學歐美的知識分子，認同於自由主義的基本理念，在現代中國的歷史上，一些自由知識分子以胡適爲中心，曾在不同的時空格局中先後相聚於《努力週報》、《新月月刊》、《獨立評論》和《自由中國》雜誌，這樣對自由主義思想的闡釋不僅形成了群體的力量，而且這

震與《自由中國》半月刊，可說是影響民國四十年代臺灣自由民主運動發展
的三個重要關鍵因素。設若沒有胡適這塊招牌，《自由中國》的起步勢將更爲
艱辛；同樣的，若無雷震不計個人毀譽的全力投入，《自由中國》也難撐起中
華民國在臺灣仍有相當程度言論自由的這個局面。」〔註54〕

（二）胡適與反對黨

在反對黨問題上，胡適最爲清晰地表現出他與雷震、殷海光等其他自由
主義者的分野。〔註55〕

對於「反對黨」，胡適主張最好自上而下，由國民黨內部自由分化。他多
次提出，希望蔣介石能像土耳其領導人凱末爾那樣，將國民黨分成兩個政黨。
這一點，吳國楨等人也有類似的看法。不過，胡適後來卻宣稱，他已放棄了
這一想法，而是傾向於「毀黨救國」，至於什麼是「毀黨救國」，胡適卻未詳
論。〔註56〕

而雷震等人最初卻主張由民、青兩黨與其他民主人士組成一個反對黨，
不過這個反對黨卻不是一個與國民黨相抗衡的、眞正意義上的反對黨。雷震
看重胡適這塊招牌，認爲只有胡適才能凝聚其他自由民主人士，所以希望胡
適能出面領導一個反對黨，或與張君勱合作，合力組織一個反對黨，但胡適
一直不肯答應，因爲他覺得自己不是做這件事的料。胡適對雷震這樣說：

> 丁月波和你都曾說過，反對黨必須由我出來領導。我從沒有回
> 信，因爲我從來不曾作此想……盼望胡適之出來組織政黨，其痴心
> 可比後唐明宗每夜焚香告天，願天早生聖人以安中國！我平生絕不
> 敢妄想我有政治能力可以領導一個政黨，我從來沒有能夠叫自己相
> 信我有在政治上拯救中國的魄力與精力。胡適之沒有成爲一個「妄
> 人」，就是因爲他沒有這種自信吧！〔註57〕

胡適沒有領導一個政黨的能力，此言不虛。同時，他也不願意做一個掛

一群體的聚合與離散還有著清楚的歷史脈絡。」（章清，「胡適派學人群」與
現代中國自由主義〔M〕，上海：上海古籍出版社，2004：33）
〔註54〕萬麗鵑編注，萬山不許一溪奔──胡適雷震來往書信選集〔G〕，臺北：中央
研究院近代史研究所，2001：導言。
〔註55〕楊金榮，角色與命運：胡適晚年的自由主義困境〔M〕，北京：三聯書店，2003：
297。
〔註56〕胡適致雷震，1957年8月29日，雷集，30：359～362。
〔註57〕同上。

名的「黨魁」，因為他認為「唯名與器，不可以假人」。〔註 58〕這可能跟胡適不願意掛名做《自由中國》的發行人是同一個道理。

胡適雖然一直不肯出面組織反對黨，但他對反對黨的態度卻發生了一些變化。1958 年，胡適在《自由中國》社發表演講《從爭取言論自由談到反對黨》，主張讓教育界、青年、知識分子出來組織一個不希望取得政權的「在野黨」，他說：

> 一般手無寸鐵的書生或書呆子出來組黨，大家總可相信不會有什麼危險。政府也不必害怕，在朝黨也不必害怕。我想如能朝這個方向走，組織一個以知識分子為基礎的新政黨，這樣一個在野黨，也許五年、十年，甚至二十年在野也無妨。〔註59〕

由此可見，胡適的態度在變中還有不變。所謂的「變」是指他不再期望於國民黨主動成立一個「反對黨」；「不變」則是他對國民黨統治當局的支持沒有變，他只願意做國民黨的「諍友」，而不是它的反對派。這一點成為他被後人詬病的根本所在。

後來的局勢變化很清楚，本書第三章已有詳細討論。當雷震與臺籍本土政治人物緊鑼密鼓地籌組反對黨時，胡適的態度卻很曖昧：〔註60〕

> 你們可以先組成黨，至於我的態度，要看新黨的情形而定，如果組成的確是像樣子的黨，我可以公開支持，如果不好，那麼，我可以保留不說話的自由，甚至批評的權利。〔註61〕

最後，胡適真的選擇了「不說話的自由」，其原因或許是他不贊成借臺灣地方勢力組織反對黨，也不贊成借海外勢力組織反對黨。〔註62〕

（三）胡適與「雷案」

胡適不肯出面組黨，也不願做一個掛名的黨魁，而當雷震因組黨被捕時，

〔註58〕參見唐德剛，胡適雜憶〔M〕，桂林：廣西師範大學出版社，2005：31。

〔註59〕胡適，從爭取言論自由談到反對黨〔J〕，自由中國，1958，18（11）。

〔註60〕據胡頌平記載，1960 年 6 月 3 日，雷震等人訪問胡適，探聽他對反對黨的態度，胡適勸他們不必組織反對黨，稱組黨一定沒有好結果，雷震沒有接受勸告。不過這一說法與雷震當天的日記有較大出入。詳見范泓，風雨前行——雷震的一生，桂林：廣西師範大學出版社，2004：215～217。

〔註61〕雷集，11：173。

〔註62〕參見楊金榮，角色與命運：胡適晚年的自由主義困境〔M〕，北京：三聯書店，2003：304～310。

胡適「營救不力」；〔註63〕尤其是雷震被判刑後，胡適沒有去探監，令胡適倍受批評。昔日同事聶華苓以散文似的筆調寫到：

> 我們一到星期五就眼巴巴望胡適去看看雷震。他可以不發一言，只是去看看雷震。那個公開沉默的姿態，對於鐵窗裏的雷震就是很大的精神支持了。星期五到了，星期五又到了。星期五又到了。一個個寂寞的星期五過去了，胡適沒有去看雷震。我和殷海光、夏道平、宋文明幾個人忍不住了，要探聽他對雷案究竟是什麼態度。一天晚上，我們去南港看胡適。他招待我們一頓點心，一點幽默，一臉微笑。〔註64〕

字裏行間透出聶華苓對胡適的強烈不滿。不過，客觀地說，胡適爲營救雷震還是付出了相當的努力。只是在很多人看來，胡適的態度不夠堅決，不夠勇敢。

「雷案」發生時，胡適正在美國參加「中美學術合作會議」。「副總統」陳誠給胡適打電報，告知雷震因「煽動變亂」被「傳訊」，並謂「自當遵循法律途徑，妥愼處理」。胡適當即回電：

> 今晨此間新聞廣播雷震等人被捕之消息，且說明雷是主持反對黨運動的人。鄙意政府此舉不甚明智，其不良影響，可預言：一則國內輿論必認爲雷等被捕表示政府畏懼並摧殘反對黨運動。二則此次雷震等四人被捕，《自由中國》雜誌當然停刊，政府必蒙摧殘言論之惡名。三則在西方人士心目中，批評政府與謀成立反對黨與叛亂罪絕對無關。雷儆寰愛國反共，適所深知，一旦加以叛亂罪名，恐將騰笑世界。今日唯一挽救方式，似只有尊電所謂「遵循法律途徑」一語，即將此案交司法審判，一切偵審及審判皆予以公開，乞公垂意。〔註65〕

此後，胡適多次表示，應由普通法院而不是軍事法庭來審理「雷案」，並

〔註63〕參見陳儀深，知識分子參與政治的兩難——以胡適爲例的研究〔J〕，政治學報，1985，（13）：325～366。

〔註64〕聶華苓，雷震與胡適〔A〕，見：章立凡主編，記憶：往事未付紅塵〔C〕，西安：陝西師範大學出版社，2004：57～64。作者在文中還有多處表達對胡適的不滿。

〔註65〕胡適全集第26卷，489頁；轉引自沈衛威，無地自由——胡適傳〔M〕，合肥：安徽教育出版社，2005：439。

希望雷震能獲當局釋放。9 月 7 日，胡適接受美聯社記者電話採訪時讚揚雷震「是一位最愛國的人士」，並稱《自由中國》一直是臺灣新聞自由的象徵。雷震以「涉嫌叛亂」被捕，胡適卻說雷震「最愛國」，顯然是爲雷震鳴不平。

可是，胡適的上述願望都沒有實現，雷震被軍事法庭判處十年有期徒刑，並被剝奪公民權利七年。十天後，胡適自美返臺，中途停留東京，毛子水擔心他「闖禍」，親自飛到東京，勸他回臺不要對「雷案」多言，免遭不測。回到臺灣後，記者蜂擁而至，胡適再次聲援雷震，說雷震是一個愛國反共的人，如需要，他可以出庭作證，並聲稱「我不是營救雷震，我營救的乃是國家」。對《自由中國》復刊事宜，胡適表示此事只能由發行人和全體編輯決定，如決定不復刊，則《自由中國》爲爭取言論自由而停刊，「也不失爲光榮的下場」。幾天後蔣介石約見胡適時，胡再次表達自己對「雷案」的不滿和失望，並希望蔣介石將十年前對自己「組黨」的「雅量」分一些給雷震。〔註66〕很顯然，蔣介石沒有這個雅量。

11 月 23 日，「雷案」復判，結果維持原判，胡適的希望再次落空，有記者問他對這件事的想法時，他只說了六個字「大失望，大失望」。1961 年 2 月 4 日，胡適與蔣雲田、陳啓天、胡秋原等四十六位社會名流上書蔣介石，希望蔣介石能根據「憲法」授予的權力，特赦雷震。此《陳情書》最後被交給「國防部」辦理，該部以「沒有先例可援」而不予同意。〔註67〕可見，無論胡適等人怎麼「折騰」，都不可能動搖蔣介石懲罰雷震的決心。

對於胡適在「雷案」發生後的表現，《胡適傳》的作者這樣寫到：

> 膽小「君子」生怕「禍水」沾身，不敢站出來多講話，更不敢向最高當局去進諫，也不敢去探監，直到雷震下獄長時間後，他才和三十多人〔註68〕聯合上書，請求蔣家父子「特赦」，而蔣家父子則根本不予理睬。木已成舟，只好任雷震在新店軍人監獄蹲完整整十年的牢獄生活。作爲「自由主義」大師的胡適，也只好夾著尾巴，享受他所謂的「容忍比自由還更重要的」和「情願不自由，也是自由了」的自由。〔註69〕

〔註66〕范泓，風雨前行——雷震的一生，桂林：廣西師範大學出版社，2004：255。

〔註67〕同上：283～284。

〔註68〕應爲四十六人，參見前注。

〔註69〕沈衛威，無地自由——胡適傳〔M〕，合肥：安徽教育出版社，2005：441。

　　這樣的評論也許過於苛刻，但胡適的膽小和「愛惜羽毛」卻是大家所公認的，就連他的同鄉、《胡適口述自傳》的作者唐德剛也不否認。唐德剛認爲胡適「缺乏搞中國政治主觀和客觀的一切條件」：在主觀上胡適「沒有大政治家的肩膀、中上級官僚的臉皮和政客或外交家的手腕；他甚至也沒有足夠做政論家的眼光」；在客觀上，胡適「還缺少搞政治最起碼的客觀條件——與執政黨實力派的歷史淵源」。〔註70〕因此，胡適只適合做學問；如果非要做官，他也只能擔任北大校長一類的學術職務。

二、「院長」胡適

　　久居美國之後，胡適想回臺定居。這個想法既與他在美國的生活狀況有關，也與他在學術上和政治上的考慮有關。在學術上，胡適想利用「中央研究院」史語所的藏書，寫完幾部沒有寫完的書；〔註71〕在政治上，他也許還想爲爭取言論自由出一分力。〔註72〕

　　1957年8月20日，「中研院」院長朱家驊呈請辭職。11月4日，經該院評議會公開投票，胡適被選爲「中研院」院長。蔣介石當天就批准了這一任命，並親自致電胡適，催促其儘快起身回臺。1958年4月，胡適旅美九年之後，回臺灣就任「中央研究院」院長。〔註73〕就這樣，繼北京大學校長之後，胡適再次擔任重要的學術職務，成爲臺灣學術界的領袖。

　　身爲「中研院」院長，學術研究自然成爲胡適最關心的事情。回臺灣的當天，胡適在機場回答記者的提問時就說「中央研究院是國家最高學術機關，

〔註70〕唐德剛，胡適雜憶〔M〕，桂林：廣西師範大學出版社，2005：15～19。

〔註71〕沈衛威，無地自由——胡適傳〔M〕，合肥：安徽教育出版社，2005：410。以下關於胡適的活動，如無特殊說明，皆出自該書。

〔註72〕胡適在1957年7月曾致信趙元任：「這大半年來的所謂『圍剿《自由中國》半月刊』的事件，其中受圍剿的一個人就是我。所以我當初決定要回去，實在是爲此。（至少這是我不能不回去的一個理由）……」對於這封信，余英時解讀爲「爭取言論自由」，沈衛威則認爲「胡適想在晚年繼續保持自由主義大師的領袖地位和精神導師的身份」。（余英時，重尋胡適歷程：胡適生平與思想再認識〔M〕，桂林：廣西師範大學出版社，2004：124～125；沈衛威，無地自由——胡適傳〔M〕，合肥：安徽教育出版社，2005：409）

〔註73〕胡適就任院長並非心甘情願，而是另有一番曲折。詳見沈衛威，無地自由——胡適傳〔M〕，合肥：安徽教育出版社，2005：403～405；余英時，重尋胡適歷程：胡適生平與思想再認識〔M〕，桂林：廣西師範大學出版社，2004：125～128。

必須迅速負起推廣學術研究的任務」。〔註74〕在就職典禮和繼之舉行的第三屆院士會議開幕式上，胡適更是反復強調學術研究的重要性。

胡適在美國從事「國民外交」時，臺灣當局就借助他的個人影響而籠絡了一大批在美國留學的華裔學者。歸臺後，身為「中研院」院長，發現人才、培養人才自然成為胡適的主要工作之一。就職第二天，胡適就主持召開了「中研院」第三屆院士選舉大會，從 34 位候選人中選出院士 14 人，並增選朱家驊、姚從吾等人為第三屆聘任評議員。第二年七月，胡適主持的第四屆院士會議又選出了 9 位新院士。

出任院長不到十天，胡適就以「光復大陸設計委員會」副主任〔註75〕的身份，在該會第七次綜合會議上發表演說，提出爭取學術獨立的主張，呼籲以全社會的力量，建立期獨立的學術環境，充實大學的研究所，以挽救人才「出超」的危機，同時強調學術是國家無形的財富，也是無盡的財富。此外，胡適還針對臺灣當局只顧擴軍備戰、忽視科學技術的開發而向當局建議：「我們不要以為光復大陸以前不需要科學人才，不需要建設科學的國防，科學的經濟，科學的文化，科學的教育，不要以為一旦反攻大陸，所有在國外的人才都要回來了。」在此基礎上，胡適又兜出他十一年前所寫的《爭取學術獨立的十年計劃》，並重申他提出的爭取學術獨立的四項措施：

　　第一，充實國內大學，凡希望得著基本學術訓練者不必出國；

　　第二，充實大學研究院及獨立的研究所，使受過基本學術訓練
　　的人，可以繼續深造研究；

　　第三，國家在科學上、工業上、技術上有不能解決的問題，可
　　以由大學以及大學的研究院協助研究解決；

　　第四，在世界學術的發展上，我國學人多與各國學人分工合作，
　　共謀世界的學術發展。〔註76〕

離美返臺前，胡適就請著名物理學家吳大猷草擬了一份《建議政府「發展學術培植人才」，暨作「基本方針」及「五年計劃」之決定》。返臺正式擔

〔註74〕胡頌平，胡適之先生年譜長編初稿（第 7 冊）〔M〕第 2655 頁，轉引自沈衛威，無地自由——胡適傳〔M〕，合肥：安徽教育出版社，2005：411。

〔註75〕1954 年 7 月，遠在美國的胡適就被臺灣當局聘請擔任為此職。

〔註76〕胡頌平，胡適之先生年譜長編初稿（第 7 冊）〔M〕第 2675 頁，轉引自沈衛威，無地自由——胡適傳〔M〕，合肥：安徽教育出版社，2005：414～415。

任「中研院」院長後，胡適在吳大猷的基礎上，擬定了《國家發展科學培植人才的五年計劃的綱領草案》。草案中，胡適認為臺灣面臨「兩大危機」：一是科學研究太落後，缺乏現代科學基礎；二是大量科學人才出國不歸，造成人才的危機。此兩項事實互為因果，但根本原因則在於當局把工作重心放在「反攻大陸」的政策上，對科學研究不夠重視。針對這些危機，胡適提出了十一項具體措施，其中包括成立由「總統」等人組成的「國家發展科學最高決策委員會」，成立「國家發展科學設計委員會」，成立「國家發展科學專款」，設立「國家客座教授」和「國立研究講座教授」，設立「研究補助費」和「研究生助學金」，逐年添建「學人住宅」等。

此後，胡適在各種場合宣傳他的「五年計劃」。1959 年初，胡適所提出的為期五年的《國家長期發展科學計劃綱領》，由「行政院」院務會議正式通過，它標誌著胡適的夢想成為現實，自然令胡適倍感欣慰。日後，胡適為實現這個「五年計劃」付出了極大的努力。胡適在給在美國的朋友寫信時表示，自己在有生之年要全力以赴做好一件事，這就是「國家長期發展科學委員會」的事。

胡適提出的「五年計劃」為日後臺灣的科技進步、經濟發展，並一躍成為「四小龍」之一奠定了堅實的基礎。這在胡適來說，是他「民主政治」、「言論自由」之外的最大收穫，也是他回臺定居後最可自我寬慰，乃至身後受人稱道之處。相比政治上的無力，還是他「中研院」院長任上的這點政績可以告慰世人。〔註77〕

1962 年 2 月，胡適在「中研院」歡迎新院士的酒會結束後，心臟病猝發而死。胡適死後，國民黨當局成立了以「副總統」陳誠為主任的、103 人組成的治喪委員會，蔣介石也親自寫了一副輓聯：「新文化中舊道德的楷模，舊倫理中新思想的師表」。七個月後，胡適的遺體被安葬在「中研院」對面的舊莊山坡。在墓前的臺階上，刻著「治喪委員會」發佈的「墓誌銘」。銘文這樣寫到：

> 這個為學術和文化的進步，為思想和言論的自由，為民族的尊榮，為人類的幸福而苦心焦思，散精勞神以致身死的人，現在在這裡安息了！

〔註77〕沈衛威，無地自由——胡適傳〔M〕，合肥：安徽教育出版社，2005：417。

我們相信，形骸終要化滅，陵谷也會變易，但現在墓中這位哲人所給予世界的光明，將永遠存在。

第四節　「自由思想者」殷海光

一、臺大「精神磁石」

1949 年，殷海光 30 歲，無論在學術上還是在政治上，他都還是一個默默無聞的小人物。當年 1 月，作為《中央日報》主筆的殷海光隨報社一起來到臺灣。3 月 12 日，《中央日報》在臺北重新出刊，殷海光仍然擔任主筆，並兼任該報副刊《青年周刊》的主編。同時，殷海光擔任《民族報》（今《聯合報》）的總主筆和《自由世紀》雜誌的編輯委員。跟雷震一樣，殷海光對遷臺之初的國民黨寄予厚望，希望它能在痛定思痛之後有所進步。因此，殷海光仍然表現出他在大陸時的鋒芒，期望以其尖銳而深厚的筆影響報界輿論。銳利的筆鋒，加上他不通人情的處事風格，殷海光得罪了不少同業人員，結果引來多家報社的攻擊，用大號字體斥其為「別字主筆」，並使用了「狂妄」、「夜郎自大」等字眼。

但是，殷海光很快就對國民黨失望了。於是，他對國民黨的批評愈加嚴厲。他在《中央日報》的一篇社論中譏諷國民黨到臺灣是「政治垃圾」入口〔註78〕，並在《這是國民黨反省的時候》一文中批評國民黨在臺灣的黨務改造是「走向失敗的開始」。〔註 79〕

失望之後，殷海光決定重新尋找自己的角色定位。1949 年 8 月，他成為臺灣大學哲學系的一名講師，講授邏輯學，並很快成為臺大校園裏最受歡迎的教師之一，甚至是最受歡迎的教師，因而被他的學生張灝稱之為臺大校園裏的「一塊精神磁石」。張灝回憶，那時的臺大校園，不乏講堂裏叫座的教授，比如說法學院的薩孟武先生，教國際關係的黃祝貴先生等。論口才和學識，殷海光不一定比他們好，但他們對學生的吸引力，只限於知識層面，只能在

〔註 78〕殷海光，設防的基礎在人心〔N〕，中央日報（臺灣），1949－5－12。原文為「內地腐毒的政治因素，隨著政治垃圾之大批入口，作用於臺省每一個角落，使臺省發生腐蝕現象。」全文見汪幸福，殷海光與蔣介石〔M〕，武漢：湖北人民出版社，2000：85～86。

〔註 79〕社論，這是國民黨反省的時候〔J〕，自由中國，1954，10（10）。

教室裏發揮。而殷海光的吸引力卻不僅限於教室，在教室以外，仍然有一群學生環繞著他，和他聊天，與他交遊。〔註80〕同樣是他的學生、後來又留在臺大哲學系任教的劉福增則這樣講到：「一講到三十多年來的臺大，第一個常常被提到的人，不是傅斯年〔註81〕，就是殷海光。但是，如果從學術思想的內涵、學術批評精神和風範的樹立，追求眞理精神的光輝，以及感動和影響青年學子思想精神和學術情趣等方面來看，殷海光，無疑的，是臺大三十多年來的第一人。」〔註82〕在殷海光的感召下，很多外系的學生也來聽殷海光的課，甚至轉到哲學系就讀。大陸學界所熟知的「殷門弟子」，如林毓生、張灝、李敖等，其實都是臺大歷史系而非哲學系畢業的學生。

　　殷海光之所以如此受歡迎，主要得益於以下幾點：第一，嫻熟的演講天分。站在講臺上，殷海光總是激情澎湃，靈光閃閃，既有理性分析，又帶有感性色彩。第二，理想主義的激情，自由主義的思想和敢於批評的精神。第三，關心學生，爲人隨和。殷海光常常和學生一起坐在校園的草坪上討論問題，無形中讓學生體會到治學方法的重要性。第四，教材的革新，常常爲學生推薦主要參考書。〔註83〕

　　作爲教師，殷海光無疑是成功的；作爲學者，殷海光同樣成功。任教於臺大哲學系之後，殷海光沿襲其早年的學術訓練，教授並引介邏輯經驗論，「很快就在臺灣學術界獨樹一幟，他的名字和邏輯與解析哲學，以及追求純理知識緊密結合在一起。同時，其追求純理知識的努力也結出了豐碩果實，影響著臺灣學術的轉型」。〔註84〕同時，殷海光還「通過其所引介的注重邏輯與經

〔註80〕張灝，殷海光與中國知識分子──紀念海光師逝世30週年〔A〕，見：張灝，幽暗意識與民主傳統〔M〕，北京：新星出版社，2006：320～324。

〔註81〕傅斯年（1896～1950），字孟眞，山東聊城人，著名歷史學家、教育家。1949～1950年任臺灣大學校長。傅斯年執掌臺大的兩年，恰好是國民黨敗退臺灣並開始建立黨國威權體制的時期，在這樣的環境中，傅斯年堅守學術的獨立和尊嚴，廣延教授、增建校舍、充實圖書、獎勵研究，從而對臺大的發展作出了巨大的貢獻，並奠定了臺灣學術的根基及自由傳統。殷海光當年就是通過向傅斯年毛遂自薦而獲得教職的。

〔註82〕劉福增，殷海光與臺大〔A〕，見：殷夏君璐等著、賀照田編選，殷海光學記〔M〕，上海：上海三聯書店，2004：360～374。

〔註83〕參見章清，思想之旅──殷海光的生平與志業〔M〕，鄭州：河南人民出版社，2006：117～120。

〔註84〕章清，思想之旅──殷海光的生平與志業〔M〕，鄭州：河南人民出版社，2006：125。

驗的西方學術應付所面對的問題：表達對現實政治的關懷，反思傳統中國的學術與文化。在此過程中，其自由主義思想也從背景走向前臺，展現其投身現實政治的自由主義者身份」。〔註85〕因爲本書的需要，筆者接下來重點論述他與《自由中國》的關係。

二、《自由中國》的「臺柱」

差不多就在從報社轉到臺大任教的同時，殷海光就介入了《自由中國》的籌備工作，〔註86〕並成爲《自由中國》的編委，直到雜誌被迫停刊。從他在《自由中國》第一期上發表《思想自由與自由思想》，到最後一期發表《大江東流擋不住》止，殷海光共在《自由中國》上發表文章96篇。〔註87〕由於殷海光特立獨行的個性和與眾不同的交往方式，一開始給雜誌社人員留下的印象是「不合群」，「目中無人」，〔註88〕雷震也對他頗有微辭。〔註89〕他與社中朋友雖然互有不滿，但《自由中國》的風格符合他的口味，他也願意留在社中，時間一長，同事們開始瞭解到他的爲人也有可親的一面，關係日趨好轉。不過，在《自由中國》創刊頭七年，特別是1949至1953年間，殷海光在雜誌社一直處於比較邊緣的地位。〔註90〕

1956年底，「祝壽專號」出版之後，殷海光爲《自由中國》撰寫社論的數目開始大幅度飆升，逐漸成爲《自由中國》的「臺柱」。他的文章生動俏皮，筆鋒凌厲，持論尖銳，光芒四射，又帶有較強的理論性和學術術語的潤飾，極具震撼力和影響力，也常常引起爭論。〔註91〕在這段時期，殷海光對現實

〔註85〕章清，思想之旅──殷海光的生平與志業〔M〕，鄭州：河南人民出版社，2006：127。

〔註86〕許冠三，儆寰先生辭世十一年祭〔M〕，雷集，2：251～254。

〔註87〕其中包括1篇譯文《自由思想與人文思想》，但不包括以連載形式在《自由中國》發表的譯文《到奴役之路》。此數據係筆者根據王中江《殷海光論著目錄》（王中江，煉獄──殷海光評傳〔M〕，北京：群言出版社，2003：323～333）統計。不過，作者本人卻初步統計爲「50多篇」（第84頁），顯然有誤。

〔註88〕參見呂怡蓉，《自由中國》雜誌與臺灣黨外運動發展之研究〔D〕，臺北：臺灣師範大學政治學研究所碩士論文，2006：57～58。

〔註89〕雷震1949年11月23日日記，雷集，31：386。另，參見章清，思想之旅──殷海光的生平與志業〔M〕，鄭州：河南人民出版社，2006：132～133。

〔註90〕呂怡蓉，《自由中國》雜誌與臺灣黨外運動發展之研究〔D〕，臺北：臺灣師範大學政治學研究所碩士論文，2006：58。

〔註91〕同上。

政治極度不滿，在《自由中國》與臺灣威權體制的對抗中扮演了很重要的角色。正如夏道平在回憶殷海光時所說：「在《自由中國》生命史的十年當中，他寫的稿子（包括社論、專論、公開信、翻譯），就篇數講，或許比我寫的少些。但在質的方面，比我的那些低調不知要高明響亮多少倍。他的文章，在分析事理方面充分顯示科學家的嚴謹精神，而在措辭造句上，又顯出『語不驚人死不休』的詩人氣派。當時《自由中國》的聲譽蒸蒸日上，我們可以說，得力於殷先生的文章爲最多；同時爲《自由中國》惹來麻煩的，殷先生的文章也眞不少。」〔註92〕

除了對威權體制的直接批判外，殷海光還經常發表有關自由民主理論的文章，在他本人成長爲自由主義者的同時，〔註93〕還深深地影響了《自由中國》的讀者，成爲一代啓蒙大師。章清認爲，殷海光加入《自由中國》雜誌後，經過數年的思想煎熬，其一身的志業已大致定型，那就是「通過他的學術訓練，闡揚自由主義的基本理念」。〔註94〕殷海光的傳記作者王中江則這樣寫到：「如果說在臺大的講壇上，殷海光以他的獨特個性、風格和學識開啓和震撼了一批學子的心靈，那麼在《自由中國》雜誌上，他勇敢直言，呼喚自由民主和理性，同極權對決，則激發和影響了整個臺灣的社會和大眾。《自由中國》因殷海光的雄文和勇氣而輝煌，殷海光也因《自由中國》而聲名大震。」〔註95〕

殷海光的思想和言論不僅引起了臺灣當局和臺灣社會的注意，還引起了

〔註92〕夏道平，紀念殷海光先生〔A〕，見：殷海光全集（18）〔M〕，臺北：桂冠圖書公司，1990：240～241。轉引自王中江，煉獄——殷海光評傳〔M〕，北京：群言出版社，2003：84。

〔註93〕《自由中國》初創階段，殷海光雖然試圖超越原來的黨派識見，但並未完成其思想的徹底轉變。有論者將殷海光1949年《爭思想自由的歷史巨流》一文看作遷臺以後的殷海光「再出發」的象徵，但章清認爲，當時的殷海光只是一般性地闡述思想自由的重要性，並不能表示其言說方式有了根本轉換。章清認爲，殷海光在1952～1953年間才轉變爲一個自由主義者。參見章清，思想之旅——殷海光的生平與志業〔M〕，鄭州：河南人民出版社，2006：133～140。

〔註94〕章清，思想之旅——殷海光的生平與志業〔M〕，鄭州：河南人民出版社，2006：160。

〔註95〕王中江，煉獄——殷海光評傳〔M〕，北京：群言出版社，2003：81。對殷海光思想的介紹與評論，可參閱該書第91～167頁，及章清，思想之旅——殷海光的生平與志業〔M〕，鄭州：河南人民出版社，2006：107～387。

美國政府的注意。美國國務院向殷海光發出邀請，邀請他赴美考察、研究和講學。1955 年 1 月 7 日，殷海光正式啓程，經日本東京飛美國，到哈佛大學作爲期半年的考察和研究。〔註 96〕殷海光赴美考察，對《自由中國》來說，這是一件大事。因爲社內只有他有機會離臺赴美，所以在他離臺前舉行了歡送會，並請他代表雜誌社到紐約拜訪胡適；在他返臺後又舉行了聚餐會，請他介紹美國的情況。看望胡適時，殷海光與胡適發生了幾次爭論，殷海光批評胡適在政治上有些保守，又過於穩健，對國民黨和蔣介石太妥協、太懦弱，有時又表現得太鄉愿；胡適則批評殷海光書生氣太重，說政府在許多事情上有它的難處。後來，因「吳國楨事件」〔註 97〕兩人又發生了一場筆戰。返臺之後，殷海光寫成《西行漫記》，只作短暫停留的東京成爲他印象最深刻的地方。〔註 98〕

　　而隨著暸解的逐漸深入，殷海光與雷震的關係也越來越密切。雷震被註銷國民黨黨籍後，殷海光即致信雷震：「欣聞老前輩斷尾，誠新春之一喜訊也，可祝可賀。從此先生更可本平民立場，爲民主事業奮進不休也。」〔註 99〕寥寥數語，便表達了一個自由主義者堅持與權力保持距離的信念和原則。殷海光赴美前後，雷震都很關心，細心安排，令殷海光很是感動。1956 年年底，不知何故，殷海光向雷震請辭《自由中國》編委一職，經雷震挽留後，殷海光未再表示辭職。〔註 100〕雷震被捕後，殷海光挺身而出，不但發表了《我看

〔註 96〕殷海光原計劃在美考察研究一年，但他對美國的工業文明不能完全認同，加之半年之後，他覺得自己在美國的考察研究任務已基本完成，於是提前返臺。

〔註 97〕所謂「吳國楨事件」，是指吳國楨赴美之後，因遭臺灣當局誣陷，被迫在美國的媒體上公開批評蔣氏父子在臺灣的獨裁和專制，從而引起的一連串事件。事件發生後，胡適批評吳國楨在美國公眾面前「誣蠛自己的政府」，並在新領袖（New Leader）雜誌上發表《臺灣是多麽的自由》（How Free is Formosa？）一文，公開爲臺灣當局辯護；殷海光和李敖等人則批評胡適這樣做沒有道理。已有足夠證據表明，吳國楨對臺灣政治的批評基本屬實，而胡適對吳國楨的指責以及他爲臺灣當局的辯護是公開說謊。這一點，令胡適在道義上大大失分。參見楊金榮，角色與命運：胡適晚年的自由主義困境〔M〕，北京：三聯書店，2003：第五章「胡適與吳國楨事件」；魏邦良，胡適與吳國楨：誰在說謊？〔J〕，開放時代，2007，（3）。

〔註 98〕參見汪幸福，殷海光傳〔M〕，武漢：湖北人民出版社，2000：118〜137。

〔註 99〕殷海光致雷震，1955 年 1 月 4 日，雷集，30：287。

〔註 100〕雷震 1956 年 12 月 29 日、30 日日記，雷集，38：355〜356。殷海光辭職一事，甚爲隱秘，不大爲人所知，只是在雷震日記中保留了對此事簡要的記載，但也並未說明原委。章清根據雷震在 12 月 30 日日記中的辯說推測，殷海光

雷震和新黨》、《法律不會說話——因雷案而想起的》和《雷震並沒有倒——給李萬居先生的一封公開信》等文，對國民黨逮捕雷震進行抗爭，肯定雷震為自由民主奮鬥的精神價值，還執筆並和夏道平、宋文明聯名發表了《〈自由中國〉言論撰稿人的共同聲明》，為《自由中國》的言論辯護，並勇敢地對他們自己在《自由中國》上發表的文字承擔責任，意在為雷震分擔。此後，他的住宅四周日夜有人監視。而雷震被判刑之後，殷海光則受了很大的刺激，同時也對胡適感到極度的灰心，此後他不再提到胡適，甚至胡適去世，他也沒去弔唁。〔註101〕

三、「自由思想者」的孤寂

對雷震等人的組黨活動，殷海光與胡適一樣，沒有直接參與。同時，殷海光也贊同胡適的溫和主張，主張用「在野黨」的稱呼代替敏感的「反對黨」，甚至主張連「黨」字也不要用，只稱什麼「會」。〔註102〕但是，殷海光對組黨活動是支持的，並對其寄予厚望：「如果有這麼一群創造的少數人作骨幹和引擎，那麼中國的民主自由人權運動不會沒有可見及的成果的」。〔註103〕甚至就在雷震被捕的前三天，《自由中國》還發表了殷海光執筆的社論《大江東流擋不住》，稱自由、民主、人權等大多數人的共同願望遲早有實現的一天。〔註104〕

之所以要辭職，是出於對《自由中國》及雷震有不同看法，對《自由中國》與官方之間的種種曖昧心存疑慮。（章清，思想之旅——殷海光的生平與志業〔M〕，鄭州：河南人民出版社，2006：218）筆者認為此說值得商榷。因為那時《自由中國》的主題已從反共轉向批判，並與當局發生了幾次言論衝突，官方也已經停止了對它的補助，殷海光不可能不瞭解。根據同樣的日記，筆者的結論是殷海光對雷震干預《自由中國》太多、管得太細心存不滿。雷震在當天的日記中，表明自己的態度在發表《政府不可誘民入罪》及胡適的抗議信之後便已發生改變，並謂「當時之保安司令部，對我們壓迫備至，幾乎透不過氣來，我自不能不以全力照料刊物也。對殷先生辭職事，一再勸其不必。他認為本社今後要組織化、制度化，我非常贊同其意見，故請其打消辭職念頭，最後他未再表示辭職。」如果是對《自由中國》與官方的「曖昧」心存疑慮，依殷海光的思想和個性，估計他早就辭職不幹了，更不會這麼快就被雷震說服。

〔註101〕參見王中江，煉獄——殷海光評傳〔M〕，北京：群言出版社，2003：88～89。
〔註102〕殷海光，我對於在野黨的基本建議〔J〕，自由中國，1960，23（2）。
〔註103〕同上。
〔註104〕社論，大江東流擋不住〔J〕，自由中國，1960，23（5）。

　　殷海光雖然沒有參與雷震等人的組黨活動，但他對臺灣當局的批評是從來不留情的，因此引起了當局的注意和反感。殷海光沒有跟雷震等人一起被捕，那只是他偶然的幸運，並不能因此改變他被威權當局迫害的命運。〔註105〕

　　《自由中國》停刊之後，殷海光失去了最重要的言論陣地。痛心疾首之餘，殷海光開始調整自己，在寫了抗議「雷案」的文章後，他就不再撰寫抨擊國民黨的政論文章，希望把對威權體制的直接批判，轉移到學術研究上來。但是，當局對他早已恨之入骨；加上他在「雷案」發生後，又公開聲援雷震，批評當局的特務行徑，更激起了當局的仇恨，欲除之而後快。於是，特務機關設計了一個陰險的毒計，計劃引誘殷海光「犯罪」，然後將其逮捕。幸虧殷海光的學生胡學一幫助殷海光識破了特務的詭計，殷海光沒有上當。〔註106〕

　　殷海光雖然逃過了特務的陷害，卻未能逃脫論敵的圍攻。1962年2月，《文星》刊登了殷海光的學生李敖的文章《給談中西文化的人看看病》，再次引發了「中西文化論戰」，殷海光被迫捲入這一漩渦。然而，論敵不從學術出發，而是對殷海光進行人身攻擊，全盤否定他的學術和人格。儘管殷海光對之採取了置之不理、保持沉默的態度，但由於他沒有保持嚴格的中立，而是為參與論戰的學生出主意、改文章，〔註107〕使論敵對他的攻擊逐漸升級，以至「文

〔註105〕據說雷震等人被捕前，殷海光的名字也在抓捕的名單中，只是在特務動手前，才把他的名字從「黑名單」中劃掉了。如果這是事實，則說明當局對殷海光已到了不能容忍的地步了。參見王中江，煉獄——殷海光評傳〔M〕，北京：群言出版社，2003：209。

〔註106〕這個詭計是警備司令部的特務們想出來的，計劃大致如下：利用殷海光對當局的仇恨，編造一個「除三害」（即蔣介石、陳誠和蔣經國）的計劃，然後買通一個人，設法讓他認識殷海光，這個人再以「除三害」的計劃書請教殷海光，引誘殷下水，最後以「共同謀害國家元首罪」將殷海光逮捕。最後，殷海光在胡學一的幫助下，識破了特務的詭計，沒有上當；但特務卻沒有放過胡學一，以「叛亂罪」將他逮捕，判刑七年。參見王中江，煉獄——殷海光評傳〔M〕，北京：群言出版社，2003：210～213。

〔註107〕論戰之初，殷海光的幾個學生前來問計，殷海光態度鮮明：第一，他絕不寫文章；第二，要不要打筆仗，那是個人自己的事，他既不反對也不支持。但他同時告誡學生：「如果你們決定打筆仗的話，就得在技術上站得住，以免為人所乘。」所以，學生們紛紛拿來文章，請殷海光修改。可是，殷海光以往的文字風格早為人們熟知，學生的文章發表後，人們認為這些人是代殷海光出戰。更嚴重的是，對李敖的文章，即使殷海光仔細修改，也不見得被接受，

化論戰」演變爲對殷海光的誣衊、毒罵甚至是迫害，從而深深地刺痛了殷海光的心。〔註108〕

　　儘管殷海光遇到了這麼嚴重的困難，但他依然沒有中斷自己的學術研究。1966 年 1 月，文星書店出版了殷海光的代表作《中國文化的展望》。該書是殷海光面對社會劇變和文化論爭而「獨自出發來尋找出路和答案」〔註109〕的結果。殷海光在書中對自己原來的觀點作了反思，在一定程度上肯定了中國傳統文化的價值。〔註110〕金耀基在書評中這樣寫到：

　　　　他在本書裏所表現出來的態度已完全淘洗了他過去的偏執。不錯，他對中國文化的批評還是很嚴厲的，但隱藏在嚴厲背後的動機不是「破」而是「立」。從他的字裏行間，已不難嗅到他在企圖擁抱中國文化生命情調的高貴素質，已不難看到一份由長期冷寂中孕育出來的超越的清明心態。他給我的印象是，他已戰勝了他自己。〔註111〕

　　可是不久以後，《中國文化的展望》還是被當局以「反對傳統文化」爲由查禁。接著，當局的迫害接踵而至。〔註112〕首先是迫使殷海光「自願」放棄申請「國家長期發展科學補助金」，而這項每月 60 美元的補助金曾一直占到他的最低生活費用的一半；然後迫使殷海光離開臺灣大學，使他失去了生活來源，因此不得不靠朋友和學生的救濟生活；而在殷海光失去教職以後，當局還派特務監視他，使很多朋友不敢來看他，甚至在街上見了面也不敢打招呼。1967 年，哈佛大學邀請殷海光赴美研究，當局卻對殷海光的出國申請採取了拖延戰術，把他困在了臺灣。

　　遭受當局迫害的同時，殷海光還要忍受病痛的長期折磨。1969 年，躺在病床上的殷海光這樣評價自己的一生：

　　　　以至於有些人誤認爲「李敖」是殷海光的筆名。參見章清，思想之旅──殷海光的生平與志業〔M〕，鄭州：河南人民出版社，2006：258～259。

〔註108〕參見王中江，煉獄──殷海光評傳〔M〕，北京：群言出版社，2003：214～220；章清，思想之旅──殷海光的生平與志業〔M〕，鄭州：河南人民出版社，2006：254～264。

〔註109〕殷海光，中國文化的展望〔M〕，上海：上海三聯書店，2002：序言。

〔註110〕參見何卓恩，殷海光與近代中國自由主義〔M〕，上海：上海三聯書店，2004：228～232。

〔註111〕金耀基，殷海光遺著《中國文化的展望》我評〔A〕，見殷海光，中國文化的展望〔M〕，上海：上海三聯書店，2002：附錄三。

〔註112〕參見汪幸福，殷海光傳〔M〕，武漢：湖北人民出版社，2000：280～311；王中江，煉獄──殷海光評傳〔M〕，北京：群言出版社，2003：220～245。

　　我是五四後期的人物（post-May-fourthian），正像許多後期的人物一樣，沒有機會享受五四時代人物的聲華，但卻遭受著寂寞、淒涼和橫逆。〔註 113〕

　　那麼，什麼是「五四後期人物」呢？這可以從殷海光給張灝的信中找到答案：

　　我自封爲「a post-May-fourthian」（「五四」後期人物）。這種人，being ruggedly individualistic（堅持獨立特行），不屬於任何團體，任何團體也不要他。這種人，吸收了「五四」的許多觀念，「五四」的血液尚在他的血管裏奔流，他也居然還保持著那一時代傳衍下來的銳氣和浪漫主義的色彩。然而，時代的變動畢竟來得太快了。「五四」的兒子不能完全像「五四」的父親。這種人，認爲「五四」的父親淺薄，無法認眞討論問題，甚至被時代的浪潮沖褪了色，被歲月磨掉了光彩。而「五四」的父親則認爲他是一個「欠穩健的時代叛徒」，有意無意的和他 alienate（疏遠）起來。〔註 114〕

　　無論是「五四後期人物」，還是「五四的兒子」，殷海光都認爲自己的思想受到了五四的重大影響，並堅守了五四的精神。其中同時含有對胡適那一輩「五四人物」或「五四的父親」的些許批評和對自己超越他們的些許自得。

　　1969 年 9 月，殷海光在貧病交加中去世。1978 年，雷震等人將殷海光的骨灰移葬於「自由墓園」。墓碑上刻著雷震題寫的碑文：「自由思想者殷海光之墓」。

本章小結

　　在臺灣威權體制之下，雷震、胡適、殷海光和吳國楨這四位知識分子扮演著不同的角色。從職業角色來看，他們利用自己的知識從事不同的職業，並作出了不錯的成績。雷震從國民黨的高級幕僚轉爲《自由中國》雜誌的負責人及編輯、作者等職，爲臺灣政論雜誌的發展作出了很大貢獻；胡適以「中

〔註 113〕陳鼓應編，春蠶吐絲——殷海光最後的話語〔M〕，臺北：震宇出版公司，1971：22～23，轉引自章清，思想之旅——殷海光的生平與志業〔M〕，鄭州：河南人民出版社，2006：1。

〔註 114〕殷海光致張灝，1967 年 3 月 8 日，見：賀照田編，殷海光書信集〔M〕，上海：上海三聯書店，2005：195～202。

研院」院長之職，執學界之牛耳，爲臺灣的學術發展作出了很大的貢獻；殷海光兼大學教授、編輯和政論家的角色，既在教育與學術方面有相當成就，又對《自由中國》雜誌的發展貢獻很大；吳國楨一生爲官，擔任臺灣省政府主席期間，勤政愛民，政績卓著，對臺灣社會經濟發展和民主政治建設等各項事業均有相當貢獻。

然而，知識分子不僅要做好自己的本職工作，還應該保持對公共事務的關心和對現實政治的批判。從這一點來看，他們也做得很出色。雷震和殷海光通過《自由中國》雜誌，堅持不懈地批評臺灣威權體制，傳播自由和民主的理念，扮演著「體制外」反對派的角色，對臺灣民眾起到了較好的啓蒙作用；而雷震還直接參與「中國民主黨」的組黨運動，對臺灣民主運動的發展和政治轉型影響很大。吳國楨直接參與政治，擔任政府高官。雖然身爲「體制內」的一分子，但他仍能堅持批判的立場，不與威權當局同流合污，從而扮演著諫議者的角色。胡適在臺灣的論政表現雖不如從前，但他堅持自由主義的立場，利用各種可能的機會批評時政，扮演著「諍友」的角色。

與他們的角色相對應，四人與當局的關係也不一致。如果按照他們與當局關係的遠近或親疏，將他們放在同一條坐標軸上，那麼可以將殷海光和吳國楨置於左右兩端：前者始終與當局保持一定的距離，後者擔任省主席一職，管轄的地域幾與最高當局相當。胡適和雷震則可以排在中間：前者靠近吳國楨，後者靠近殷海光。胡適與國民黨當局的關係一直比較密切，雷震則先密而後疏。大概位置可以用下圖表示：

圖五：殷海光、胡適、雷震、吳國楨與國民黨當局的關係示意圖

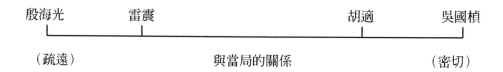

結　論

一、臺灣威權體制下的知識分子

　　1949 年，國民黨敗退臺灣後，建立了一套控制嚴密的「黨國威權體制」。在這種威權體制下，知識分子的活動空間大為縮小。而中國知識分子既保持了古代士大夫的政治傳統，又受到西方自由民主思想的影響。因此，知識分子與威權體制的衝突不可避免。

　　雷震等人創辦《自由中國》雜誌，本來是特殊時代背景下國共兩黨政治鬥爭的產物。但是，堅持自由民主與憲政理念的雷震，無法認同國民黨在臺灣建立的「黨國威權體制」，因而對其展開了不懈的批判。威權體制的本質決定了臺灣當局不能容忍知識分子的批評，於是兩者之間頻頻爆發衝突。因此，雷震與國民黨漸行漸遠，以至公開決裂。而雷震為了實現他的民主理想，參與並領導了臺灣威權體制建立以來的第一場民主運動——「中國民主黨」組黨運動，這更加激發了威權當局懲罰雷震的決心。於是，當局給雷震「安置」了一個罪名，判他入獄十年。知識分子與威權體制的第一次較量，以知識分子的失敗而告終。然而，雷震對臺灣政治轉型的貢獻是不容抹殺的。他不僅開創了臺灣民主運動「辦刊＋組黨」的模式，他的言行和精神還深深地影響和鼓舞了幾代臺灣民主人士對自由民主的追求。按照中國傳統的評價標準，「立言」、「立功」、「立德」，他一樣不缺。

　　除雷震外，本書還考察了臺灣威權體制下三個著名的知識分子——胡適、殷海光和吳國楨。通過對他們與雷震的比較研究，本書發現，知識分子的角色扮演有各種不同的方式：雷震和殷海光是「體制外」的反對派，吳國

楨是「體制內」的諫議者，胡適則扮演了介於「體制內」與「體制外」之間的「諍友」角色。無論通過什麼方式，知識分子對公共事務的關心、對現實政治的批判態度還是一致的。

楊國樞認爲，一個人的所言所行要稱得上是知識分子，他必須能夠扮演下列的角色與功能：社會問題的診斷者，社會事務的批評者，社會改革的建議者，社會理想的提供者。〔註 1〕如果用這個標準來衡量，雷震、胡適、殷海光和吳國楨無疑都是臺灣知識分子中的佼佼者。

二、知識分子・威權體制・政治轉型

臺灣政治轉型是多種因素綜合作用的結果，其中既有宏觀的結構因素，也有微觀的人爲因素。從宏觀來看，一種有利於民主的政治文化是政治轉型的重要條件之一；從微觀來看，臺灣政治轉型是威權勢力與民主力量兩者之間相互鬥爭與妥協的結果。知識分子在這兩方面都作出了重要貢獻：第一，知識分子促進了民主觀念的傳播。知識分子堅持不懈地對威權體制進行批判，將自由民主的觀念傳播到全社會，對臺灣民眾起到了很好的啓蒙作用，有利於民主政治文化的形成。第二，知識分子傳播的民主觀念，促進了民主運動的發展，推動了民主力量的成長；而知識分子參與民主運動，更是直接構成了民主力量的一部分。民主力量的不斷壯大對威權體制構成了直接的威脅，迫使臺灣當局不得不採取「政治革新」，從而推動了臺灣的政治轉型。知識分子對臺灣政治轉型的影響，爲我們研究威權體制及其轉型提供了許多經驗。

第一，知識分子是威權體制的重要制衡力量。由於威權體制沒有議會、反對黨、媒體和選民等制度化的批評機構，知識分子的批評就顯得格外重要。如果沒有知識分子的批評和監督，威權體制就會變得更加嚴密，甚至有轉向極權體制的危險。因爲「一切有權力的人都容易濫用權力，這是萬古不易的一條經驗」，〔註 2〕威權統治者自然不會例外。除了在媒體上以言論批評威權體制外，知識分子還會參與到各種形式的社會政治運動當中，同樣給威權當局造成一定的壓力。無論運動的結果如何，即使是被當局所鎮壓，都會在一定程度上動搖威權統治的基礎。

〔註 1〕 楊國樞，臺灣知識分子的過去、現在和未來〔A〕，見：中國論壇編輯委員會主編，知識分子與臺灣發展〔C〕，臺北：中國論壇雜誌，1989：代序。
〔註 2〕 〔法〕孟德斯鳩，論法的精神（上冊）〔M〕，北京：商務印書館，1961：154。

　　第二，知識分子是威權體制保持社會穩定或實現「和平轉型」的重要因素。這可以從以下三個方面來解釋：（1）威權體制對社會的嚴密控制，必將引起人們的反感，而知識分子的批評既為民眾提供了發泄不滿的途徑，又使民眾看到了改善政治的希望。如果沒有知識分子的批評，普通民眾對當局的反感可能會轉化為激烈的政治對抗，這樣勢必會引起社會動盪。（2）知識分子的理性批評，將自由民主的思想傳播到全社會，有利於形成一種民主的政治文化，這種政治文化是威權體制實現「和平轉型」的重要前提。不僅民眾會受到啓蒙，統治集團的某些成員也會受到影響，從而促使統治集團內部民主派的形成。如果這個民主派能與「體制外」的反對派相互呼應，將會在很大程度上推動威權體制的「和平轉型」。（3）知識分子參與民主運動，如果他們能用正確的理論引導運動的發展而不至於使其「過激化」，也會有利於威權體制的「和平轉型」。從發生學的觀點來看，威權體制的轉型是否平穩，最終取決於威權勢力和民主力量兩者之間的力量對比。

　　本書的個案來自臺灣，由此得出的結論不一定具有普適性。因此，要檢驗上述命題的是否準確，我們還應該繼續研究以下問題：

　　第一，知識分子在各國（地區）的政治轉型過程中，分別扮演了何種角色？在哪些國家或地區的政治轉型中，知識分子的作用特別重要？這與臺灣的情況是否相同？

　　第二，如果知識分子的角色在各國（地區）的政治轉型過程中存在重大差別，那麼，造成這種差別的原因是什麼？同時，這種差別是否會導致政治轉型過程呈現出不同的特點？

　　第三，是否存在這樣的國家（地區）：知識分子主導了該國（地區）的政治轉型，或者對政治轉型毫無貢獻？如果有，原因是什麼？它的政治轉型具有什麼特點？

　　2008 年 3 月 22 日，臺灣「大選」結束，國民黨候選人馬英九、蕭萬長擊敗民進黨候選人謝長廷、蘇貞昌，順利當選。兩個月後，臺灣實現了第二次政黨輪替。獲選的當晚，馬英九發表「當選宣言」。他在宣言裏這樣講到：

> 我也要向我的競選對手，謝長廷先生、蘇貞昌先生與他們的團
> 隊和支持者致意，民進黨對臺灣的民主曾做出不可磨滅的貢獻，現
> 在與未來仍必然是臺灣民主穩定發展，不可或缺的力量……

　　　　我在此承諾，我們執政後，一定虛心地努力爭取民進黨的合作，
　　共同為人民的福祉、臺灣的前途打拼……

　　　　我認為傾聽人民的聲音、尊重在野黨與媒體、不干預獨立機關
　　運作，以及扶持社會中間力量，是推動陽光政治、維持多元制衡，
　　必須要有的基礎，我保證上任後將身體力行，積極推動上述工作，
　　促使臺灣民主恢復常態，蓬勃發展。〔註3〕

　　曾經不可一世的專制政黨，經過八年的在野生涯後，能變得如此謙卑，
不能不說是臺灣政治發展的一大進步。臺灣政治能走到這一步，知識分子自
然功不可沒，臺灣人民不應忘記。而更加重要的是，臺灣今天的知識分子，
應該向他們的前輩學習，從而使臺灣的政治體制朝更加民主、更加健康、更
加完善的方向發展。

〔註3〕馬英九，從感恩出發，從謙卑做起——當選宣言〔EB／OL〕，http://www.ma19.
　　net/node/27237，2008－3－22。

參考文獻

一、中文文獻

史料和著作

1. 〔美〕R・麥克法誇爾、費正清編，《劍橋中華人民共和國史：革命的中國的興起（1949～1965 年）》〔M〕，北京：中國社會科學出版社，1990。

2. 〔美〕安東尼・奧羅姆，《政治社會學導論》〔M〕，上海：上海人民出版社，2006。

3. 常燕生、辛旗，《轉型期的臺灣政治》〔M〕，北京：華藝出版社，1990。

4. 陳世宏等，《雷震案史料彙編：國防部檔案選輯》〔G〕，臺北：國史館，2002。

5. 陳世宏等，《雷震案史料彙編：雷震獄中手稿》〔G〕，臺北：國史館，2002。

6. 陳世宏等，《雷震案史料彙編：需震回憶錄焚毀案》〔G〕，臺北：國史館，2003。

7. 陳世宏等，《雷震案史料彙編：黃傑警總日記選輯》〔G〕，臺北：國史館，2003。

8. 陳堯，《新權威主義政權的民主轉型》〔M〕，上海：上海人民出版社，2006。

9. 澄社，《臺灣民主自由的曲折歷程——紀念雷震案三十週年學術研討會論文集》〔C〕，臺北：自立晚報社，1992。

10. 范泓，《風雨前行——雷震的一生》〔M〕，桂林：廣西師範大學出版社，2004。

11. 〔美〕費正清編，《劍橋中華民國史：1912～1949 年（上卷）》〔M〕，北京：中國社會科學出版社，1998。

12. 〔美〕費正清、劉廣京編，《劍橋中國晚清史，1800～1911 年（下卷）》〔M〕，北京：中國社會科學出版社，1985。

13. 傅正主編，《雷震全集（1～47 冊）》〔M〕，臺北：桂冠圖書公司，1989～1990。

14. 高民政，《臺灣政治縱覽》〔M〕，北京：華文出版社，2000。

15. 葛全，《權力宰制理性——士人、傳統政治文化與中國社會》〔M〕，天津：南開大學出版社，2003。

16. 葛永光，《政治變遷與發展——臺灣經驗的探索》〔M〕，臺北：幼獅文化事業公司，1989。

17. 郭定平，《韓國政治轉型研究》〔M〕，北京：中國社會科學出版社，2000。

18. 何卓恩，《殷海光與近代中國自由主義》〔M〕，上海：上海三聯書店，2004。

19. 貫春增主編，《知識分子與中國社會變革》〔M〕，北京：華文出版社，1996。

20. 江南，《蔣經國傳》〔M〕，北京：中國友誼出版公司，1984。

21. 姜南揚，《臺灣政治轉型之謎》〔M〕，北京：文津出版社，1993：9～18。

22. 金安平，《從批判的武器到武器的批判——二十世紀前半期中國知識分子與政黨政治》〔M〕，哈爾濱：黑龍江人民出版社，2000。

23. 孔繁政主編，《中國民主黨派》〔M〕，北京：解放軍文藝出版社，2001。

24. 雷震，《雷震回憶錄——「我的母親」續編》〔M〕，香港：七十年代雜誌社，1978。

25. 雷震，《雷震回憶錄之新黨運動黑皮書》〔M〕，臺北：遠流出版事業股份有限公司，2003。

26. 雷震，《雷震家書》〔M〕，臺北：遠流出版事業股份有限公司，2003。

27. 李敖，《雷震研究》〔M〕，臺北：李敖出版社，1988。

28. 李仁、李松林主編，《臺灣四十年》〔M〕，太原：山西人民出版社，1992。

29. 李松林主編，《中國國民黨在臺灣 40 年紀事》〔M〕，北京：解放軍出版社，1990。

30. 李筱峰，《臺灣民主運動四十年》〔M〕，臺北：自立晚報社，1987。

31. 李澤彧，《戰後臺灣高等教育與經濟發展》〔M〕，廈門：廈門大學出版社，1996。

32. 劉國深等，《臺灣政治概論》〔M〕，北京：九州出版社，2006。

33. 劉軍寧，《共和·民主·憲政——自由主義思想研究》〔C〕，上海：上海三聯書店，2000。

34. 劉軍寧主編，《北大傳統與近代中國：自由主義的先聲》〔M〕，北京：中國人事出版社，1998。

35. 劉曄，《知識分子與中國革命》〔M〕，天津：天津人民出版社，2004。

36. 〔美〕劉易斯·科塞，《理念人——一項社會學的考察》〔M〕，北京：中央編譯出版社，2001。

37. 劉澤華主編，《中國政治思想史（先秦卷）》〔M〕，杭州：浙江人民出版社，1996。

38.〔美〕羅伯特·達爾，《多頭政體——參與和反對》〔M〕，北京：商務印書館，2003。

39. 馬之驌，《雷震與蔣介石》〔M〕，臺北：自立晚報社，1993。

40.〔法〕孟德斯鳩，《論法的精神》〔M〕，北京：商務印書館，1961。

41.〔美〕裴斐、韋慕庭，《從上海市長到「臺灣省主席」（1946～1953 年）——吳國楨口述回憶》〔M〕，上海：上海人民出版社，1999。

42. 彭懷恩，《認識臺灣——臺灣政治變遷五十年》〔M〕，臺北：風雲論壇出版社有限公司，1997。

43. 彭懷恩，《臺灣政黨體系的分析（1950～1986)》〔M〕，臺北：洞察出版社，1989。

44. 彭懷恩，《中華民國政治體系的分析》〔M〕，臺北：時報文化出版公司，1985。

45. 齊光裕，《中華民國的政治發展——民國三十八年以來的變遷》〔M〕，臺北：揚智文化事業股份有限公司，1996。

46. 任育德，《雷震與臺灣民主憲政的發展》〔M〕，臺北：政治大學歷史系，1999。

47.〔美〕塞繆爾·亨廷頓，《第三波——20 世紀後期民主化浪潮》〔M〕，上海：上海三聯出版社，1998。

48. 沈衛威，《無地自由——胡適傳》〔M〕，合肥：安徽教育出版社，2005。

49. 孫代堯，《臺灣威權體制及其轉型研究》〔M〕，北京：中國社會科學出版社，2003。

50. 臺灣史研究會編，《臺灣史學術研討會論文集（第三集)》〔C〕，臺北：臺灣史研究會，1991。

51. 唐德剛，《胡適雜憶》〔M〕，桂林：廣西師範大學出版社，2005。

52. 陶東風主編，《知識分子與社會轉型》〔M〕，鄭州：河南人民出版社，2004。

53. 田弘茂，《大轉型——中華民國的政治和社會變遷》〔M〕，臺北：時報文化企業有限公司，1989。

54. 萬麗鵑編注，《萬山不許一溪奔——胡適雷震來往書信選集》〔G〕，臺北：中央研究院近代史研究所，2001。

55. 汪幸福，《胡適與〈自由中國〉》〔M〕，武漢：湖北人民出版社，2004。

56. 汪幸福，《殷海光與蔣介石》〔M〕，武漢：湖北人民出版社，2000。

57. 汪幸福，《殷海光傳》〔M〕，武漢：湖北人民出版社，2000。

58. 王國賢，《臺灣十年嬗變》〔M〕，北京：華藝出版社，1997。

59. 王建民、畢福臣，《臺灣省地理》〔M〕，福州：福建人民出版社，2002。

60. 王世杰、錢端升，《比較憲法》〔M〕，北京：中國政法大學出版社，1998。

61. 王振寰，《資本，勞工，與國家機器：臺灣的政治與社會轉型》〔M〕，臺北：唐山出版社，1993。

62. 王中江，《煉獄——殷海光評傳》〔M〕，北京：群言出版社，2003。

63. 韋名編，《臺灣的二‧二八事件》〔M〕，香港：七十年代雜誌社，1975。

64. 聞黎明，《第三種力量與抗戰時期的中國政治》〔M〕，上海：上海書店出版社，2004。

65. 吳民祥，《流動與求索——中國近代大學教師流動研究：1898～1949》〔M〕，杭州：浙江教育出版社，2006。

66. 〔美〕希爾斯，《知識分子與當權者》〔M〕，臺北：桂冠圖書股份有限公司，2004。

67. 蕭功秦，《知識分子與觀念人》〔M〕，天津：天津人民出版社，2002。

68. 蕭錚、吳家昌，《復興基地臺灣之土地改革》〔M〕，臺北：正中書局，1987。

69. 肖憲等，《沉疴猛藥——土耳其的凱末爾改革》〔M〕，南京：南京大學出版社，2001。

70. 謝漢儒，《早期臺灣民主運動與雷震紀事——爲歷史留見證》〔M〕，臺北：桂冠圖書公司，2002：34～36。

71. 許紀霖，《尋求意義：現代化變遷與文化批判》〔M〕，上海：上海三聯書店，1997。

72. 許紀霖編，《20世紀中國知識分子史論》〔C〕，北京：新星出版社，2005。

73. 許有成、徐曉彬，《宦海沉浮——吳國楨》〔M〕，蘭州：蘭州大學出版社，1997。

74. 薛化元，《〈自由中國〉與民主憲政——1950年代臺灣思想史的一個考察》〔M〕，臺北：稻鄉出版社，1996。

75. 閻步克，《士大夫政治演生史稿》〔M〕，北京：北京大學出版社，1996。

76. 燕繼榮，《發展政治學：政治發展研究的概念與理論》〔M〕，北京：北京大學出版社，2006。

77. 楊金榮，《角色與命運：胡適晚年的自由主義困境》〔M〕，北京：三聯書店，2003。

78. 姚禮明，《學術漫步》〔M〕，北京：中國廣播電視出版社，2001。

79. 姚禮明，《在東西方的結合點上——臺灣政治體制變遷研究》〔M〕，北京：中國廣播電視出版社，1994。

80. 殷海光，《中國文化的展望》〔M〕，上海：上海三聯書店，2002。

81. 殷夏君璐等著、賀照田編選,《殷海光學記》〔C〕,上海:上海三聯書店, 2004。

82. 尤西林,《闡釋並守護世界意義的人──人文知識分子的起源與使命》 〔M〕,西安:陝西人民出版社,2006。

83. 余英時,《重尋胡適歷程:胡適生平與思想再認識》〔M〕,桂林:廣西師 範大學出版社,2004。

84. 余英時,《士與中國文化》〔M〕,上海:上海人民出版社,2003。

85. 張海鵬等,《20世紀的中國·政壇風雲卷》〔M〕,蘭州:甘肅人民出版社, 1999。

86. 張灝,《幽暗意識與民主傳統》〔M〕,北京:新星出版社,2006。

87. 張君勱,《憲政之道》〔M〕,北京:清華大學出版社,2006。

88. 張星久,《中國近現代政治思想述論》〔M〕,武漢:湖北人民出版社,2000: 180。

89. 張忠棟,《胡適·雷震·殷海光──自由主義人物畫像》〔M〕,臺北:自 立晚報社,1990。

90. 章立凡主編,《記憶:往事未付紅塵》〔C〕,西安:陝西師範大學出版社, 2004。

91. 章清,《「胡適派學人群」與現代中國自由主義》〔M〕,上海:上海古籍 出版社,2004。

92. 章清,《思想之旅──殷海光的生平與志業》〔M〕,鄭州:河南人民出版 社,2006。

93. 鄭牧心,《臺灣議會政治四十年》〔M〕,臺北:自立晚報社,1987。

94. 中國論壇編輯委員會主編,《知識分子與臺灣發展》〔C〕,臺北:中國論 壇雜誌,1989。

95. 〔美〕周策縱,《五四運動史》〔M〕,長沙:嶽麓書社,1999。

96. 周陽山主編,《知識分子與中國》〔M〕,臺北:時報文化出版事業有限公 司,1981。

97. 朱養民,《七論反對黨》〔M〕,臺北:前衛出版社,1992。

98. 鄗海清主編,《吳國楨──〈吳國楨博士及其父兄〉續集》〔M〕,北京: 新世紀出版社,1997。

學位論文

1. 何振盛,《戒嚴時期臺灣地區的民主化與政治變遷──一個發展途徑之研 究》〔D〕,臺北:政治大學三民主義研究所碩士論文,1989。

2. 李悅肇,《臺灣政治反對運動之研究》〔D〕,臺北:中國文化大學碩士論 文,1994。

3. 廖益興，《臺灣地區威權統治下的政經體制》〔D〕，臺北：政治大學政治研究所碩士論文，1993。

4. 林淇瀁，《意識形態・媒介與權力：《自由中國》與五○年代臺灣政治變遷之研究》〔D〕，臺北：政治大學新聞學研究所博士論文，2003。

5. 劉金元，《中華民國戒嚴時期之政治發展（一九四九年至一九八七年）》〔D〕，臺北：政治作戰學校政治研究所碩士論文，1996。

6. 呂怡蓉，《〈自由中國〉雜誌與臺灣黨外運動發展之研究》〔D〕，臺北：臺灣師範大學政治學研究所碩士論文，2006。

7. 宋曉飛，《從〈自由中國〉到「中國民主黨」——20世紀50年代臺灣的政治民主運動》〔D〕，廈門：廈門大學碩士論文，2002。

8. 蘇瑞鏘，《「中國民主黨」組黨運動之研究》〔D〕，臺北：臺灣師範大學歷史研究所碩士論文，1995。

9. 蘇正沛，《支配與反抗——「自由中國」事件與「美麗島」事件之比較》〔D〕，高雄：中山大學中山學術研究所碩士論文，2006。

10. 魏誠，《民國四十、五十年代臺灣政論雜誌的發展：自由中國半月刊內容演變與政治主張》〔D〕，臺北：政治大學新聞研究所碩士論文，1984。

11. 顏淑芳，《自由中國半月刊的政黨思想》〔D〕，臺北：中國文化大學政治研究所碩士論文，1989。

12. 楊秀菁，《臺灣戒嚴時期的新聞管制政策》〔D〕，臺北：政治大學歷史學系碩士論文，2002。

13. 楊永生，《臺灣政治轉型原因研究——20世紀70年代中期至90年代初期》〔D〕，北京：首都師範大學碩士論文，2004。

14. 張星久，《中國古代君權合法性研究》〔D〕，武漢：武漢大學博士論文，2001。

15. 鍾雅蓬，《政論雜誌與臺灣民主化：〈自由中國〉個案研究》〔D〕，嘉義：中正大學政治學系碩士論文，2005。

論文及其他

1. 「雷震先生網頁」：http://www.drnh.gov.tw/www/page/C/ray.〔EB〕，2007－07－08。

2. 「雷震與民主人權系列座談會（一）：『雷震與憲政體制』座談會暨『雷震先生網頁』啟用發表會」會議手冊》〔C〕，臺北：國史館，2007－7－8。

3. 《自由中國》雜誌，1949，1（1）－1960，23（5），共23卷260期。

4. 陳儀深，〈知識分子參與政治的兩難——以胡適為例的研究〉〔J〕，《政治學報》，1985，（13）：325～366。

5. 郭道暉等，〈21世紀中國法治何去何從〉〔N〕，法制日報，2000－12－24。

6. 何卓恩，〈「修憲」與「護憲」：1950 年代前後雷震的「憲政」思想〉〔J〕，《臺灣研究集刊》，2007，（1）：66～73。

7. 胡佛，〈臺灣威權政治的傘狀結構〉〔J〕，《二十一世紀》，1991，（5）：36～40。

8. 黃煌智，〈反對運動對政治文化轉型影響之研究：以臺灣 1950～1990 爲例〉〔J〕，《政治學報》，2005，（4）：193～236。

9. 黃群，〈戊戌維新與近代知識分子群體的形成〉〔J〕，《求索》，2007，（6）：223～225。

10. 荊惠蘭，〈近代中國新型知識分子群體的形成、發展及作用〉〔J〕，《大連理工大學學報》（社會科學版），1999，20（3）：58～62。

11. 李曉英、牛海禎，〈科舉制廢除及紳士階層在新式教育領域中的貢獻〉〔J〕，《甘肅社會科學》，2006，（6）：120～122。

12. 林佳龍，〈解釋臺灣的民主化——政體類型與菁英的策略選擇〉〔A〕，見：林佳龍、邱澤奇，《兩岸黨國體制與民主發展》〔C〕，臺北：月旦出版社，1999：87～152。

13. 林淇瀁，〈威權／霸權與新聞自由權：以 1950 年代〈自由中國〉的言論苦鬥爲例〉〔J〕，《臺灣史料研究報》，2005，（24）：25～51。

14. 毛知礪，〈臺灣戒嚴初期民主政論的初探（1949～1960）——以雷震與〈自由中國〉半月刊爲例〉〔J〕，《國立政治大學歷史學報》，1996，（13）：107～133。

15. 劉超，〈聯大學人的去留與沉浮——「西南聯大與晚近中國」系列之二〉〔A〕，見：王兆成主編，《歷史學家茶座（第九輯）》，濟南：山東人民出版社，2007：50～57。

16. 劉超，〈聯大與「文革」後的華語世界——「西南聯大與晚近中國」系列之三〉〔A〕，見：王兆成主編，《歷史學家茶座（第十輯）》，濟南：山東人民出版社，2007：51～61。

17. 陸建洪、侯強，〈論清末民初中國知識分子的轉型〉〔J〕，《江蘇社會科學》，2003，（6）：139～144。

18. 潘健維，〈雷震何以在臺入獄？〉〔J〕，《民國春秋》，1999，（3）：57～58。

19. 啓良，〈道：中國知識分子的十字架〉〔J〕，《書屋》，2001，（11）：4～13。

20. 錢永祥，〈自由主義與政治秩序：對〈自由中國〉經驗的反省〉〔A〕，見：錢永祥，《縱慾與虛無之上》〔M〕，北京：三聯書店，2002：164～215。

21. 任育德，〈1950 年代雷震憲政思想的發展——以「中央政體」與「反對黨」爲例〉〔J〕，《思與言》，1999，37（1）：97～140。

22. 魏邦良，〈胡適與吳國楨：誰在說謊？〉〔J〕，《開放時代》，2007，（3）：151～158。

23. 吳銘能，〈讀國防部檔案選輯「雷震案史料彙編」〉〔J〕，《古今論衡》，2003，
（9）：125～142。

24. 吳叡人，〈自由的兩個概念：戰前臺灣民族運動與戰後〈自由中國〉集團
的政治論述〉〔J〕，上：《當代》，2007，234：12～30；下：《當代》，2007，
235：60～75。

25. 許瑞浩，〈簡介「黃傑將軍工作日記（警總）」中的雷震案史料——以民
國49年9月爲例〉〔J〕，《國史館館刊》，2003，（34）：186～210。

26. 薛化元，〈〈自由中國〉「反對黨」主張的歷史考察〉〔J〕，《臺灣風物》，
1995，45（4）：9～45。

27. 薛化元，〈〈自由中國〉雜誌自由民主理念的考察——一九五〇年代臺灣
思想史研究之一〉〔J〕，《臺灣史研究》，1995，2（1）：127～160。

28. 薛化元，〈臺灣自由主義思想發展的歷史考察（1949～1960）：以反對黨
問題爲中心〉〔J〕，《思與言》，1996，34（3）：241～286。

29. 薛化元，〈戰後臺灣自由主義與民族主義互動的一個考察——以雷震及
「自由中國」的國家定位爲中心〉〔J〕，《當代》，1999，23（141）：32～
45。

30. 余江，〈士之溯源及其早期衍變〉〔J〕，文史哲，2006，（3）：109～116。

31. 張濤，〈「知識分子」與「士大夫」辨析〉〔J〕，《武漢理工大學學報》（社
會科學版），2005，18（5）：759～761。

32. 張星久，〈儒家思想與中國君主專制的內在衝突〉〔J〕，《武漢大學學報》
（哲學社會科學版），1995，（5）：72～77。

33. 張忠平，〈胡適與雷震案件〉〔J〕，《安徽教育學院學報》，1996，1：36～
41。

34. 趙洪，〈〈美中關係白皮書〉發表的背景和影響研究〉〔J〕，《山東理工大
學學報》（社會科學版），2007，23（4）：74～77。

二、英文文獻

1. Bruce J. Dickson, *Democratization in China and Taiwan: the adaptability of Leninist parties*, New York: Oxford University Press, 1997.

2. Edwin A. Winkler, Institutionalization and Participation on Taiwan: From Hard to Soft Authoritarianism, *The China Quarterly*, No.99（Sep., 1984），pp.481～499.

3. Guillermo A. O'Donnell & Philippe C. Schmitter, *Transition from Authoritarian Rule*: *Tentative Conclusions about Uncertain Democracies*, Baltimore: The Johns Hopkins University Press, 1986.

4. Ian Marsh, Jean Blondel, Takashi Inoguchi（eds.），*Democracy, governance, and economic performance*: East and Southeast Asia, New York: United Nations University Press, 1999.

5. Juan L. Linz, An Authoritarian Regime: Spain, In: Erik Allardt & Stein Rokkan（eds.）, *Mass Politics: Studies in Political Sociology*, New York: Free Press, 1970:255.

6. L. H. M. Ling, Chih-yu Shih, Confucianism with a Liberal Face: The Meaning of Democratic Politics in Postcolonial Taiwan, *The Review of Politics*, Vol. 60, No.1.（Winter, 1998）, pp. 55～82.

7. Marcus E. Ethridge & Howard Handelman, *Politics in a Changing World: a Comparative Introduction to Political Science*, New York: St. Martin's Press, 1994.

8. Muthiah Alagappa. *Civil Society and Political Change in Asia.* Stanford: Stanford University Press, 2004.

9. Roy C. Macridis, *Modern Political Regimes: Patterns and Institutions*, Little, Brown and Company, 1986.

10. Steve Tsang, Hung-mao Tien（eds.）, *Democratization in Taiwan: Implications for China*, Hong Kong: Hong Kong University Press, 1999.

11. Ying-Lung You, Elite Politics in the Process of Taiwan's Regime Change（1984～1987）, *Soochow Journal of Political Science*, No.2（1993）, pp.93～125.

附錄：《雷震全集》一覽表

1	紀念・雷震與我（一）	25	中華民國制憲史（二）（缺）
2	紀念・雷震與我（二）	26	中華民國制憲史（三）（缺）
3	風波・雷案始末（一）	27	特稿・給蔣氏父子的建議與抗議
4	風波・雷案始末（二）	28	特稿・與王雲五的筆墨官司
5	風波・雷案始末（三）	29	書信・獄中家書
6	風波・雷案震驚海內外	30	書信・雷震秘藏書信選
7	雷案平反記（缺）	31	日記・第一個十年（一）・1948～1949
8	回憶・我的母親	32	日記・第一個十年（二）・1950
9	回憶・我的學生時代（一）	33	日記・第一個十年（三）・1951
10	回憶・我的學生時代（二）	34	日記・第一個十年（四）・1952
11	回憶・雷案回憶（一）	35	日記・第一個十年（五）・1953～1954
12	回憶・雷案回憶（二）	36	日記・獄中十年（一）・1961
13	文選・雷震與自由中國	37	日記・獄中十年（二）・1962
14	文選・雷震與政黨政治	38	日記・第一個十年（六）・1955～1956
15	文選・雷震與民主憲政（一）	39	日記・第一個十年（七）・1957～1958
16	文選・雷震與民主憲政（二）	40	日記・第一個十年（八）・1959～1960
17	文選・雷震與自由人權	41	日記・獄中十年（三）・1963～1964
18	文選・雷震與抗日救國	42	日記・獄中十年（四）・1965～1966
19	文選・雷震與政治反攻（一）	43	日記・獄中十年（五）・1967～1968
20	文選・雷震與政治反攻（二）	44	日記・獄中十年（六）・1969～1970
21	專論・輿論與民主政治	45	日記・最後十年（一）・1971～1972
22	專論・監察院之將來	46	日記・最後十年（二）・1973～1974
23	專論・制憲述要	47	日記・最後十年（三）・1975～1977
24	中華民國制憲史（一）（缺）		

注：《雷震全集》（傳正主編，臺北桂冠圖書公司 1989～1990 年版）計劃出版 47 冊，
　　實際出版 43 冊，缺 4 冊。

後　記

　　此書是由本人的博士論文修改而成。由於資料收集的不便與研究方向的轉變等原因，本書未能補充最新的研究文獻，甚感愧疚。

　　儘管這是一篇不能令自己滿意的作品，但我還是必須感謝所有幫助我、支持我、鼓勵我寫作的良師益友。

　　首先，感謝我的母校武漢大學和復旦大學。能在詩情畫意的大學校園裏度過人生最美好的時光，實在是一種幸福。武大的自由和復旦的嚴謹，將成爲我人生道路上最寶貴的財富。

　　感謝我的博士生導師郭定平先生。復旦三年，郭老師不僅在學業上嚴格要求，在生活上也多有關心和照顧。博士論文從選題到定稿，都得到了郭老師的悉心指導。

　　感謝復旦大學曹沛霖先生、孫關宏先生、林尚立先生、姜義華先生和何俊志先生，他們的課堂讓我受益匪淺；感謝浦興祖先生、臧志軍先生、陳明明先生和劉建軍先生，他們在博士論文開題和預答辯時提供的寶貴意見和建議，讓我的論文增色不少；感謝論文答辯委員會主席周敏凱先生和其他諸位委員，他們的批評和寬容，是我畢業後繼續從事學術的動力。

　　感謝我的碩士生導師譚君久先生和武漢大學政治學系的諸位老師，他們在我碩士畢業後，一如既往地關心我的學習和成長。特別感謝儲建國先生在我論文寫作過程中給予的關心和幫助。

　　感謝廈門大學臺灣研究院劉國深先生、李鵬先生和張華姿女士，他們在我赴廈大收集資料時給予了熱情的指導和幫助。

　　特別感謝臺灣「中華發展基金」對我赴臺研究提供的資金讚助。特別感謝政治大學國際關係研究中心陳德昇先生和他的家人。從我申請資助到辦理

赴臺手續，再到在臺灣的學習和生活，陳老師都給予了無微不至的關懷，付出了相當多的心血。

感謝臺北兩岸經貿文教交流協會任盛漢先生、陳清龍先生、張永一先生、政治大學東亞所耿曙先生（現任教於上海財經大學）、選舉研究中心陳路輝先生、臺灣史所薛化元先生、桃園縣縣議員舒翠玲女士、義守大學公共政策與管理學系王嘉州先生、屏東縣恒春生態農場張國興先生，感謝他們在我赴臺期間給予的熱情接待和指導。感謝上海社科院王海良先生、周婷女士和臺灣中正大學邱崇原、東華大學藍一峰、政治大學陳奕玲、賴穎蓁、劉嘉薇、褚塡正、蔡文軒、曾於蓁、廖筱絣、蔣逸青等各位同學和朋友提供的熱心幫助。

感謝北京外交學院夏莉萍女士、廈門大學臺灣研究院蔣小波先生和吳祖敏先生（現供職於廈門臺灣學會）。他們與我一起在臺灣度過的那段緊張而快樂的時光，令人終生難忘。

感謝舅奶奶和所有在臺親人，他們的悉心照料讓我親身體會到，政治無法阻隔血濃於水的親情。特別感謝表叔黃穆華先生，感謝他不辭辛勞地駕車載我往返於政治大學研究生宿舍和臺北臺中各地之間。

感謝輔導員鄭長忠先生、任軍鋒先生和教學秘書陳友琴女士的辛勤工作。感謝各位同學、師兄師姐、師弟師妹，特別感謝 李開學 、何學政、楊紅偉、陳金英、楊建黨、黃旭、夏路、廖小東、劉偉、容志、房政、馬東亮、江遠山、潘永強、熊易寒、周建勇。那些談古論今、海闊天空的歲月將成為我人生中最美麗的回憶。

感謝湖南大學的諸位領導和同事。他們多年來對我的關心和幫助，我一直銘記於心。

感謝我的父母家人，沒有他們就沒有我的一切；感謝我的愛人陳玉香女士，她的支持和付出，是我工作的最大動力。

最後，感謝臺灣花木蘭文化出版社的諸位編輯與該社駐北京聯絡處的同仁。他們的熱心和辛勞，是本書得以出版的首要原因。

是為記。

余　凱

二〇一四年四月

長沙·嶽麓山